La Agenda

Lo que toda empresa debe hacer
para dominar la década

A la memoria de mi madre,
Helen Gartner Hammer,
1919-1997.
Una mujer de inteligencia extraordinaria,
buen humor, y valor indomable.
Ella me enseñó mucho más
que lo que yo hubiese podido aprender.

La Agenda

Lo que toda empresa debe hacer para dominar la década

Michael Hammer

EDICIONES DEUSTO

Diseño de la cubierta: • Slovinsky Estudio Gráfico

© 2001 Michael Hammer
© 2002 Ediciones Deusto
     Planeta de Agostini Profesional y Formación, S.L.
     Alameda de Recalde, 27
     48009 Bilbao

Traducción: Germán Orbegozo

Composición: Fotocomposición Ipar, S. Coop. - Bilbao

Impresión: T.g. Soler

ISBN: 84-234-1988-6
Depósito legal: B - 14.219-2002

Impreso en España.

En reconocimiento

Parece que algunos libros se escriben solos; desde luego, éste no ha sido uno de esos. Afortunadamente, otras personas aplicaron su esfuerzo a la tarea de subir esta roca hasta la cima de la montaña. Jeff Goding y John Hughes efectuaron una gran aportación a las investigaciones y enseñanzas subyacentes en este libro. Hannah Beal Will y Lindsay Field hicieron todo lo posible para que ni yo, ni el libro, cayésemos por las grietas que continuamente se abrían bajo nuestros pies. Tengo una deuda especial con Donna Summons Carpenter, en primer lugar por inducirme a emprender este proyecto y, luego, por sus valiosos y atinados consejos durante todo el proceso. Bob Barnett hizo todo y mucho más de lo que se puede esperar de un agente literario. Johm Mahaney, mi corrector en Crown, ha sido un defensor acérrimo y persuasivo de este libro, y sus críticas y recomendaciones fueron intachables. Y sobre todo mi esposa, Phyllis, con su sabiduría y optimismo ha impedido más de una vez que perdiera el rumbo; ella y nuestros cuatro hijos han tolerado con buen humor los efectos colaterales producidos por un número aparentemente infinito de borradores. A todos estos y a otros más, les ofrezco mi más profundo agradecimiento.

Índice

Prólogo

Cuando pienso sobre la forma en que este libro ha visto la luz, recuerdo un verso de la canción de los años 70 «Truckin'», de los Grateful Dead: «Últimamente suelo pensar en lo largo y extraño que ha sido este viaje.» Mi viaje hasta este libro ha sido también muy largo y bastante más que un poco extraño.

Entré en el MIT el año 1964, junto con unos novecientos novatos más. Aunque entonces no lo sabíamos, íbamos a ser testigos —y en algunos casos, autores— del amanecer de la era informática. En aquella época, la informática era todavía un fenómeno oscuro y periférico. Alejados de la vista del público y utilizados principalmente para aplicaciones científicas y contables, los ordenadores de los años 60 eran, en comparación con los actuales, extremadamente raquíticos. Sin embargo, había algo en los ordenadores que fascinaba a mucha gente de mi generación. Nos sentíamos atraídos por su exactitud y claridad y, quizá, por la posibilidad que nos daba de controlar una máquina capaz de superar incluso a la mente humana. Muchos atendimos a su canto de sirena y abandonamos otros campos de estudio más tradicionales para elegir las tecnologías de hardware y (especialmente) de software. Nos convertimos en ingenieros de software y en científicos informáticos antes de que esos términos fuesen acuñados. Puede que su centro actual esté en Silicon Valley, pero el moderno sector de la informática se forjó en la encrucijada de Cambridge durante los años 60 y 70. Entre mis profesores, compañeros de clase y (más tarde) colegas de trabajo y estudiantes, se encuentran el inventor de Ethernet, el constructor del Lotus 123 y los arquitectos de Internet. Atrapado en la excitante atmósfera de creatividad e invención que definía el *zeitgeist* de Cambridge, continué en el MIT hasta obtener el doctorado en ciencias informáticas y luego me incorporé al profesorado de este campo.

Pero con el tiempo, comprendí que no compartía la intensa pasión de mis colegas por dedicarse exclusivamente a la tecnología informática. Yo sentía curiosidad también por las aplicaciones del ordenador, por los fines para los que la gente utilizaba realmente nuestras invenciones, y por el modo en que esta tecnología estaba cambiando la forma de vivir y trabajar de las personas. Por eso, en 1982 renuncié a mi puesto «seguro» en el MIT (un acto que para algunos bordeaba los límites de la locura) y me lancé a explorar el «mundo real» de la empresa.

En esta labor tuve la gran ventaja de no haber acudido nunca a una facultad de empresariales. Gracias a eso, no percibía el mundo empresarial tras los filtros de las teorías y expectativas transmitidas en las aulas. Al contrario, veía una empresa no mediatizada ni limitada por esas ideas, la veía tal como era en realidad. Y lo que veía me dejaba alucinado.

Como ingenuo académico, suponía que los sofisticados hombres de empresa estarían aprovechando la potencia de los ordenadores de forma muy imaginativa. Pero en lugar de eso, descubrí que la inmensa mayoría de las empresas se dedicaban simplemente a solapar la tecnología informática sobre unas anticuadas prácticas empresariales: a «pavimentar los senderos de ganado». ¿Dónde estaba la imaginación, la creatividad, la elegancia? Y lo que es peor, al analizar más a fondo la situación descubrí que las actividades de muchas supuestas grandes empresas, automatizadas o no, carecían en su mayor parte de diseño y estaban abandonadas al azar, adoquinadas con las más toscas modas *ad hoc* y plagadas de ineficacias y despilfarros. Mimadas por una situación económica boyante y por unos clientes dóciles, las empresas estaban desperdiciando todas las oportunidades de negocio que les ofrecía la tecnología informática. Realizaban su actividad «del mismo modo que siempre», utilizando los nuevos artilugios sin analizarlos a fondo y despilfarrando la capacidad de aprovechar el poder de la informática para crear formas innovadoras de hacer negocios. Para un ingeniero como yo, esto era una atrocidad que bordeaba el pecado.

En este panorama desolador había algunos puntos luminosos. En mi peregrinación, tuve la buena suerte de encontrar unas pocas empresas que estaban empezando a hacer las cosas de un modo realmente distinto. Normalmente eran empresas que estaban en situación desesperada, por lo que se veían forzadas a introducir cambios verdaderamente fundamentales. Habían examinado a fondo su forma de trabajar y habían creado métodos sin precedentes para realizar sus actividades. Reinventaron su anticuada forma de hacer las cosas, en lugar de simplemente automatizarlas, y desarrollaron una tecnología para dar soporte a esas innovaciones. Los resultados que obtuvieron esas empresas eran asombrosos y justificaban, con mucho, los grandes riesgos que habían aceptado. Aquello era algo nuevo y emocionante.

Aunque me sentía entusiasmado por haber encontrado esta nueva forma de trabajar, me parecía incompleta. Mi formación en las disciplinas de matemáticas e ingeniería me impulsaban a examinar la teoría subyacente en esas innovaciones, los axiomas y principios fundamentales que habían aplicado esas empresas. Desafortunadamente, no había nada que descubrir. Aquellas empresas habían improvisado, no habían seguido las indicaciones de un libro de texto. Tenían las manos ocupadas por completo en crear nuevas formas de trabajar, por lo que elaborar una ideología que las respaldase era un lujo que no se podían permitir. Esa responsabilidad recayó sobre mí. Tomando como materia prima las experiencias de esas empresas, me esforcé en sintetizar una teoría capaz de explicar lo que habían hecho, así como una metodología para que otras pudiesen imitarles. Así nació el concepto de reingeniería.

«Reingeniería» fue el término que acuñé para describir esas formas innovadoras de hacer negocios. Durante la década de los 90, muchas otras empresas se unieron a los pioneros que yo había encontrado, y la reingeniería dejó de ser una idea experimental para convertirse en una seria práctica empresarial que era utilizada por cientos de las principales empresas y por innumerables pequeñas empresas. A lo largo de la década continué estudiando aquellas empresas, su nueva forma de hacer negocios, y las dificultades que habían encontrado para llevarlo a la práctica; en dos nuevos libros documenté todo lo que había descubierto.

Aunque en mis investigaciones aprendí muchas cosas, la más importante fue que Curly estaba muy equivocado, incluso peligrosamente equivocado. No me refiero al famoso Curly de Three Stooges, sino al taciturno vaquero de la película *City Slickers*, protagonizado por Jack Palance. En esa película, Curly ofrece un consejo tipo Zen a Billy Crystal, un personaje que intenta descubrir la finalidad de la vida: «Sólo hay una cosa», refiriéndose a que todo el mundo debe fijarse un sólo un objetivo en la vida. Posiblemente sea un buen consejo para la vida personal privada, pero seguir ese consejo en la vivencia de la empresa puede producir unos desastres mayores que una estampida de ganado. En la realidad, como algo que es distinto a las películas, no existe «una gran solución» para los problemas de la empresa, no hay una única técnica o idea que lleve a la salvación y al éxito.

Uno de mis mayores pecados (no intencionado), por el que algún día deberé rendir cuentas, es el de haber lanzado a este mundo desprevenido una corriente de libros empresariales tipo «gran idea». *Reengineering the Corporation* exponía un concepto fundamental: que introduciendo cambios radicales en la forma de realizar la actividad de la empresa, se podía obtener una considerable mejora en el rendimiento. Yo no afirmaba que la reingeniería era lo único que necesitaban las empresas para derrotar a sus competidores, pero la popularidad del libro y el éxito de ese concepto llevó a algunos a considerarlo como una panacea, lo que animó a otros a promocionar sus balas de plata favoritas. Durante casi una década, los hombres de empresa se han visto inundados por un montón de libros que prometían recetas sencillas para la victoria eterna. Quizá parte de mi expiación por esa transgresión, no intencionada, haya consistido en escribir *La Agenda*.

Porque lo cierto es que Curly estaba verdaderamente muy equivocado. No existen balas de plata. En mis investigaciones sobre la pasada década, descubrí que la innovación de las mejores empresas ha abarcado un amplio frente: a la reingeniería de sus procesos empresariales, desde luego, pero también a muchas otras áreas. Los directivos de esas empresas se han cuestionado, y han remodelado, casi todo acerca de sí mismos y de sus empresas, desde su rol como directores hasta la estructura de sus sistemas de evaluación y sus relaciones con los clientes y proveedores. Aquí también, como en lo referente a la reingeniería, estas innovaciones no fueron una aplicación de alguna teoría previamente elaborada o de un conjunto de principios fundamentales. Eran reacciones tácticas, de lucha, ante los retos del nuevo entorno empresarial. La eficacia y el éxito de esas innovaciones exigían un comentario y una explicación. *La Agenda* es el resultado.

El objetivo de *La Agenda* consiste en ilustrar nueve conceptos empresariales novedosos que son la base en que se apoyan las mejores empresas que están logrando dominar el turbulento entorno de hoy en día. Aunque hay varios temas que se repiten a lo largo de este libro —la eficacia de los procesos, la eliminación de las fronteras departamentales, el profundo cambio cultural— cada una de esas nueve ideas sobresale por sí sola y, por eso, se dedica un capítulo para cada una. Al ilustrarlas, confío en hacerlas más explícitas y accesibles para toda la comunidad empresarial. Para que una empresa pueda sobrevivir y prosperar, es necesario que todos los empleados, desde los que ocupan los puestos más bajos hasta los miembros del consejo de dirección, actúen de acuerdo con esas ideas. Ésas resumen todo lo que está ocurriendo ahora mismo en la frontera empresarial y modelarán el pensamiento directivo de la próxima década, de modo similar a como la reingeniería modeló el de la década pasada.

Por largo y extraño que haya sido el viaje hacia *La Agenda*, también ha sido fascinante y apasionante. Confío en que el libro haya captado algunas de las emociones del viaje y que el lector disfrute en el destino, tanto como yo disfruté a lo largo del camino.

Capítulo 1

Volver a tomar en serio la empresa

Bienvenidos a la economía de cliente

De repente, los negocios ya no son tan fáciles.

Durante un breve período de finales de la década de los 90 parecía que todos los problemas de la empresa habían sido resueltos. En cualquier parte que se mirase, las empresas estaban boyantes. Las compañías consolidadas estaban marcando máximos históricos de ventas y beneficios. Las nuevas empresas de Internet estaban inundadas de capital. Todo el mundo andaba bien y todo el mundo ganaba dinero. El crecimiento y el éxito eran cosas garantizadas. Existía una gran confianza. Los clientes gastaban dinero. El mercado de valores se movía sólo en una dirección: hacia arriba.

Parecía que todo el mundo era capaz de ganar en los negocios. No se necesitaban conocimientos, ni técnica, ni experiencia, bastaba con sólo energía, iniciativa, y actitud. El nuevo sueño americano no tenía nada que ver con trabajar duro y durante mucho tiempo para crear un negocio; más bien, parecía consistir en alternar con algunos amigos, tener una idea brillante, y «cotizar en Bolsa» durante un año o período similar. El *zeitgeist* de la empresa, tal como era promocionado por unos autoproclamados poseedores de visión de futuro, consistía en que estábamos en la «Nueva Economía» donde el ciclo empresarial era ya cosa del pasado. Internet había cambiado todo y las cuestiones banales, como el coste, la calidad y el volumen de existencias, eran ya irrelevantes.

Ya no es así. La expansión económica más duradera de la historia de EE.UU. está frenando, y los años felices de la década de los 90 son ahora simples recuerdos. Cuando estoy escribiendo esto, los medios de comunicación económica ya no informan sobre plantas que funcionan por encima de su capacidad o de empresas que luchan por cubrir sus puestos de trabajo, o sobre nuevas empresas de Internet financiadas con capital-riesgo que revolucionan este sector industrial, o este otro. En lugar de eso, escuchamos noticias sobre despidos y cierres de empresas, escasez de energía y costes crecientes, descenso de la publicidad y menores beneficios, expectativas de beneficios no cubiertas y profundas bajas en los mercados de valores. Las aplicaciones aprendidas en las escuelas empresariales, suben; las OPIs bajan.

La astucia de los hombres de empresa se ha transformado en angustia. Ya no pueden considerar garantizado el crecimiento, o partir del supuesto de que este año será mejor que el anterior. Ahora deben preocuparse acerca de si el cliente seguirá comprando, de si los costes aumentarán, o de si serán absorbidos por los competidores. Se mantienen despiertos preguntándose acerca de si se mantendrán válidas las premisas fundamentales de su negocio. Se muestran sorprendidos al descubrir que los mercados pueden ir a la baja, tanto como al alza, y que el crecimiento hay que crearlo y no simplemente recogerlo. Los directores están volviendo a aprender que la mayoría de las nuevas ideas no son un éxito, que muchas empresas fracasan, que los recursos son siempre escasos y, sobre todo, que la empresa no es un juego para aficionados.

Los directores están volviendo a descubrir que la empresa es cuestión de realización. No es cuestión de preparar el adecuado «modelo de empresa» o de captar la atención de «miles de globos oculares», o de crear un adecuado entorno de trabajo, o de planificar una fiesta de lanzamiento de la empresa. De repente, privados de unas cotizaciones inflacionarias en el mercado de valores —un colchón que, por una parte, permitía a las empresas adquirir, casi gratis, otras empresas y pagar a sus empleados con opciones de acciones, en lugar de remunerarles con dinero; y que, por otra parte, hacía que los clientes se sintiesen ricos y pródigos en el gasto— ahora, los hombres de empresa están volviendo a examinar cada céntimo de gasto. Les han hecho recordar que no basta con conseguir el pedido, sino que hay que entregarlo; que el hecho de tener una idea para un producto no sirve para nada, a no ser que se sepa desarrollar dicho producto; y que, incluso a los analistas de Wall Street, sólo se les puede engañar durante un limitado tiempo acerca de una idea «caliente». Hoy en día, los negocios no son cuestión de grandes visiones y de arrogancias juveniles. Ha pasado la época de los conceptos frívolos y los ensueños ilusorios. Hoy en día, los negocios se basan en los aspectos prácticos, en la mecánica que hace funcionar la empresa. Es una cuestión muy seria.

Incluso aunque la actual tendencia bajista sea breve, incluso aunque los gestores de la política monetaria y fiscal sigan sacando conejos de su chistera, ya no se podrá volver al estado de candidez de la década de los 90. Del mismo modo que una generación de inversores quedó permanentemente herida por la Gran Depresión, el colapso de la burbuja de finales de la década de los 90 ha transformado a toda una generación de directores de empresa. Se han hecho más modestos y más serios, sienten temor ante su entorno y se muestran inseguros sobre su futuro.

Así es como debe ser. Los días de euforia de los años 90 fueron una aberración. Lo normal son los tiempos difíciles. Sólo de vez en cuando, los acontecimientos externos conspiran para ofrecernos un entorno en el que la empresa puede actuar casi sin esfuerzo. La década de los 50, cuando los EE.UU. eran los únicos en disponer de una economía intacta para aprovechar las ventajas de la expansión posterior a la guerra, fue uno de esos períodos. Los últimos años de la década de los 90 fue otro. Pero entre esos intermedios ocasionales, el mundo de los negocios es verdaderamente duro. En épocas normales, los hombres de empresa pueden luchar por ganar cuota de mercado a sus competidores, motivar a los clientes para que se desprendan de su escaso dinero, ganarse el éxito a pulso en lugar de esperar que le sea otorgado, y despertarse cada mañana sabiendo que todos los éxitos de ayer no cuentan para nada hoy. Ésta era la situación a la que nos enfrentábamos en la década de los 70, con posterioridad a la crisis energética; así como en la década de los 80, en donde nos enfrentamos al violento ataque de las importaciones japonesas. Eso es lo que encontramos en el presente y a lo que continuaremos enfrentándonos en el futuro.

En pocas palabras: los directores de hoy en día han vuelto a descubrir que hacer negocios no es nada fácil. La dirección de empresas ha sido siempre, y siempre será, una de las tareas humanas más complejas, arriesgadas y plenas de incertidumbre. En realidad, ¿cómo podríamos pensar que fuese de otra manera?

Si dirigir una empresa fuese algo sencillo, ¿por qué fracasan la mayoría de las empresas? Si los médicos tuviesen el mismo porcentaje de éxitos que los ejecutivos, las facultades de medicina estarían cerradas hace tiempo.

Si dirigir una empresa fuese algo sencillo, ¿por qué tantos nuevos productos fracasan en el mercado? El panorama de la empresa está cuajado de nuevos productos que «no podrían fracasar» y fracasaron, como el Ford Edsel, el Apple Newton y la New Coke.

Si dirigir una empresa fuese algo sencillo ¿por qué, incluso las empresas que obtienen el éxito, lo conservan durante tan corto tiempo? ¿Por qué Pan Am ha sido arrojada del mercado; por qué Xerox está al borde de la quiebra; por qué Digital Equipment cayó víctima de las adquisiciones? ¿Por qué unas empresas titanes de su sector, como Lucent y General Motors, Levi Strauss y Rubbermaid, son ahora meras sombras de lo que fueron?

Si dirigir una empresa fuese sencillo, ¿por qué las empresas punteras dejan que les absorban otras recién nacidas? ¿Cómo ha podido Nokia arrebatar mercado a Motorola? ¿Por qué los bancos gigantes temen ahora a GE Capital?

Si dirigir una empresa fuese sencillo, ¿por qué tantos directores de éxito tienen dificultad para repetir su resultado, cuando cambian de empresa? ¿Por qué AT&T estuvo al borde del abismo bajo la dirección de Michael Armstrong, que tan eficaz había sido en Hughes?

Si dirigir una empresa fuese tan sencillo, ¿por qué tantos directores son víctimas del espolón de los hucksters? ¿Por qué hay tantos ingenuos crédulos que aceptan todos los conceptos que se ponen de moda? Si no estuviesen abrumados por la complejidad de sus responsabilidades, nunca se verían atraídos por esos remedios superficiales y simplistas. No sentirían la tentación de creer que todo lo que tienen que hacer para dominar a la bestia de su empresa, es dirigirla como se dirigen las recientes empresas de Silicon Valley, o establecer unos objetivos exorbitantes, o aceptar Internet.

Los retos que entraña la dirección de empresas, son eterna y extraordinariamente difíciles. ¿Cómo puede una empresa idear unos productos y servicios que satisfagan a los clientes y que, al mismo tiempo, se les pueda ofrecer de un modo gratificante para sus accionistas? ¿Cómo puede una empresa retener a sus clientes ante los nuevos competidores, y reaccionar a sus nuevas necesidades, sin sacrificar su actual posición? ¿Cómo puede una empresa diferenciarse de otras, con ofertas similares y objetivos idénticos, y mantener su éxito a medida que cambian los tiempos? Adivinar las respuestas a estas preguntas es la eterna tarea de la dirección de la empresa.

De forma periódica, las respuestas a esas cuestiones se codifican, se escriben en compendios de dirección de empresas, se enseñan en las escuelas, y se alzan a los altares del folklore de los directores. La gran obra de Peter Drucker, *Management,* publicada en 1973, fue uno de tales compendios. El libro de Tom Peters y Bob Waterman, *In Search of Excellence,* publicado en 1982, fue otro de ellos. Pero aunque los problemas son eternos, las soluciones no lo son. Cada generación de directores se enfrenta a un mundo diferente al de sus predecesores, de modo que cada una debe encontrar su propia orientación.

Se dice que, en cierta ocasión, Albert Einstein entregó a su secretario un examen que debía distribuir entre sus alumnos de postgrado. El secretario comprobó el examen y objetó: «Pero, profesor Einstein, estas son las mismas preguntas que hizo usted el año pasado. ¿Los estudiantes no sabrán ya las respuestas?» «Es correcto —le replicó Einstein—, las preguntas son las mismas, pero las respuestas son diferentes». Lo que es cierto para la física, es válido en la empresa. El mundo empresarial de hoy en día no es el de Drucker, ni el de Peters y Waterman, y exige una nueva edición de la agenda de dirección de empresas. La misión de este libro es presentar esa agenda.

Los directores actuales necesitan una agenda nueva, porque están haciendo negocios después de un cambio de época. En el tercer cuarto del siglo XX, los proveedores que hasta entonces habían dominado las economías industrializadas y establecido los términos sobre la forma de hacer los negocios, perdieron su posición dominante; y esa posición fue ocupada por los clientes. Durante los últimos veinticinco años, los clientes de casi todos los sectores industriales se han rebelado contra los proveedores que les habían dominado hasta entonces. Los consumidores abandonaron las empresas hacia cuya marca habían sido fieles durante mucho tiempo, y adoptaron las marcas genéricas, las marcas de «casa», las de competidores internacionales, y las de cualquier empresa que les ofrecía mejores condiciones. Y lo hicieron con los automóviles, los productos domésticos, los servicios bancarios y las emisoras de TV. Los clientes de la empresa dejaron de mostrarse tolerantes ante el abuso de los proveedores que condescendían en servirles sus pedidos. Se negaron a admitir precios más altos, menor calidad y horroroso servicio, sólo por obtener lo que necesitaban. En lugar de eso, ahora los clientes indican a sus proveedores todo lo referente a los precios que van a pagar, el nivel de calidad que exigen e, incluso, el plazo en el que aceptarán la entrega del producto. Los proveedores que no cubren estas expectativas se convierten en ex-proveedores.

Los ejecutivos de las empresas más poderosas del mundo, ahora están temblando ante sus clientes independientes y exigentes. Saben que el poder está en manos de éstos, y saben que van a utilizarlo. Bienvenidos a la economía de cliente.

¿Cómo surgió este poder del cliente? Al igual que la mayoría de los cambios «repentinos», éste también fue el resultado de la convergencia de varias tendencias que se venían desarrollando desde hacía tiempo. La primera: la escasez dio paso a la abundancia cuando la oferta igualó y superó a la demanda. En el siglo xx la capacidad aumentó enormemente en casi todos los sectores industriales. Tanto si se dedicaban a vender acero, seguros, o pasta de dientes, las empresas eran capaces de producir mucho más de lo que los clientes compraban. Por ejemplo, el sector mundial del automóvil posee capacidad para producir al año casi 20 millones más de vehículos que los que demanda el mercado mundial. Una de las razones clave para este aumento se debe a que los avances de la tecnología han mejorado considerablemente la productividad de fabricación y, de ese modo, han reducido el coste de entrada y de expansión de muchos sectores. Al mismo tiempo, e impulsadas por las exigencias de crecimiento por parte de Wall Street, las empresas aumentaron su capacidad a fin de conseguir más cuota de mercado. Esta tendencia se pronunció aún más cuando la globalización atrajo a más proveedores que se dirigían a los mismos clientes. Este aumento de la oferta colocó, inevitablemente, a los clientes en el asiento del conductor. Los clientes ya no eran unos desvalidos que suplicaban por obtener unos bienes escasos; los papeles se han trastocado, y ahora los proveedores suplican a los escasos clientes.

De modo simultáneo, los clientes van aprendiendo como compradores más preparados e informados. En teoría, los clientes siempre tenían la opción de elegir, pero hasta hace poco dicha opción era más teórica que real. Los consumidores no tenían tiempo para recorrer la ciudad y comparar las condiciones de compra, ni los agentes compradores de la empresa podían examinar las especificaciones de producto y las tarifas de precios de todos los posibles proveedores. Como resultado, los clientes se quedaban con los proveedores conocidos, porque era lo más fácil; y eso daba el mando a los proveedores. Pero la servidumbre de los clientes llegó a su fin cuando pudieron aprovechar prácticamente las ventajas y alternativas que les ofrecían los otros proveedores. La tecnología informática (incluyendo, más recientemente, Internet) les permitió encontrar y analizar productos competitivos y tomar decisiones más inteligentes. Entonces, los clientes descubrieron que tenían opciones y capacidad para aprovecharlas. A medida que los consumidores y las empresas sintieron la creciente presión para ahorrar dinero, la inercia de seguir con los antiguos proveedores se convirtió en un lujo que muy pocos se podían permitir. Como resultado, ahora los clientes buscan activamente otras alternativas, comparan precios, y aceptan la mejor opción.

El poder de los clientes aumentó, aún más, a medida que muchos productos se fueron convirtiendo en bienes genéricos (casi iguales entre sí). Antes, la tecnología evolucionaba tan lentamente que los productos se mantenían diferentes unos de otros durante muchos años. Una empresa vendía unos productos, otra empresa vendía otros distintos; cada producto tenía sus virtudes y sus defectos que lo convertían en la mejor opción para unos clientes, mientras que para otros no lo era. Hoy en día, los rápidos cambios en la tecnología han reducido considerablemente el ciclo de vida de los productos. Tan pronto una empresa introduce un producto en el mercado, queda obsoleto, o es imitado por otra empresa. Esto da por resultado una gran cantidad de ofertas similares, lo que hace muy difícil diferenciar a los de una empresa y los de otra; esto aumenta aún más el poder de los clientes.

Para ilustrar esta situación, podemos comparar la forma en que se compra un coche ahora y cómo se compraba hace cincuenta años. A principios de los años 50, las opciones del comprador se limitaban a las Tres Grandes. A no ser que fuese un entendido en automóviles, el comprador se enteraba de todo lo relacionado con el coche por medio del concesionario, que de ese modo tenía en su mano todas las cartas de la baraja en la negociación. Por contra, hoy en día unas veinticinco empresas automovilísticas se disputan nuestra elección. El comprador dispone de un gran número de fuentes de información, desde «Informes para el Consumidor» hasta sitios web, que le preparan para negociar con el concesionario desde una posición de fuerza y conocimiento. Ahora el comprador tiene el mando, y los fabricantes de automóviles y los concesionarios lo saben muy bien.

Todas estas tendencias, combinadas, transformaron a la economía dominada por los proveedores, en una economía regida por los clientes. Ésta es, por lo tanto, la verdadera «Nueva Economía». No se inició en 1995, tiene muy poco que ver con Internet y, desde luego, no requiere una ostentosa capitalización. Es la economía de cliente, que ha ido ganando fuerza y creciendo poco a poco en estos últimos veinticinco años. Las circunstancias que generaron la economía de cliente no han desaparecido; de hecho, se están acelerando. No se percibe un previsible fin para el aumento de la competencia global, el exceso de capacidad productiva, el carácter genérico de los productos, y el conocimiento de los clientes, o del poder que les concede ese conocimiento.

Cuando la nueva economía del cliente empezó a desbancar a la antigua economía de proveedor en la que habían sido formados y adiestrados, los directores no se mantuvieron con los brazos cruzados. Durante toda la década de los 80 y principios de la de los 90, emprendieron un programa de innovación empresarial sin precedentes. Entre bastidores y lejos de la vista del público, los directores americanos fueron creando y desarrollando nuevas formas de dirigir sus empresas. Se creó un nuevo arsenal de estrategias de dirección para sustituir a los supuestos y técnicas que habían prevalecido desde, al menos, la época de Henry Ford y Alfred Sloan.

En la lista de innovaciones empresariales de entre los años 1980 y 1990, se debe incluir, como mínimo: la gestión de existencias justo-a-tiempo; la gestión de la calidad total, y su pupilo, la calidad sigma seis; los equipos multidepartamentales; la utilización de la gestión de cartera y de las puertas de acceso en el desarrollo de producto; la integración de la cadena de aprovisionamiento, incluyendo la gestión de existencias por parte de los proveedores, así como la previsión y planificación en colaboración; la remuneración al personal basada en el rendimiento. En el campo de recursos humanos: la elaboración de perfiles de competencia profesional; sistemas de evaluación basados en el VEA (Valor Económico Añadido) o sistema de puntuación compensada; la asociación cliente-proveedor; la reingeniería de los procesos empresariales; y muchas más. Es difícil definir el impacto y la amplitud de estos cambios. Un Rip Van Winkle que se hubiese quedado dormido en los años 70 y despertase ahora, no reconocería el actual mundo de los negocios.

No es de sorprender que estas innovaciones se introdujesen, en primer lugar, en los sectores que más pronto empezaron a sentir el empuje de la nueva economía de cliente —los sectores del automóvil, de la electrónica y el de los ordenadores— y que luego se expandiese a casi todos los demás ámbitos del mercado. Gracias a esos cambios, la economía de los EE.UU. fue capaz de superar la primera oleada de la superioridad del cliente. Las empresas que inicialmente se desmoronaron ante la acometida de los consumidores exigentes, y de unos nuevos y duros competidores, utilizaron esos nuevos métodos de gestión para consolidar su retorno. Las recientes empresas de Internet que integraron estas técnicas desde su inicio, superaron a los competidores mejor establecidos y, como resultado, experimentaron un crecimiento meteórico.

Las innovaciones de gestión introducidas en las dos últimas décadas, permitieron a IBM alejarse del borde del abismo; e hicieron posible que Dell pasase, de ser una actividad desarrollada en la habitación de una universidad, a convertirse en el líder mundial. Son la base del dominio de GE Capital en casi todos los mercados en que opera; y del crecimiento de Progressive Insurance que le llevó, desde obtener unas primas anuales de 100 millones de dólares hasta una cifra de 6.000 millones de dólares anuales en primas; todo ello en un sector que apenas crece. Son la razón por la que Wal-Mart superó a Sears y logró desarrollar una presencia dominante entre los establecimientos de alimentación; de que Motorola fuese el único fabricante de electrónica capaz de mantener a raya a los competidores japoneses; de que Ford se convirtiese en el fabricante de automóviles con mayor éxito de todo el mundo; de que Intel y Texas Instruments pudiesen prosperar en un área en que tantos otros han fracasado. Las nuevas técnicas de gestión permitieron a esas empresas desarrollar mejores productos con más rapidez, y fabricarlos con mayor fiabilidad y menor coste. Les permitió producir más en sus plantas, funcionar con menos existencias, reducir los errores y despilfarros, cumplimentar los pedidos más pronto y responder con celeridad a las exigencias de los clientes. El aumento de la productividad, la reducción de costes, una mayor calidad y un mejor servicio, fueron los resultados inmediatos de la adopción de esas técnicas, que se tradujeron en beneficios para todas las partes implicadas: los clientes obtuvieron mejores productos a menores precios, los trabajadores tuvieron un empleo seguro, y los accionistas ganaron elevados beneficios.

Estas innovaciones de gestión, que se introdujeron en las décadas de 1980 y 1990 (y no la Reserva Federal de EE.UU., ni Internet, ni el superávit presupuestario) fueron las que en realidad produjeron el boom económico de finales de la década de los 90. Las empresas no andaban bien porque los tiempos fuesen buenos; al contrario, los tiempos fueron buenos porque las empresas andaban bien. Los elixires que componen el rendimiento económico son dos: la innovación y la productividad empresarial. Cuando las empresas reducen sus costes sin reducir el valor, cuando crean nuevos productos, cuando mejoran su calidad y su servicio, entonces —y sólo entonces— campean los días felices. Los clientes obtienen más valor por el mismo dinero, lo que implica que pueden gastar más en otras cosas; las empresas aumentan sus ventas y beneficios, lo que les permite aumentar los sueldos y las inversiones; los accionistas ven subir el valor de sus acciones; y, de ese modo, nos encontramos todos satisfechos recorriendo felices el círculo «virtuoso» del crecimiento económico.

Pero en los tiempos de expansión que se producen como resultado de eso, no es difícil olvidarse de que hemos llegado allí gracias al trabajo duro, y empezar a pensar que hacer negocios es muy fácil y que el éxito está asegurado. Eso es lo que hicieron, a finales de la década de los 90, muchas empresas y demasiados directores. Cometieron el imperdonable pecado de creer que el mercado alcista era obra de su cerebro, y dejaron de prestar atención a la «bola» de la operativa empresarial. Se dejaron arrastrar por la fortaleza de la economía. Ahora se arrepienten de aquella decisión, porque los recientes acontecimientos les han recordado forzosamente que la economía fuerte es un fenómeno temporalmente breve, y que viven en una época poco propensa a la misericordia. Ahora, los directores deben volver a empezar en el punto en que se dejaron distraer por los excesos de la «Nueva Economía». Pero, ya no basta con más de lo mismo. Las innovaciones de gestión de los últimos veinte años, por muy impresionantes que fuesen, son sólo el principio. En la economía de cliente, las innovaciones del ayer son la línea de partida de hoy, y mañana estarán obsoletas. Lo que hasta hace poco parecía inimaginable, pronto se convierte en elemento rutinario, y las expectativas crecen aún más. En los clientes es natural exigir más: más valor por menos precio, más innovación, más servicio, más de todo. Las empresas que no se mantienen a la altura de estas crecientes exigencias, se verán pronto abandonadas. La reinvención de la empresa no ha terminado —ni mucho menos.

Analizándola retrospectivamente, se ve que la revolución de la gestión en las décadas de 1980 y 1990 fue sólo una primera fase de un programa a más largo plazo: adaptar todos y cada uno de los aspectos de la empresa a las realidades de la supremacía del cliente. Gestionar la economía del comprador exige mucho más que, simplemente, establecer una estrecha relación con los clientes, la denominada «intimidad con el cliente». De hecho, en muchos casos ése no es el paso más apropiado para dar. Lo que hace falta es reflejar la realidad del poder del cliente sobre todas las formas de actividad y gestión de la empresa, desde la manera de realizar el trabajo hasta el modo de remunerar a los empleados y la forma en que está organizada la propia empresa.

Aunque se han realizado muchos progresos hacia ese objetivo, queda todavía mucho por hacer. Este libro intenta establecer el capítulo siguiente de este programa: presentar un nuevo conjunto de innovaciones empresariales que definirán la agenda (el plan de acción) para la primera década del siglo XXI. Tengo el propósito de ofrecer un conjunto concreto de ideas y técnicas prácticas que los directores reales, de las empresas reales, puedan utilizar para ayudar a sus empresas a dominar sus mercados en la próxima década. Para expresar ese objetivo he empleado deliberadamente el término «dominar», en lugar de cualquier otro menos poderoso que podía haber utilizado, como el de «sobrevivir». En una economía de fuerte competencia, el modesto objetivo de «lograr mantenerse», es inalcanzable. Sólo las empresas que luchan por ser las mejores e intentan superar a todas las demás, pueden esperar sobrevivir en un mundo donde todas las demás están intentando hacer lo mismo.

El tema de *La Agenda* es la forma en que las empresas operan, se organizan y son gestionadas. No intento prescribir ni prever los productos y servicios que las empresas deben ofrecer. No intento predecir los nuevos artilugios que utilizarán los aficionados a la tecnología, ni si los seguros y la banca se van a fusionar, ni cuándo lo harán. No sé el aspecto que tendrán los coches dentro de cinco años, y tengo fundadas sospechas de que nadie lo sabe. Yo me ciño al cómo, no al qué. Me centro en los cambios que las empresas de todo tipo y tamaño deben introducir y poner en marcha, si desean funcionar con éxito ante las crecientes exigencias de la economía del cliente.

Las innovaciones de gestión que presento en este libro no son fruto de mi propia imaginación. Las he recopilado a base de observar la manera en que las empresas innovadoras y bien gestionadas están haciendo frente a los retos de la economía de cliente. Las empresas que se citan en este libro y que nos ofrecen una visión anticipada del futuro, pertenecen a varios sectores muy diferentes. Pero, muy pocas son recientes empresas de alta tecnología o glamorosas compañías de medios de comunicación, que son las predilectas favoritas de las revistas económicas. Las empresas de las que más he aprendido, son empresas maduras de sectores maduros. Ya no pueden sobrevivir con la herencia de las brillantes invenciones de su fundador; ya no flotan en la marea ascendente del secular crecimiento del mercado; ya no son capaces de sustituir la adquisición por la realización. Esas empresas obtienen el éxito, no porque tienen la suerte de estar en un mercado activo en el momento oportuno, sino porque utilizan nuevas ideas de gestión para superar a sus competidores. Mi labor ha consistido en extraer, de todas sus experiencias, un conjunto de técnicas y principios fundamentales que toda empresa puede aprender y aplicar. Se trata de unos principios relevantes para toda empresa (ya se trate de grandes o pequeñas, fabricantes o de servicios, de alta o de baja tecnología) que intente hacer negocios en este mundo impulsado por el cliente, que nos va a deparar el siglo XXI.

No afirmo que las empresas que se citan en este libro sean modelos perfectos. Ninguna de ellas posee todas las claves para abrir la economía de cliente. De hecho, algunas han cometido graves errores en varias áreas, a pesar del éxito y el liderazgo que han conseguido en otras. Pero combinando todas sus experiencias se obtiene un perfil que refleja la clase de empresa que deberá llegar a ser cada una de ellas.

En esta agenda empresarial, para triunfar en la economía de cliente hay nueve elementos o principios. Los dos primeros se traducen en acciones concretas, las ideas generales sobre el cliente; presentan dos estrategias específicas —cuyas siglas son ECLQEFT (empresa con la que es fácil trabajar) y MVA (más valor añadido)— que sirven para diferenciar a la empresa, distinguirla de otras similares y conseguir clientes fieles. Los elementos tercero y cuarto de la agenda tratan sobre los procesos, un término ligero y nada pretencioso que está transformando a las empresas. A fin de alcanzar los niveles de rendimiento que ahora exigen los clientes, las empresas deben ser gestionadas y organizadas en torno al eje de los procesos; además, deben aplicar la disciplina procesal, incluso a los aspectos hasta ahora más caóticos y creativos de sus actividades. El principio número cinco requiere dar un nuevo enfoque a los sistemas de evaluación, un marco que los coloque no en el campo de la contabilidad, sino directamente en el centro de un método sistemático para mejorar el rendimiento de la empresa. El principio sexto de la agenda trata de redefinir el rol de los directores, que dejan de ser jefes autónomos de su estrecho dominio y se convierten en jugadores de equipo cuyo ámbito es la totalidad de la empresa. Los tres siguientes principios encauzan el poder de Internet para conectar unas empresas con otras. Hay que volver a analizar la distribución desde la perspectiva del cliente final, que es el que paga los sueldos de todos los que intervienen en el canal de distribución. Mediante la colaboración y la integración de los procesos entre empresas, éstas deben demoler los muros externos que las separan de las otras empresas, unos muros que son la fuente de enormes cargas generales y de mucha ineficacia. El último principio de la agenda es el más radical. Afirma que la empresa debe dejar de percibirse a sí misma como una totalidad autónoma, para pasar a posicionarse como componente de una gran empresa más amplia y virtualmente integrada.

En los siguientes nueve capítulos se analizan esos nueve principios de la agenda. Para cada uno de ellos, voy a explicar la razón por la que es tan fundamental para la supervivencia de la empresa actual, voy a mostrar en qué aspectos representa un cambio importante frente a las prácticas del pasado, e ilustraré la forma en que algunas empresas han aprovechado ya ese nuevo enfoque para conseguir enormes ventajas. Los dos últimos capítulos del libro ofrecen una orientación sobre el modo de llevar a la práctica la agenda en la empresa real y sobre cómo se puede mantener actualizada la agenda en una época de cambio continuo.

Este libro intenta ser una guía para los hombres de empresa que no se conforman con esperar que surja un milagro y les salve, sino que están comprometidos a crear su propio milagro. Tal como lo expresó Alan Kay, el padre de la informática personal: «La mejor manera de predecir el futuro consiste en inventarlo.»

Cuando me preguntan si esta agenda es descriptiva o prescriptiva, suelo responder: «Ambas cosas.» Encierra lo que algunas empresas han hecho ya, y lo que el resto debe lograr ahora. Pero la imitación servil no lleva a ninguna parte. Este no es un libro de recetas fáciles. La innovación empresarial no es una poción que se pueda comprar en una tienda, hay que elaborarla en casa. El director debe responsabilizarse de traducir estos principios que ofrezco y de hacerlos realidad en su empresa. Puede que otros hayan abierto el camino, pero nadie puede recorrerlo por nosotros. Nos está esperando.

Capítulo 2

Dirigir la empresa para los clientes

Convertirse en una ECLQEFT

Hace unos años, un consultor llevó una cinta de vídeo que le habían encargado que mostrara al director general de una empresa fabricante de equipos científicos. En la pantalla apareció el rostro del presidente de uno de los mayores clientes de aquel fabricante, el cual, inclinándose hacia la cámara, susurró con los dientes apretados: «Te odio.» Un sentimiento similar fue el expresado recientemente hacia el equipo directivo de un importante fabricante de equipos de telecomunicación por uno de los altos ejecutivos de uno de sus principales clientes: «Aunque nos diesen gratis sus productos, no podríamos permitirnos el lujo de trabajar con ustedes.»

Lo que había despertado el enfado de esos clientes, y de innumerables otros en todos los sectores, no tenía nada que ver con los productos, sus características, calidades o precios. Los productos de los proveedores estaban actualizados, bien hechos, y tenían un precio razonable. Por contra, el enorme descontento de los clientes tenía todo que ver con el hecho de que hacer negocios con esas dos empresas resultaba abrumadoramente complejo, problemático y agotador. Esas dos empresas de las que hablamos presentaban a sus clientes una descripción de sus productos tan oscura, que los clientes tenían que esforzarse enormemente para determinar cuál era el producto que debían comprar exactamente; su opaco procedimiento para realizar los pedidos, hacía que los compradores tuviesen que dedicar una gran cantidad de tiempo a especificar lo que deseaban; su proceso de entrega era tan proclive a los errores, que los clientes se veían obligados a comprobar todos los envíos y a devolver muchos de ellos; su sistema de contabilidad generaba unas facturas tan enrevesadas que hacía falta la paciencia de Job para descifrarlas; y la principal tarea de sus unidades de «servicio al cliente», parece que consistía en atender la llamada de éste, confesarse incapaz de resolver el problema, y pasar la comunicación a otro empleado más inútil todavía. Decididamente, esas empresas no eran una ECLQEFT: empresa con la que es fácil trabajar.

«Empresa con la que es fácil trabajar», significa que, desde el punto de vista del cliente, interactuar con ella requiere el mínimo coste y esfuerzo posible. Significa que la empresa acepta los pedidos realizados en el momento y por el medio que más cómodo le resulta al cliente; significa que los pedidos vienen expresados en la terminología del comprador, y no en la retorcida nomenclatura de la empresa. Significa que logra que al cliente no le cueste mucho esfuerzo comprobar la situación de su pedido; que elimina la interminable serie de inútiles llamadas telefónicas a funcionarios que no tienen ninguna información ni interés, y que han sido adiestrados sólo para pasar la llamada a algún otro funcionario igual de ignorante. Significa que la empresa libra una sola factura que está redactada en términos comprensibles, y no con los recónditos códigos de la propia empresa, o en sus referencias internas, y que desde su inicio ha sido diseñada para que el cliente pueda comprenderla y utilizarla; en resumen: una factura que puede ser descifrada por alguien que no es un experto analista de jeroglíficos.

La importancia de llegar a ser una ECLQEFT deriva del principio que dice: «El precio del producto es sólo una parte del coste del cliente.» El cheque que éste nos envía no es el coste total en que incurre por trabajar con nuestra empresa, hay otros costes. El cliente debe también interactuar con nuestros representantes de ventas, formular un pedido, recibirlo, comprobarlo y almacenar la mercancía; recibir e interpretar nuestra factura, pagarla, devolver los productos que no están en buen estado, y otras tareas. Todas esas tareas cuestan dinero al cliente, y no todo va a parar a nuestra Caja. En algunos casos, los costes generales de trabajar con una empresa, son casi tan altos como lo que el cliente le ha abonado realmente por el pedido.

Si el procedimiento de pedido de la empresa es opaco, el cliente deberá malgastar tiempo y dinero para intentar traducirlo. Si la empresa no ofrece a los clientes alguna manera sencilla de comprobar la situación de los pedidos, tendrán que abrirse camino a través de exasperantes llamadas telefónicas a contestadores automáticos cuya voz grabada no les ofrece ninguna información. Si el sistema de entrega es voluble y poco fiable, el cliente tendrá que malgastar tiempo y dinero en idear la manera de cubrir las banalidades de la empresa. Si la factura que se envía al cliente es difícil de entender, éste tendrá que malgastar su tiempo aclarando la situación con el personal del departamento de facturación de la empresa (al que, pronto, no le quedará ni tiempo ni paciencia).

Si la forma de trabajar de la empresa ha sido diseñada para su propia comodidad, y no para comodidad de sus clientes, estos deberán sufrir las consecuencias; y, a largo plazo, también las acusará la empresa. Cuanto más difícil resulte trabajar con una empresa, mayor será la carga y los costes que impone sobre sus clientes y, desde luego, menos competitiva será esa empresa. Rebajar los precios a base de reducir el margen, es una manera que tiene la empresa para poder diferenciarse de sus competidores; pero no es la manera más deseable. Y para algunas empresas, como el fabricante de equipos de telecomunicación que hemos mencionado anteriormente, ni siquiera regalar sus productos basta para compensar lo enojoso que resulta trabajar con ellas. En la economía de cliente, ser ECLQEFT no es una opción. Es un requisito para la supervivencia.

¿Su empresa es una empresa «con la que es fácil trabajar»? Lo dudo. Hay más probabilidades de que su empresa imponga a los clientes alguna carga o sufrimiento por el privilegio de trabajar con ella. La experiencia que han vivido al pasar el pedido, recibirlo, utilizar los productos, y pagar los géneros y servicios de la empresa, posiblemente incita a los clientes a poner en el centro del tablero de dardos la foto del director de esa empresa. Si la experiencia vivida por los clientes es menos que mala, posiblemente será debido a lo que una empresa denomina «actos fortuitos de amabilidad hacia el cliente», y no a una actitud habitual y duradera. No estoy afirmando que el director intenta deliberadamente que su empresa sea una empresa «con la que es difícil trabajar»; simplemente, ocurre que es así. Y el director nunca ha hecho nada al respecto, porque nunca ha creído que es una cuestión importante.

Ser una ECLQEDT (intente imaginar lo que significa esta sigla) es una consecuencia casi inevitable de la forma de pensar de los directores tradicionales acerca de la naturaleza de su empresa. La empresa tradicional estaba enfocada hacia su interior. Se definía a sí misma en términos de productos y servicios; y su misión consistía en transformar todo ello en beneficios. Su única lealtad estaba dirigida hacia sus directores y accionistas. Los clientes eran algo adicional, o un mal necesario, que existían sólo para comprar los productos de la empresa. El rol de la empresa consistía en fabricar y vender los productos, y el de los clientes se limitaba a comprarlos y pagar por ellos. Las empresas enmascaraban su indiferencia por los clientes tras unos lemas políticamente correctos, como: «El cliente siempre tiene razón»; pero se trataba de simples tópicos que se aplicaban más cuando se incumplían que cuando se respetaban. Resulta innecesario señalar que a esa clase de empresas nunca les podía pasar por la mente que había otras cosas importantes, además de sus productos y servicios, o que debían centrarse en ser una ECLQEFT.

Posiblemente, cuando la empresa moderna era todavía un fenómeno reciente, esta visión de una empresa centrada en sí misma puede que fuese la más apropiada. Los clientes estaban tan desesperados buscando productos, que se podía hacer caso omiso de ellos sin ningún problema. Bastante les costaba a las empresas idear, fabricar, vender y entregar los productos, para encima tener que preocuparse por los clientes. Pero esa época hace tiempo que pasó. Ahora, los clientes tienen la supremacía y para ellos, la empresa es el mal necesario. El fondo y el primer plano del cuadro se han trastocado; ahora los clientes ocupan el primer plano y la empresa ha quedado relegada al fondo. Los clientes capacitados, entendidos y exigentes, de hoy en día, no están dispuestos a adaptarse ni a los productos de la empresa, ni a su forma de trabajar. Los clientes ya no existen sólo para comprar los productos de la empresa; ésta trabaja para resolver los problemas de los clientes. La empresa que siga centrada en sí misma, en lugar de centrarse sobre los clientes, no durará.

Desde luego, habrá muchas empresas —quizá la de usted también, lector— que afirmarán con rostro impasible que, de hecho, ellas están ya centradas sobre el cliente. Sin embargo, esas afirmaciones suelen ser falsas; la mayoría de las empresas sólo mantienen «de boquilla» esa idea. Son demasiados los directores que creen haber cumplido ya con su obligación cuando han repartido entre todos los empleados de la empresa unas tarjetas laminadas (y con el portentoso título de «Nuestros Valores») donde figura la firme declaración: «Nuestros clientes son nuestra principal prioridad.» Otros entregan a los empleados unas pegatinas donde figura una cara risueña y les instruyen para que sonrían radiantemente a los clientes. Hay incluso algunos que creen que ampliando el departamento de servicio al cliente con un número de teléfono 900 sin cargo y con un sitio web, lograrán solucionar todos los problemas. No merece la pena insistir en que todos esos rituales no logran nada. El concepto de «centrarse en el cliente» no puede ser añadido, como una capa de pintura, sobre una empresa centrada en el producto. Requiere un análisis a fondo de la empresa, de su misión y de sus actividades, pero desde el punto de vista de los clientes. Requiere que la empresa viva y perciba la experiencia de sí misma desde la perspectiva de los clientes, para luego ser capaz de rediseñar su forma de trabajar en consonancia con esa percepción.

Para tratar una enfermedad, primero hay que reconocerla. Si la empresa del lector es una de las muchas empresas con las que es difícil trabajar, posiblemente escuchará las siguientes quejas de sus clientes:

—Tener que interactuar con tantos empleados distintos de su empresa nos llena de confusión.

—Su empresa es inflexible y obliga a todos a amoldarse a su única forma de trabajar.

—Su empresa está poco preparada, actúa reactivamente y se muestra sorprendida cuando los clientes le piden algo.

—Si desean lograr obtener algo, su empresa fuerza a los clientes a tratar con varias partes distintas de su organización.

—Su empresa impone cargas generales sobre sus clientes, al obligarles a interactuar repetidamente con ella y a comprobar todos los trabajos que hace para ellos.

—Y, lo más importante, da la impresión de que su empresa no sabe, ni se preocupa, de lo que realmente interesa a sus clientes.

¿Le resultan familiares estas quejas? Afortunadamente, hay seis maneras concretas de resolver y contrarrestar el efecto de estos seis lamentos tan corrientes y, de ese modo, convertirse definitivamente en una ECLQEFT.

1. **Presentar un único interlocutor ante el cliente**

A los directores de 3M les encanta esta máxima irónica: «El hecho de que seamos una empresa con muchos productos y muchas divisiones, no es problema del cliente.» La mayoría de las empresas se organizan y operan para su propia comodidad; y el cliente es el que deberá soportar la carga de esa estructura centrada en sí misma. Por ejemplo, recientemente una empresa comprobó asombrada que en el listín de teléfonos figuraba una relación de veintitrés números 900, sin cargo, que los clientes podían utilizar para contactar con ella.

Muchas empresas presentan a sus clientes varios interlocutores fragmentarios debido a tradicionales y, actualmente incomprensibles, divisiones internas. Distintos grupos de la empresa pueden ser responsables de productos diferentes; y cuando desea hacer un pedido, preguntar acerca de un producto, o pedir que se lo envíen, el cliente debe llamar exactamente al grupo adecuado. Normalmente, cada uno de esos grupos no conoce nada acerca de los demás productos o de las otras relaciones que el cliente puede mantener con la empresa. En ocasiones, esta fragmentación es consecuencia de un historial de anteriores adquisiciones de empresas; a veces, es el resultado inevitable de las limitaciones impuestas por una perspectiva centrada en el producto.

Cualquiera que sea la razón, el resultado es que los clientes deben soportar incomodidades y costes adicionales por trabajar con esa clase de empresas. Tienen que pasar los pedidos a varias unidades distintas, recibir diferentes envíos, cotejar varias facturas y solicitar información a varios sitios. Conozco un gran banco que mantiene un sistema totalmente distinto para cuentas corrientes, otro para tarjetas de crédito, otro para hipotecas sobre viviendas y otro para préstamos a empresas. En los círculos bancarios se sabe perfectamente que el cliente más rentable es aquel al que se le pueden vender varios productos, pues ese banco no hace nada para facilitar esa múltiple relación. Desde el punto de vista del cliente, trabajar con ese banco no es más cómodo que trabajar con una serie de bancos. Y las historias de horror abundan; como la del cliente que tenía una hipoteca de un millón de dólares y al que se le negó una línea de crédito de 3.000 dólares para su tarjeta de crédito; o la del cliente que se sintió abrumado al recibir de ese banco más de una docena de extractos de cuenta distintos. Conozco también una empresa de bienes de consumo en donde cada división de producto mantiene una altiva independencia, hasta el punto de que a ninguna se le ha ocurrido nunca realizar conjuntamente los envíos con destino al mismo minorista. El minorista termina pagando el gasto de transporte de dos camiones y medio, en lugar de un camión completo, por el simple hecho de que la mano derecha de esa empresa nunca ha sabido lo que hace la izquierda.

Una empresa puede estar fragmentada por productos y también por funciones. Si un pedido va rebotando de un departamento a otro antes de ser cumplimentado, el cliente no dispone de un contacto único donde informarse sobre la situación del pedido. En muchas empresas, el simple hecho de conocer el precio y la disponibilidad de un producto, puede exigir llamar a una docena de departamentos distintos: a fabricación, para determinar el programa de producción; a almacenes, para conocer la disponibilidad de espacio; a logística, para el calendario de envíos; a márketing, para saber si hay descuentos de promoción; al departamento financiero, para enterarse de las condiciones de pago aplicables, y así sucesivamente. Cuando una empresa no ofrece un único interlocutor, los clientes se ven forzados a ir completando uno con todas esas piezas. Ésta es una forma de resignación, y resulta cara e incómoda para todas las partes. En cierta ocasión, Oliver Wendell Holmes escribió: «Los impuestos son el precio que pagamos por la civilización»; en el entorno empresarial, la resignación es el precio que paga la empresa por presentar un rostro fragmentado a los clientes.

Una alternativa eficaz consiste en crear un equipo integrado que sea capaz de tratar con el cliente respecto a todos los productos y servicios, y con autoridad para eliminar todas las barreras que obstaculizan al cliente. Johnson & Johnson utiliza este método con los médicos y hospitales clientes. J & J es una sociedad altamente descentralizada que engloba numerosas unidades independientes que son responsables de distintos productos. En el pasado, cada unidad tenía su propia división de ventas, lo que significaba que cada cliente era visitado y atendido simultáneamente por varias unidades. Las distintas unidades de J & J competían entre sí por captar la atención del cliente y, de ese modo, se duplicaban los costes. Esta forma de actuar reducía el rendimiento y los beneficios de J & J, y los clientes se quejaban de que los diversos vendedores les impulsaban en direcciones opuestas.

A finales de los 90, J & J reorientó sus actividades de ventas. Ahora, los vendedores de las distintas unidades de J & J están agrupados en equipos de cuentas que gestionan todas las relaciones comerciales de un cliente con J & J. Los equipos trabajan conjuntamente para alcanzar unos amplios objetivos, y a los vendedores ya no se les evalúa y remunera sólo en función de las ventas de su propia unidad. En lugar de eso, se les remunera en base al éxito de la relación general de J & J con el cliente, y en base al éxito del equipo en ayudar al cliente a alcanzar sus objetivos, tal como la normalización en la utilización de productos. Al disponer de un solo contacto —el equipo de su cuenta— un cliente no se ve rebotado de un vendedor a otro, y no debe sentirse preocupado ante la posibilidad de que sus intereses o inquietudes caigan en el vacío entre las grietas del enorme organigrama de J & J. El cliente expone ahora todos sus problemas y preguntas a un solo interlocutor, por lo que se siente apreciado y apoyado y, como resultado, hace más pedidos a J & J.

Algunas empresas creen que ofrecen un sólo interlocutor al cliente cuando éste puede contactar con un representante de servicio al cliente (RSC) y plantearle toda clase de cuestiones. Se están engañando a sí mismas, porque esos RSCs son sólo una capa superpuesta sobre una organización fragmentada y es de carácter tan externo como el cliente. Se trata sólo de una mejora marginal, porque el RSC es el que tiene que llamar a una serie interminable de departamentos ineficaces para encontrar la respuesta a la pregunta del cliente; pero de todos modos, el cliente tiene que esperar largo tiempo y probablemente, la respuesta, si finalmente llega, será incompleta, irrelevante o, simplemente, equivocada.

3M Telecom Products, una empresa con sede en Austin, Texas, vende componentes a los fabricantes de sistemas de telecomunicaciones. Sus representantes de servicio al cliente logran realmente hacer la vida más fácil para sus clientes. Pueden resolver cualquier cuestión relacionada con los pedidos, la situación de un pedido, su envío, las devoluciones, ofrecer información sobre productos y precios, y lo hacen con rapidez y exactitud. Y lo pueden lograr porque están considerados como miembros de pleno derecho de los equipos de cuentas de cliente. Tienen acceso a información actualizada y están integrados en la actividad, no son un añadido. El RSC representa un único interlocutor para el cliente, desde el momento que se recibe el pedido hasta que se paga. En 3M Telecom, el RSC logra que los clientes reciban respuestas acertadas a sus complejas preguntas.

2. Separar las actividades en función de las características de los clientes

La segmentación del mercado es una herramienta muy útil en márketing y en desarrollo de producto. Una empresa adapta su producto y su mensaje a la medida de las necesidades específicas de cada uno de los diversos grupos de clientes. Sin embargo, cuando ha logrado captar al cliente, la empresa suele incluir al recién llegado en una base indiferenciada de clientes, y hace negocios y establece con él unas relaciones comerciales del mismo modo que con el resto. En la economía de cliente la segmentación del mercado no debería terminar en fase tan temprana. Es necesario ampliarla más allá del ciclo de venta y trasladar al resto de las actividades de la empresa la noción de que a cada cliente distinto hay que tratarlo de modo distinto.

En el sector del seguro de automóviles, cuando un cliente declara un siniestro y reclama una indemnización, la aseguradora manda a un perito para que inspeccione el vehículo. La razón aparente de enviarlo, es para examinar los daños y realizar una estimación de la cantidad de dinero que la aseguradora debe pagar al reclamante; pero hay otra razón oculta: comprobar que el accidente ha ocurrido realmente y que no se trata de una reclamación fraudulenta. La reclamación más frecuente es por rotura del parabrisas y, en esos casos, el perito no tiene por qué examinar los daños, ya que el coste de sustituir un parabrisas se puede calcular sin necesidad siquiera de ver el vehículo. De todos modos, muchas aseguradoras inspeccionan los daños. ¿Por qué? Porque dudan de la veracidad de sus reclamantes y desean estar seguras de que éstos nunca tendrán la posibilidad de engañarlas.

Una compañía aseguradora ha reconocido que es innecesario presuponer la culpabilidad colectiva de todos los reclamantes. Es poco probable que un cliente que ha estado pagando sus primas religiosamente durante muchos años sin presentar nunca una reclamación por accidente, decida de la noche a la mañana emprender una vida de crímenes empezando con una reclamación fraudulenta por rotura de un parabrisas. Cuando un cliente de esa clase declara un accidente con rotura de parabrisas, la empresa puede asumir con toda confianza que el daño se ha producido, y el procedimiento más rápido y simple consiste en remitirle un cheque inmediatamente. Por otra parte, los clientes con un historial menos limpio, merecerán la inspección de un perito. En lugar de meter a todos los clientes en el mismo cajón de sastre, el nuevo enfoque consiste en tomar en consideración las variantes de los distintos clientes y tratar, en consonancia, cada una de las reclamaciones.

Este principio se aplica también a la solicitud del seguro de automóviles. La mayoría de las empresas no confían en la veracidad de los solicitantes al declarar su historial de conductor. Con independencia de lo que el interesado les diga, la empresa realiza una comprobación en el departamento estatal de vehículos de motor. La misma aseguradora de antes ha comprendido que, para una empresa de servicios, quizá resulte contraproducente hacer que sus clientes se sientan sospechosos de algún crimen. Tras analizar miles de solicitudes, esta aseguradora ha identificado una serie de características demográficas (edad y sexo, por ejemplo) que indican la probabilidad de que el cliente esté describiendo verdaderamente su historial de conductor. Si un cliente posee esas características demográficas, su historial se acepta tal como lo ha redactado, y no se efectúa ninguna comprobación en el departamento de vehículos a motor. De ese modo, se agiliza la cumplimentación de las solicitudes y los clientes se sienten más satisfechos. En esa aseguradora, sólo se realiza la comprobación de los que no encajan con los criterios indicadores.

Ahora, muchos fabricantes de bienes de consumo han reconocido también que es necesario tratar de modo diferente a los distintos grupos de clientes. Por ejemplo, los grandes minoristas, como Wal-Mart, valoran mucho la entrega de pedidos en el momento prefijado, ya que les ayuda a simplificar su compleja actividad. Sin embargo, los pequeños minoristas ponen más el acento en la rapidez de entrega, ya que les sirve para reducir el volumen de existencias a almacenar. En consecuencia, esos fabricantes de bienes de consumo organizan equipos de cumplimentación de pedidos y a cada equipo se le asigna una clase específica de clientes, y la forma de trabajar de esos equipos se adapta para cubrir las necesidades de los clientes que les han sido asignados. Algunos equipos atenderán a los grandes minoristas, otros a las cadenas regionales de supermercados, y unos terceros a los mayoristas que venden a las tiendas de proximidad y a otros pequeños minoristas. Aprovechando el mismo sistema básico de cumplimentación de pedidos, los equipos introducen variaciones para adaptar dicha cumplimentación a la medida de las necesidades de los distintos clientes.

3. Prever y anticiparse a las necesidades de los clientes

Una tercera forma de lograr que nuestra empresa se convierta en una empresa con la que es fácil trabajar, consiste en predecir lo que los clientes van a desear y prepararlo antes de recibir el pedido. La previsión es una herramienta que toda empresa despierta debe afilar.

Lucent, el gigante que fabrica equipos de telecomunicación, ha adoptado este principio de varios modos. En el pasado, los ingenieros de ventas de Lucent solían visitar a un nuevo cliente sin ninguna idea o conocimiento previo acerca de lo que aquél podía necesitar. Sólo después de la visita, los ingenieros preparaban una solución de sistemas para ese cliente. Muchas veces, el primer intento del ingeniero era menos que acertado, ya que en aquella primera visita, el cliente no exponía sus necesidades con la suficiente claridad. No es necesario decir, que había que repetir la visita varias veces, lo que resultaba costoso para Lucent y poco agradable para los clientes.

Ahora, Lucen aplica la eficacia de la anticipación a base de investigar al cliente antes de enviarle un ingeniero de ventas. De ese modo, los ingenieros de ventas obtienen información sobre la actual instalación del cliente y en la primera visita pueden recomendar inmediatamente una solución preliminar, con lo que consiguen despertar la atención del cliente desde el principio. De ese modo, cada una de las partes tiene ya algo concreto que examinar y el cliente puede reaccionar ante el diseño inicial, en lugar de discutir sobre ambiguas abstracciones susceptibles de distintas interpretaciones. Como resultado, el cliente pierde menos tiempo trabajando con Lucent y experimenta menor frustración.

Lucent ha aprendido también a prever y anticiparse a las necesidades de reparación de sus clientes. Por ejemplo, sus directores reaccionaron inmediatamente a la noticia de que se había inundado una zona donde uno de sus clientes, Verizon, tenía una importante estación de transformadores. Sin perder un momento, los directores de Lucent accedieron a su base de datos y solicitaron el diagrama de cableado de aquella instalación de transformadores de Verizon, identificaron los componentes y sistemas más susceptibles de haber recibido daños y prepararon el equipamiento necesario para repararlos y sustituirlos. Para cuando Verizon pudo llamar y pedir ayuda, Lucent tenía ya preparado el material necesario y dispuesto para ser entregado.

La actividad de servicio al cliente de una empresa, también puede utilizar la previsión y anticipación para convertirse en una empresa con la que es fácil trabajar. Pensemos en las dificultades de los clientes que no saben inglés. Cuando llaman a un número normal de servicio al cliente se les suele comunicar con el primer empleado que queda disponible que, probablemente, sólo sabe hablar inglés. Por eso, se producirá cierto confusionismo hasta que el empleado se dé cuenta de que se necesita un operador bilingüe (o multilingüe). En ese momento, se pide al cliente que espere y se transfiere la llamada al empleado apropiado, momento en que finalmente puede empezar la comunicación. Evidentemente, todo eso resulta caro para la empresa y muy enojoso para el cliente.

Varias empresas están utilizando técnicas para predecir la clase de clientes que, probablemente, necesitarán un operador bilingüe. Para ello, utilizan el Caller ID (identificador de llamada) para determinar el número de teléfono desde el cual el cliente está haciendo la llamada. A la vista del número desde el que el cliente está comunicando, la empresa puede determinar la posibilidad de que el cliente desee hablar en un idioma distinto al inglés. Por ejemplo, en ciertas partes de Florida el idioma preferido puede ser el español, mientras que en algunas zonas de California será el chino. Entonces, la llamada es dirigida automáticamente hacia el representante bilingüe apropiado, que es el que atenderá la llamada. Así, se evita incomodidad y desazón al cliente, y éste se siente bien atendido. ¿Y qué ocurre, si la empresa no acierta con el idioma? No hay ningún problema, porque el operador al que se ha dirigido la llamada es bilingüe, después de todo.

4. Ofrecer al cliente una experiencia sin fisuras en todas las interacciones con la empresa

Todos hemos vivida alguna vez la experiencia de haber estado interactuando con una empresa durante años, y descubrir que hemos sido tratados como unos completos desconocidos. Parece que nadie sabe quiénes somos o cuáles son nuestras necesidades particulares, y se nos hace pasar por el mismo procedimiento aplicado a un cliente que llega por primera vez. Vamos a un hotel en el que hemos estado alojándonos durante años, y nos preguntan por el tipo de habitación y servicios que preferimos; pedimos unos repuestos a una empresa a la que hace años compramos una máquina, y tenemos que explicarles la clase de máquina que tenemos; pagamos una factura en una sucursal de la empresa, y descubrimos que otra sucursal afirma que no la hemos abonado. El problema se debe a que la empresa, por sí misma, no posee una memoria o conocimiento institucional sobre nosotros, los clientes. Todo lo que la empresa sabe acerca de nosotros está sólo en la cabeza de ciertos empleados. Si esos empleados abandonan la empresa o son trasladados a otra sucursal, su conocimiento se va con ellos. A no ser que tengamos la suerte de tratar con la persona apropiada que tiene acceso a la base de datos apropiada, estamos perdidos.

A principios de la década de los 90, la relación de los clientes con AlliedSignal resultaba extremadamente compleja. En aquella época, AlliedSignal Aerospace era una empresa con una cifra de ventas de miles de millones de dólares en una amplia gama de productos, entre otros: motores, productos de aviónica y sistemas de aterrizaje, destinados a una diversidad de clientes, como: líneas aéreas, propietarios de aviones privados, y los de los mercados aeroespacial y de defensa (AlliedSignal se fusionó con Honeywell en 1999.) El cliente tenía que tratar con distintas divisiones para comprar cada uno de los distintos productos; y, luego, con varias partes de dichas divisiones: con una organización para pasar el pedido, con otra para pagarlo, con una tercera para solicitar una reparación, y así sucesivamente.

La situación estaba tan mal que Bob Crandall, que era director general de American Airlines, le aseguró a Larry Bossidy, entonces director general de AlliedSignal, que si pudiese comprar los repuestos a otro proveedor, lo haría. AlliedSignal reconoció que había llegado a una crisis en lo referente a la satisfacción del cliente y reaccionó creando equipos de cuentas de cliente. Estos servicios se iban a responsabilizar de todas la relaciones con el cliente. Un equipo de cuenta estaba compuesto por personal de ventas, grupos de multiproducto, analistas de solvencia y representantes de servicio al cliente, además de los ingenieros de servicio de campo.

Estos equipos de cuentas de cliente tenían unas responsabilidades que iban mucho más allá que la venta. Se les confiaba la misión de que para el cliente fuese más fácil trabajar con la empresa, mejorar la satisfacción del cliente, y aumentar el volumen de la cuenta. Ahora, siempre que un cliente tiene problemas en cualquier fase o en cualquier parte de su relación con AlliedSignal, puede contactar con un solo equipo de cuenta. Los empleados pueden marcharse y ser sustituidos por otros nuevos, pero el equipo de cuenta mantiene todo su conocimiento acerca de sus clientes; esa información ha sido guardada en una base de datos compartida a la que todos los miembros del equipo tienen acceso. Entre los resultados de este gran esfuerzo organizativo, destacan: una gran mejora en la satisfacción del cliente y un aumento del beneficio de explotación desde los 500 millones de dólares en 1996, a más de 1.900 millones de dólares en 1999.

Charles Schwab, la famosa empresa de servicios financieros, es otra de las que ha conseguido un éxito espectacular tras adoptar este principio. Muchas agencias de inversión en valores consideraron la aparición de Internet como una amenaza para sus negocios. Unos intentaron evitarla, otros crearon una unidad separada para los inversores online, totalmente desconectada del personal de ventas y de servicios que trataba con los clientes tradicionales. El problema estaba en que esa segmentación de los clientes (online, y no online) era del todo arbitraria; y, aunque posiblemente fuese eficaz para las agencias, resultaba poco cómoda para los clientes. La mayoría de clientes no se clasificaban a sí mismos como usuarios de Internet, o no usuarios de Internet. Una misma persona podía perfectamente desear tratar con una agencia de inversiones de varias formas distintas: por teléfono, en Internet, o acudiendo a la oficina local. Dave Pottruck, presidente y codirector ejecutivo de Schwab, percibió ese hecho. Y explicó a su organización: «Los clientes ya no son propiedad de las empresas. El cliente es propiedad del cliente. Por lo tanto, intentar erigir muros en torno a ellos no dará buen resultado.» Eso es lo que condujo a Schwab a poner en práctica su famosa estrategia de «clics y cemento», que ofrece al cliente opciones más flexibles para trabajar con Schwab. Pero con este método se corría el riesgo de que en cada interacción, el cliente podría vivir una experiencia muy diferente. Para evitar ese riesgo, la empresa organizó un sistema de base de datos del cliente con el que todo empleado de Schwab que entraba en contacto con un cliente podía conocer todo acerca de sus otros contactos con la agencia. Cualquiera que sea el modo de contacto que elija el cliente, el resultado es el mismo.

Schwab también ha reestructurado su sistema de remuneración con objeto de estimular a los empleados a centrarse sobre el negocio total que un cliente aporta a la empresa, en lugar de pensar en la pequeña tajada que cada vendedor en concreto negocia en un determinado día. Tal como afirma Pottruck: «No nos preocupa tanto la rentabilidad de cada canal de distribución; nos preocupa más la rentabilidad de cada cliente.» Ofreciendo a los clientes una experiencia sin fisuras, Scwab se colocó a la cabeza del sector de inversión en valores basado en Internet.

Varias empresas que venden por catálogo, antes de responder al teléfono utilizan un sistema para examinar el número desde el que llama el cliente, a fin de ofrecerle una experiencia sin fisuras. Estos minoristas identifican al que llama por medio de su número telefónico y, luego, si es posible, dirigen su llamada hacia el mismo representante de servicio con el que habló el cliente la última vez. El cliente puede reanudar su conversación con el representante de servicio desde el punto en que la dejaron, en lugar de empezar nuevamente todo el proceso de presentación y toma de datos generales. De ese modo, ahorran tiempo tanto el cliente como el minorista.

5. Aprovechar la capacidad de autoservicio del cliente

Resulta paradójico que una de las mejores maneras de convertirse en una empresa con la que es fácil trabajar, consiste en dejar que el cliente haga parte de nuestro trabajo. Por ejemplo, IBM permite que sus clientes accedan vía Internet a unos sistemas con los que pueden seleccionar el producto más adecuado para cubrir sus necesidades, comprobar su precio y disponibilidad, hacer un pedido del producto y comprobar la situación de dicho pedido. El personal de IBM ya no tiene que realizar esas tareas, porque los clientes las pueden efectuar por sí mismos.

No se trata de nada extremadamente raro; ahora hay muchas empresas de una amplia gama de sectores que permiten a sus clientes realizar y gestionar los pedidos por sí solos. Lo reseñable es que los clientes se muestran dispuestos a operar de esta manera. A primera vista, parece ilógico que los clientes no sólo estén deseosos de hacer el trabajo por la empresa, sino que además se sientan encantados ante la oportunidad de hacerlo. Nos hace recordar a Tom

Sawyer cuando «permitía» a sus amigos pintar la valla por él. Aunque, si lo analizamos a fondo, no es tan sorprendente. Para muchos clientes, es más cómodo hacer ese trabajo por la empresa, que pedir a la empresa que lo haga. Después de todo, aunque la empresa puede encargarse de los pedidos de los clientes, éstos todavía tienen que exponer sus necesidades a la empresa, pasar el pedido y solicitar información acerca de la situación del encargo. Esas interacciones pueden fácilmente convertirse en un suplicio para el cliente. Puede que el representante de la empresa no describa con precisión sus productos, puede malinterpretar las necesidades del cliente, o cometer un error al anotar el mismo. El empleado que transcribe los pedidos puede equivocarse al introducirlo en el ordenador. El personal de servicio puede no estar disponible cuando el cliente desea comprobar la situación de su pedido o cambiar parte del pedido. En otras palabras: aunque la empresa puede encargarse de los pedidos, el cliente tiene que encargarse de la empresa, lo que puede ser incluso peor.

De hecho, ofrecer a los clientes acceso al sistema informático de la empresa para introducir sus pedidos por sí solos, puede ser menos penoso para los propios clientes. Una interface de ordenador bien diseñada hace que sea muy fácil introducir los pedidos, y permite evitar errores. El ordenador no admitirá un precio incorrecto o presentar unos datos equivocados sobre el rendimiento del producto. El sistema informático de la empresa puede ser puesto a disposición de los clientes siempre que lo deseen, de modo que no están limitados a pasar los pedidos sólo en las horas de trabajo, ni quedar a la espera hasta que un RSC esté disponible; pueden hacer las cosas en el momento y el lugar que lo deseen. Para los clientes, realizar esas tareas por sí solos, es más fácil que dejar que las efectúen los empleados de la empresa.

De modo similar, ahora muchos fabricantes de ordenadores y sistemas de telecomunicaciones dejan que los clientes realicen por sí solos determinadas reparaciones. Para el cliente, la alternativa tradicional consistía en informar del problema y, después, esperar a que llegase el primer técnico disponible que, muchas veces, no era experto en el modelo concreto del cliente o no traía consigo el repuesto que hacía falta; el resultado: retraso y frustración del cliente. El nuevo método consiste en que el cliente realice la reparación. ¿Cómo puede un cliente arreglar una complicada pieza de un equipo electrónico?, se preguntará el lector. Lo irónico es que los sistemas electrónicos se han hecho tan complejos que, prácticamente, ya nadie puede repararlos; todo lo que alguien puede hacer, incluidos los técnicos del fabricante, es cambiar las piezas de repuesto. Los sistemas están diseñados en módulos, a fin de facilitar la labor de los técnicos.

El nuevo procedimiento es el siguiente: cuando un cliente contacta con el fabricante para informar de una pieza del equipo que ha fallado, se le pone en comunicación con un asesor técnico que va dirigiendo al cliente a través de un guión, hasta determinar el problema. Luego, el asesor explica al cliente la forma de apagar la máquina, retirar la pieza averiada y sustituirla por una nueva que está almacenada en la planta del cliente. Al cabo de unos pocos minutos el equipo está ya arreglado y en marcha. A los clientes no les molesta tener que realizar la reparación; consideran que es preferible eso, que soportar los retrasos que se producen cuando tiene que intervenir el personal de reparaciones del fabricante.

En términos técnicos, los clientes de los anteriores ejemplos están realizando un trabajo de mayor valor añadido (introducir el pedido, arreglar las máquinas), cuando se ven liberados de una considerable mayor cantidad de trabajo sin ningún valor añadido (la tarea general de tratar con el proveedor). Éste es un arreglo favorable, tanto para el cliente como para el proveedor.

6. Utilizar sistemas de evaluación centrados en el cliente

Un viejo refrán del mundo de la empresa dice: «Lo que se mide y evalúa, se mejora.» Si una empresa desea mejorar la forma en que es percibida por sus clientes, parece natural que se centre en evaluar los aspectos que son importantes para los clientes; pero eso se hace rara vez. La mayoría de las empresas miden y evalúan lo que es fácil de evaluar, lo que siempre se ha medido y evaluado, y lo que es importante para ellos —incluso, aunque sea irrelevante para sus clientes—. Luego, esas empresas se quedan completamente asombradas al descubrir que sus clientes están molestos con ellas y creen que es muy difícil trabajar con ellas.

Voy a explicar una situación con la que me he encontrado con frecuencia. Una empresa ha estado continuamente evaluando e infatigablemente mejorando el ciclo de tiempo para la cumplimentación de pedidos (es decir: el tiempo que transcurre entre la recepción de un pedido y su envío al cliente). Mediante una meticulosa racionalización del proceso, la empresa ha logrado reducir las actividades innecesarias y las pérdidas de tiempo. Sintiéndose orgullosa de su logro, los directores de la empresa confían en que ahora los clientes alabarán su labor —pero descubren que los clientes siguen muy descontentos, por lo mucho que tardan en recibir sus pedidos—. Los directores se sienten sorprendidos y descorazonados, ¿qué pasa con todos los duros esfuerzos que han realizado?

El fallo de los esfuerzos de la empresa está en su solípeda visión acerca de la cumplimentación de pedidos. Sus directores pusieron en marcha el cronómetro al recibir el pedido y lo pararon cuando los bienes salieron de su muelle de carga. Sin embargo, para el cliente el punto de inicio y el punto inicial que ha medido la empresa no tienen ninguna relevancia. El reloj del cliente se pone en marcha cuando se da cuenta de que necesita el producto de la empresa y se detiene cuando el producto se recibe y se utiliza. Naturalmente, el tiempo de cumplimentación de pedidos que mide el proveedor es un componente del intervalo del cliente, pero no es el único.

Otros componentes igualmente importantes son el tiempo que el cliente tarda en seleccionar el producto y pasar el pedido al proveedor, el tiempo que tarda el transportista en entregar el producto, y el tiempo que le cuesta al cliente desempaquetar e instalar el material. Cuando resulta difícil obtener o comprender la información sobre el producto, cuando el procedimiento de pedido es pesado o susceptible de errores, o cuando se emplea un método ineficaz de transporte, reducir el tiempo de cumplimentación de pedidos no será de gran ayuda para el cliente. Si la empresa se hubiese centrado desde el principio en medir el ciclo correcto de tiempo, podría haberse dado cuenta de las otras áreas que necesitaban mejoras y hubiese dirigido sus esfuerzos a la reducción de tiempos de ese más amplio período.

Progressive Insurance, la cuarta compañía aseguradora de automóviles más grande de EE.UU., ha adoptado un sistema de evaluación y medición centrado en el cliente, lo que le ha permitido obtener grandes ventajas y beneficios. Progressive, como las demás compañías aseguradoras, anteriormente se centraba en la evaluación de su actividad interna, tal como la productividad de sus peritos de daños. Sin embargo, al cliente le interesaba otra cosa: lograr soportar todo el embrollo que representaba presentar una reclamación del seguro del coche. En Progressive y en la mayoría de las aseguradoras, a menudo pasaban siete o diez días antes de que el perito examinase el automóvil y preparase una estimación de los daños; y durante todo ese tiempo, el cliente se iba poniendo más y más enfadado. Esforzarse por aumentar la productividad del perito, no hubiese servido para resolver este dilema. Por eso, Progressive dió un salto y cambió, según sus palabras «del tiempo de Progressive, al tiempo del cliente». Empezó a medir el tiempo entre el accidente y la llegada del perito, que debía ser de horas, y no de días; esto condujo a una gran reducción en el tiempo de contacto. El resultado fue un aumento en la satisfacción del cliente, lo que sirvió para aumentar el porcentaje de retención de éstos. Otra de las ventajas fue la obtención de una mayor cuota de mercado, porque ahora los clientes comentaban con sus amigos lo fácil que era lograr que Progressive atendiese sus reclamaciones de daños. Actualmente, Progressive está centrando sus esfuerzos en reducir otra variable que es de capital importancia para el cliente: el tiempo total transcurrido entre el accidente y el pago de los daños al cliente.

Muchas empresas se engañan a sí mismas, y piensan que están trabajando mejor en el área de la satisfacción del cliente que lo que lo están haciendo en realidad, porque han evaluado el porcentaje de veces que logran entregar el producto en la fecha prometida al cliente. Esta práctica es engañosa, porque muchas veces la fecha prometida por la empresa no es la misma que la que el cliente había solicitado. A veces, cuando el cliente pide que se le entregue el producto en una fecha determinada, se le dice que es imposible y se le ofrece otra posterior. Entregar el producto en la fecha prometida es muy recomendable, pero tiene poco valor para el cliente que ha tenido que reprogramar todas sus actividades para amoldarse al día indicado por el proveedor. (¡Y lo que es mucho más ultrajante aún: la mayoría de las empresas no cumplen la fecha fijada por ellas mismas ni el 40% de las veces!)

Duke Power, una compañía eléctrica, y Solutia, un fabricante de productos químicos, han dado el paso radical de empezar a evaluar el porcentaje de veces que entregan el pedido en la primera de las fechas pedidas por el cliente. Un bajo porcentaje en esta variable es mucho más significativo que un alto porcentaje en la anterior variable. Conviene señalar que ambas empresas han logrado obtener grandes mejoras en esta variable fundamental; una vez que se centraron en el objetivo adecuado, comprobaron que era posible hacer progresos hasta alcanzarlo por completo.

Cuando los directores recomiendan que hay que centrarse en las características que realmente interesan a los clientes y en mejorar su rendimiento, puede que les expliquen que suele ser muy duro mejorar esa clase de circunstancias. En algunos casos, esa objeción no es más que una pantalla de humo lanzada por los responsables que no tienen ganas de tomar las duras medidas que son necesarias para mejorar esas variables. En otros casos, es posible que la objeción tenga algún fundamento, porque se trata de variables que no están por completo bajo el control de la empresa. De todos modos, es una objeción irrelevante. La empresa debe encontrar la forma de solucionar las cuestiones y problemas que realmente tienen importancia para el cliente.

GE Capital se encontró con este problema en su unidad de negocio que ofrece servicios financieros a los mayoristas de equipamiento de oficinas, a los que presta dinero para financiar las compras de los clientes. Utilizando sus elogiadas técnicas de mejora de procesos, GE Capital logró reducir el tiempo que se tardaba en aprobar una solicitud de financiación, desde dos días a sólo unas pocas horas. Entonces, los directores descubrieron que aquello apenas significaba un alivio momentáneo para el cliente; lo que realmente preocupaba a los mayoristas de equipo de oficinas, era el tiempo total que pasaba desde que el cliente hacía el pedido hasta que ellos lo cobraban. Esta cifra se elevaba a cuarenta y seis días. El hecho de reducir, o incluso eliminar, los dos días del segmento que afectaba a GE Capital, representaba sólo una mínima mejora. GE Capital había cumplido con su parte y no tenía obligación de seguir implicado en el problema, pero lo hizo. La empresa que se encoge de hombros, no obtendrá buenos resultados en la economía de cliente. GE Capital ha trabajado con los mayoristas para ayudarles a rediseñar su largo proceso de cuarenta y seis días, y ya ha logrado recortarlo a menos de veinticinco días. No es necesario decir que los mayoristas opinan que GE Capital es una empresa con la que es extraordinariamente fácil trabajar.

De modo similar, GE Aircraft Engines ya no centra su atención en medir sólo el tiempo que tarda en reparar un motor para una compañía aérea cliente. El tiempo que tiene importancia es el de «ala a ala» —el tiempo que se tarda desde que el motor se desmonta del ala del avión, hasta que se coloca de nuevo en el ala— ya que ese es el tiempo que el aparato estará fuera de servicio. Se comprobó que, en muchos casos, el tiempo real de la reparación no representaba ni la mitad del tiempo total «ala a ala». Ante ello, GE ha emprendido un esfuerzo para ayudar a las compañías aéreas clientes a reducir esa otra mitad de tiempo y, al hacerlo, ganarse su fidelidad.

Medir y evaluar unas variables centradas en el cliente proporciona varias ventajas en diversos aspectos. De ese modo, se suelen desvelar cuestiones o problemas que de otra forma no se tendrían en cuenta. Por ejemplo, si se mide el tiempo de procesamiento de pedidos desde la perspectiva del cliente, se puede descubrir que el procedimiento de cumplimentación de pedidos que utiliza la empresa es farragoso y nada fácil para el cliente. De ese modo, las energías del personal se dirigen hacia los puntos en las que son más necesarias, ya que se sienten motivados por las nuevas variables a medir y evaluar. Las variables centradas en el cliente pueden ser también unas excelentes herramientas de venta; mostrar a los clientes el modo en que si trabaja con la empresa puede servirles para mejorar las variables que son importantes para ellos, puede ser un incentivo muy eficaz.

Las seis técnicas que hemos expuesto son un antídoto para los seis síntomas comunes e indicadores de que una empresa es una ECLQEDT (empresa con la que es difícil trabajar). Si la empresa emplea esas seis técnicas hará que los clientes deseen trabajar con ella, en lugar de temblar ante esa posibilidad. Además, conseguirá también otras ventajas, algunas quizá sorprendentes.

En la primera época del movimiento por la calidad, Phil Crosby escribió un libro titulado *Quality Is Free*, que ejerció una gran influencia. Su argumento se basaba en que lograr unos extraordinariamente elevados niveles de calidad en los productos, no acarreaba aumento de costes, sino que de hecho reducía los costes. Lo mismo se puede afirmar respecto al objetivo de que una empresa llegue a ser ECLQEFT. Convertirse en una empresa con la que es fácil trabajar proporciona a la empresa ventajas de dos tipos: no sólo ahorra dinero a los clientes, con lo que aumenta su fidelidad a la empresa, sino que también ahorra dinero a la empresa. Todas esas seis técnicas que acabamos de exponer eliminan costes en las actividades de la empresa. Es evidente que la empresa ahorra dinero cuando el cliente realiza el trabajo por ella. Prever y anticipar las necesidades del cliente sirve a la empresa para estar preparada cuando la necesidad aparece, y también para gestionar sus recursos con más eficacia; ofrecer a los clientes un único punto de contacto y una experiencia sin fisuras, libera a la empresa de las cargas generales de coordinación, resolución de problemas, reconciliación de cuentas, y todos los demás mecanismos (costosos) que se suelen utilizar como compensación por los problemas que surgen en la interface con los clientes. Casi todos los ejemplos que he citado han proporcionado a esas empresas considerables ahorros de costes, así como grandes mejoras en la satisfacción de los clientes.

El gran músico de jazz Fats Waller sabía muy bien cómo ser una ECLQEFT. Solía decir: «Hay que descubrir lo que desean y cómo lo desean, y simplemente ofrecérselo de esa manera.» Estaba en lo cierto. Si la empresa lo hace así, tanto ella como sus clientes ahorrarán toneladas de dinero, y la empresa brillará con luz propia en un panorama de competidores monótonos e idénticos. Si no lo hace, se convertirá en un bocadillo para sus cada vez más poderosos clientes. Pero aunque para los clientes sea una gozada trabajar con la empresa, sólo habrá hecho la mitad de lo que hace falta para preparar una propuesta de valor verdaderamente eficaz para sus clientes. La otra mitad de la ecuación será el tema del siguiente capítulo.

PRINCIPIO 1 DE LA AGENDA

Que para los clientes sea fácil trabajar con la empresa

—Presentar un único interlocutor a los clientes.
—Tratar de modo distinto a las diferentes clases de clientes.
—Saber lo que los clientes van a pedir, antes de que lo pidan.
—Ofrecer al cliente una experiencia sin fisuras.
—Dejar que los clientes hagan más por sí solos.
—Medir y evaluar lo que realmente interesa al cliente.

Capítulo 3

Ofrecer a los clientes
lo que realmente desean

Ofrecerles MVA

Si le paro en la mitad de la calle y le pregunto cuál es su negocio, usted pensará que se trata de una pregunta ingenua con una terriblemente sencilla respuesta: su negocio viene definido por sus productos y servicios. El negocio de Deere es el transporte; el de Prudential, los seguros; el de Microsoft, el software. Y si luego le pregunto qué es lo que los clientes desean de su empresa, usted probablemente responderá algo del tipo: «Productos (o servicios) de alta calidad, vendidos a un precio razonable.» Después de leer el capítulo 2 de este libro, posiblemente usted se apresurará a añadir: «De un modo que sea fácil para el cliente.»

Respuestas equivocadas.

Esas respuestas dicen mucho acerca de las razones por las que su empresa está teniendo tantos problemas para prosperar en la economía de cliente. Reflejan una clásica visión del mundo, introspectiva y centrada en el producto. Son las reliquias de un anticuado estilo de pensar que coloca en primer plano a la empresa y sus productos, y en segundo lugar a sus clientes; que parte del supuesto de que los clientes realmente desean lo que la empresa fabrica y vende; y que está convencida de que lo único que tiene que hacer la empresa es fabricarlo y venderlo.

Nadie podría estar más equivocado. Los clientes no sienten ningún interés por la empresa, aunque sí tienen un poco más de interés por sus productos y servicios. El hecho de que la empresa y sus productos ocupen el centro del escenario en el drama de la propia vida de la empresa, no cambia el hecho de que ambos sean unos meros personajes pasajeros en la vida de sus clientes. A sus clientes, lo que les interesa son ellos mismos; y, desde su punto de vista, el único motivo para que la empresa y sus productos existan es la capacidad que tienen para mejorar sus vidas y sus negocios. Esas fabulosas creaciones sobre las que la empresa derrocha todo su amor y atención, sólo valen en la medida en que para alcanzar su objetivo los clientes necesitan esos productos y servicios; pero unos productos avanzados, de alta calidad y bajo precio, son sólo el principio de la cuestión.

En el anterior capítulo hemos expuesto el imperativo de convertirse en una empresa con la que es fácil trabajar. Desde luego, facilitar la vida del cliente es necesario, pero sólo es el principio. En la economía de cliente la empresa tiene que hacer mucho más que eso. Debe hacer mucho más que, simplemente, ofrecerles sus productos y servicios; debe ayudarles a resolver los problemas que les motivaron a pedir esos productos y servicios. En resumen: la empresa debe proporcionarles más valor añadido (MVA). Ser una ECLQEFT significa que la empresa continúa ofreciendo a los clientes lo que siempre les ha ofrecido, aunque de una manera más cómoda; MVA significa que la empresa les da más, quizá mucho más, de lo que les ha dado hasta ahora. Eso va mucho más allá de facilitar a los clientes su interacción con la empresa: consiste en ofrecerles soluciones para sus problemas; unas soluciones para las cuales los productos y servicios de la empresa, en su forma original, no son más que una pequeña pieza.

Se cuenta una anécdota muy gastada y, probablemente falsa, acerca de una asamblea anual de un importante fabricante de herramientas eléctricas. El presidente se levanta para dirigirse a los accionistas reunidos: «Tengo algunas malas noticias para vosotros —empieza diciendo el presidente—, nadie quiere nuestros taladros». La audiencia queda estupefacta. Según los últimos informes, la empresa detenta el 90% del mercado de taladros. El presidente continúa: «Así es, nadie desea nuestros taladros. Lo que quieren son agujeros.»

Todos los clientes, ya sean personas individuales o empresas, tienen problemas que requieren una solución. El producto o servicio de la empresa, por muy bueno que sea, inevitablemente representa sólo una parte de la solución a esos problemas. Por ejemplo, la empresa puede estar vendiendo automóviles; pero el automóvil, es sólo una parte de la solución para el problema de transporte del cliente. Los clientes necesitan también gasolina como combustible para el coche; y servicio de reparaciones, y repuestos, para que siga funcionando. Necesitarán financiación para comprarlo, un seguro para proteger al vehículo y al conductor, y mapas para llegar de un sitio a otro. Del mismo modo, el taladro es sólo una parte de lo que necesita el cliente para hacer los agujeros que debe perforar; necesita también un detector de tope, la broca adecuada y conocimientos sobre el modo de utilizar esas herramientas. Por separado, cada uno de esos elementos es un producto o un servicio, pero al combinarlos se crea un sistema de solución que sirve para resolver el problema subyacente del cliente.

Cuando cada uno de esos productos procede de una empresa distinta especializada en ellos, el cliente debe ensamblar todos los componentes para que empiecen a funcionar. En algunos entornos complejos, a esto se le da el nombre de «integración de sistemas» —y muchas veces, es una tarea difícil—.

Cuando los productos están bien diferenciados, el cliente puede estar dispuesto a elegir el mejor de cada uno de ellos y aceptar la tarea de integrarlos. Pero en un mundo de clientes con poder, y productos indiferenciados y genéricos, la clave del éxito consiste en dejar de centrarnos en nuestra empresa y sus productos y fijar la atención sobre el cliente y las soluciones que desea.

Para visualizar el principio de MVA podemos pensar en una escalera de mano en cuya base está el producto de la empresa y en lo más alto la solución al problema del cliente. Cuánta más ayuda se ofrezca al cliente para subir hasta esa altura, más valor añadido le ofrecemos, lo cual diferencia a la empresa y la separa del resto de competidores que todavía están peleándose en lo más bajo de la escalera. Para la empresa, también resulta ventajoso controlar el máximo posible de esa escalera, ya que habrá menos probabilidades de que un cliente la abandone por ir a un competidor que está más abajo en la escalera y, por lo tanto, le ofrece menos valor. Y al mismo tiempo, la empresa tiene más oportunidades de aumentar su margen y beneficios.

Esto no es ninguna idea reciente. En la década de los 50, IBM alcanzó un gran éxito con una estrategia de este tipo. En aquella época nadie hubiese acusado a IBM de tener los mejores ordenadores. Aunque eran buenos y mucho más que adecuados, algunos de sus competidores ofrecían mejores precios o unas características tecnológicas más avanzadas. La genialidad de IBM estuvo en comprender que ninguno de sus clientes deseaba los ordenadores en sí mismos. Lo que buscaban eran soluciones para sus problemas empresariales de cada día: procesamiento de las nóminas, contabilidad y gestión de las existencias. IBM completó sus ordenadores de base con una serie de productos y servicios relacionados, tales como programas de aplicaciones de software, servicios de análisis de sistemas, instalación, adiestramiento y mantenimiento continuo, que podían ayudar al cliente a resolver esos problemas. Esta idea no es de aplicación sólo a los sistemas de ordenadores, sino que sirve para toda clase de productos y servicios. Parece que cada nueva generación de empresas olvida, y luego vuelve a recordar, este principio tan fundamental.

Para ser capaz de ofrecer más valor añadido, la empresa debe plantearse estas preguntas: una vez que los han recibido, ¿qué es lo que hacen nuestros clientes con nuestros productos? ¿Cuáles son los problemas empresariales o personales a los que se enfrentan nuestros clientes? ¿Qué más podemos hacer para ayudarles a resolver esos problemas? Pensando de esa manera, la empresa va más allá de su anticuada perspectiva de producto y se ve forzada a pensar tal como lo hacen sus clientes.

Analicemos lo que hace Trane, un fabricante de equipos de frío y calor con una cifra de ventas de miles de millones de dólares, que es una división de American Standard. Una parte de Trane fabrica componentes (manipuladores de aire, enfriadores y similares) para sistemas de refrigeración de grandes edificios comerciales, tales como hoteles y edificios de oficinas.

En el pasado, Trane estaba satisfecha con su actitud de centrarse sobre sus productos y de competir en base a su calidad. Sin embargo y con el paso del tiempo, en el sector del aire acondicionado, como en muchos otros, se produjo una equiparación tecnológica de la mayoría de las empresas. Trane empezó a encontrar cada vez más difícil la tarea de diferenciarse a sí misma en base sólo a las características del producto. Como reacción, la empresa decidió pasar del negocio de producto al negocio de sistemas; es decir: de vender productos a vender soluciones.

Trane se dió cuenta de que su cliente, el propietario u operador de un edificio comercial, en realidad no deseaba comprar componentes de aire acondicionado en sí. El propietario del edificio necesitaba proporcionar un ambiente confortable a sus inquilinos. El propietario deseaba un edificio con aire acondicionado, no un equipo de aire acondicionado, o tal como lo expresan los directores de Trane: deseaban comprar una comida ya preparada, no los distintos alimentos crudos. Como resultado, Trane se reposicionó a sí misma como proveedora de sistemas de soluciones para los propietarios de edificios.

En lugar de dedicarse exclusivamente a vender componentes de refrigeración a los contratistas u otros intermediarios, ahora Trane también negocia directamente con los propietarios de edificios para la integración de los diversos sistemas. Trabajando de esa manera, Trane analiza las necesidades de aire acondicionado del edificio, diseña el sistema apropiado, adquiere y monta los componentes del sistema (incluyendo los aparatos fabricados por otras empresas) y luego, instala el sistema y cuida de su mantenimiento posteriormente. Trane no tiene por qué realizar todo el trabajo por sí sola, emplea subcontratistas que se encargan de realizar las actividades concretas, pero es la principal contratista y la responsable general de resolver los problemas del cliente. En resumen: los directivos de Trane reanalizaron el mercado a través de los ojos del cliente, no de sus propios ojos. Los directivos afirman que han dejado de ser una empresa fabricante con capacidad de distribución, para pasar a ser una empresa de distribución con capacidades de fabricación; y esto último responde mejor a las necesidades del cliente. Trane ha visto crecer rápidamente a esta parte de su negocio que, además, ofrece una rentabilidad financiera muy atractiva.

Es interesante que otra empresa haya terminado en una posición similar a la de Trane, pero habiendo empezado desde una posición muy diferente. Se trata de Enron Energy Services (EES), una filial del gigante de la energía Enron, que es conocida principalmente por sus actividades de comercio y distribución de energía. EES nació de la necesidad que sentía Enron de diferenciar el producto genérico que vendía (energía). Los directivos de la empresa se pusieron en el lugar de las empresas clientes y se dieron cuenta de que esos clientes no sabían lo que era un kilowatio/hora, ni les interesaba en absoluto; y, desde luego, no deseaban comprar ninguno; a los clientes lo que les interesaba era la utilización que hacían de la energía, no la energía en sí misma. EES fue creada para ayudar a los clientes a utilizar, de la mejor manera posible, la energía que estaban comprando. Esta innovación respondía perfectamente a las necesidades subyacentes del cliente. Actualmente, muchas empresas se centran tan intensamente en su negocio fundamental —crear valor para sus clientes— que sólo pueden prestar una mínima atención a esos aspectos indirectos, como el de intentar minimizar el despilfarro de energía. En esencia, EES permite a sus clientes contratar con otras firmas su cadena de aprovisionamiento de energía, de modo que su gasto total en energía es muy inferior al que hubiesen incurrido de otra manera.

Por ejemplo, EES inició su relación con una gran empresa de productos lácteos realizando un análisis de los 50 millones de dólares que esta empresa gastaba anualmente en energía. EES calculó los porcentajes de este total que eran consumidos por las distintas clases de equipo (iluminación, calefacción, refrigeración); efectuó un inventario de todos los equipos, clasificándolos por edad y eficiencia, y determinó la cantidad de mano de obra que participaba en la compra de la energía y en la gestión y mantenimiento del equipo. Luego, EES firmó un acuerdo de diez años con esa empresa. EES se comprometía a proporcionar energía y a gestionar el equipo que la utilizaba, a cambio de una cuota anual que era un 10% más baja de lo que la empresa podía esperar gastar en energía con el sistema actual. Para lograr que ese acuerdo diese buenos resultados, EES aplicó sus bien estudiadas prácticas de adquisición de energía, modificó algunos de los equipos de la empresa láctea y puso en marcha unas prácticas operativas perfeccionadas. A base de vender soluciones, en lugar de energía, en sólo cuatro años EES ha crecido desde ser una chispa en el ojo de Enron, a obtener unas ventas anuales de más de 1.800 millones de dólares. Centrarse en las necesidades del cliente, y no en la línea de producto, puede obrar maravillas.

Es de señalar que la factura que cobra EES se basa en una reducción en el gasto de energía de su cliente; los costes de EES no se tienen en cuenta. El enfoque MVA permite facturar al cliente en base al valor añadido, y no en base al coste. El método tradicional para fijar el precio de venta, consiste en calcular el coste total del producto o servicio y, luego, añadir el máximo beneficio que se considera que el mercado podrá soportar. Con el método MVA la atención se centra menos en el coste de la empresa, y más en el valor que la empresa crea para el cliente. Cuando la solución que ofrece la empresa se posiciona en términos de valor, el cliente paga por el valor que recibe.

Rolls-Royce, el fabricante británico de motores de aviación, ha adoptado una estrategia similar. Hasta hace poco, las compañías aéreas que compraban los motores de Rolls asumían la responsabilidad de su mantenimiento y del almacenaje de los repuestos. Pero para algunas compañías aéreas, esas tareas representaban una distracción de su negocio principal. Mirando a través de los ojos de sus clientes, los directores de Rolls-Royce comprendieron que aquellos preferían más centrar sus esfuerzos en promocionar su marca y mejorar el servicio al cliente. De modo inmediato, Rolls-Royce creó una nueva oferta denominada «potencia por horas». En este sistema, Rolls-Royce, después de haber instalado los motores en los aviones de sus clientes, conserva su propiedad y la responsabilidad por el mantenimiento de esos motores. En realidad, la compañía aérea alquila el motor y paga a Rolls-Royce por las horas en que ha estado funcionando.

Hay muchas otras maneras de transformar los productos y servicios de la empresa en soluciones para el cliente. Allegiance es uno de los principales distribuidores de suministros médicos y quirúrgicos de EE.UU., y dispone de todos los materiales que cualquier hospital necesita para trabajar. Hasta hace unos años, Allegiance operaba como cualquier otro distribuidor. Recibía el pedido, embalaba y entregaba los materiales en el muelle de descarga del hospital, y se olvidaba de la cuestión.

Sin embargo, los verdaderos problemas del hospital empezaban cuando terminaban los de Allegiance. Todos los suministros de Allegiance debían ser almacenados, supervisados y, luego, transportados a lo largo de los distintos pisos (a veces, de grandes dimensiones) hasta su destino adecuado. En las salas de operaciones, las enfermeras tenían que recoger todos los suministros necesarios para cada procedimiento, lo que representaba mucho tiempo de dedicación. Por ejemplo, un maletín de cirugía cardiovascular puede incluir cientos de utensilios y aparatos, como entre otros, distintas clases de bisturís, retractores y esponjas.

Allegiance decidió diferenciarse a base de hacer más por el cliente. Para lograrlo, se ofreció a encargarse de casi todas las tareas de manejo de existencias de los hospitales. Aplicando una variante de la conocida práctica de vendedor-gestor de inventario

(VGI), Allegiance controla las existencias y suministros del hospital, determina el momento en que un elemento debe ser reaprovisionado, y lo entrega en el lugar donde va a ser utilizado. Como parte de su programa, realiza entregas diarias de los productos vitales, a fin de asegurar que siempre haya existencias disponibles. Además, Allegiance puede montar los maletines y entregarlos preparados para su utilización. Incluso, puede preparar un paquete con todos los suministros que un paciente va a necesitar desde su admisión en el hospital hasta su salida del mismo. Estos servicios ahorran mucho tiempo, dinero y espacio a los hospitales clientes de Allegiance.

Varios distribuidores han empleado estrategias similares para mejorar su rol genérico. Grainger es el mayor distribuidor de suministros MRO (Mantenimiento, Reparaciones y Operativa) de EE.UU. Dispone de casi todo, desde compresores de aire, hasta bombillas y pequeños motores. Grainger ha comprendido que el principal problema de sus clientes consiste en gestionar estas compras de gran volumen y poco precio que, aisladas, no son muy costosas, pero que en conjunto suponen mucho dinero. Hay que señalar que el coste administrativo derivado del aprovisionamiento de estos artículos, muchas veces es superior a su precio de tarifa; eso se debe a que muchas empresas han permitido que su proceso de aprovisionamiento se vea cargado de gastos generales. Grainger ha ampliado su negocio básico de distribución para dedicarse también a realizar la reingeniería de sus clientes para el aprovisionamiento de MRO. Grainger trabaja con sus clientes para diseñar nuevas maneras de encontrar, pedir y pagar, los suministros de MRO; con esa actividad logra disminuir el coste de sus clientes y aumenta el valor que les ofrece Grainger. (EES también ha definido su rol como el de ayudar a sus clientes a efectuar una reingeniería de sus procesos de cadena de aprovisionamiento de energía.)

Durante la pasada década, las existencias gestionadas por el proveedor (EGP) se han extendido ampliamente en el sector de supermercados, donde también se denomina CRP (Continuo Reaprovisionamiento de Producto) o REC (Reacción Eficaz al Consumo). Ante la similitud entre las distintas marcas de una misma categoría de producto, los minoristas han adquirido más poder en su relación con los proveedores. De hecho, los proveedores sólo tienen una única forma de alcanzar el éxito: la de resolver los problemas empresariales de los minoristas, además de proporcionarles las mercancías. Los fabricantes de bienes de consumo se han dado cuenta de que a los supermercados no les importa demasiado el producto que fabrican, lo que les importa es el beneficio que pueden obtener con esos productos. Los supermercados ven el producto, simplemente, como un medio (fastidioso) de alcanzar el éxito final.

Esta perspectiva se convierte en una oportunidad para los proveedores innovadores de bienes de consumo. Los más inteligentes se han reposicionado como facilitadores de beneficio, en lugar de como vendedores de producto. Su misión consiste en ayudar a los minoristas a aumentar los beneficios que obtienen de la venta de los productos del fabricante. El primero de los pasos a dar, es la EGP (Existencias Gestionadas por los Proveedores): el proveedor se hace cargo de la tarea de gestionar sus productos en las existencias del supermercado. De ese modo, al liberar de esa labor al personal del minorista, se reducen los costes del supermercado.

El siguiente paso consiste en encargarse de gestionar la categoría. A un proveedor se le nombra proveedor principal para una determinada categoría de productos, tales como la de bebidas o verdura congelada. El director nombrado para cada categoría (conocido también como «capitán de góndola»), se hace responsable de toda la sección, incluidos los productos de sus competidores. El director de la categoría determina los centímetros de espacio por estantería que se deben dedicar a cada producto, con objeto de maximizar el beneficio general del supermercado en esa categoría; para eso, el director de categoría debe asegurar que el supermercado tenga en existencias la cantidad adecuada de cada producto. El director de categoría obtiene varias ventajas, desde la de establecer una relación más estrecha con el cliente, hasta la de conocer lo bien o mal que se están vendiendo los productos de sus competidores. Los directores de categoría son muy prudentes y se cuidan de no abusar de su posición, porque el supermercado está muy alerta y puede anular su nombramiento y nombrar a otro director más celoso.

Bajo la dirección de Jack Welch, GE se ha mostrado particularmente activa en detectar el punto de inflexión en el que un producto empieza a perder sus características diferenciadoras y amenaza con convertirse en un producto genérico que compite sólo en el precio. Antes de llegar a ese punto, normalmente GE reposiciona el producto añadiéndole algunos servicios, con los que el cliente dispone ya de una solución completa a sus problemas. Esto lo ha hecho en muchas de sus diversas unidades empresariales.

Por ejemplo, GE Appliances apoya las acciones de Home Depot para vender grandes electrodomésticos, como los frigoríficos, a los consumidores. GE fabrica una amplia gama de productos, porque los clientes desean unos electrodomésticos de un color y un tamaño adecuado para sus cocinas. Desde el punto de vista de Home Depot, esta diversidad de demanda puede ser un problema ya que parece que el minorista deberá mantener una gran cantidad de existencias en stock, lo que requerirá mucho espacio (tanto en la propia tienda, como en los almacenes reguladores) y resultará costoso de financiar. GE se ha comprometido a resolver este problema a base de mantener un gran volumen de existencias de electrodomésticos para Home Depot y aceptando la responsabilidad de enviar los aparatos desde los almacenes de GE hasta el domicilio de los clientes de Home Depot. En las tiendas de Home Depot queda sólo una pequeña parte de la gama total de productos de GE, para demostraciones, y sólo se mantienen existencias de los modelos de venta más rápida; el resto de la línea de productos de GE está disponibles mediante un terminal de ordenador instalado en la propia tienda. Cuando un consumidor se decide por un determinado electrodoméstico, el dependiente de Home Depot utiliza el puesto de ordenador de la tienda para introducir el pedido al almacén de GE, y para organizar la entrega directa por parte de GE en el domicilio del consumidor. En la mayoría de los casos, GE entrega el pedido en menos de cuarenta y ocho horas. Con este sistema, todas las partes quedan contentas. El consumidor está satisfecho por haber obtenido rápidamente el electrodoméstico exacto que deseaba, con independencia de los modelos que se exponían en la tienda de Home Depot; Home Depot está satisfecho, porque dispone de más espacio libre en la tienda y se ha liberado de la responsabilidad de la entrega, todo ello sin privar a sus clientes de ningún producto; y GE está particularmente feliz, porque no pierde ventas cuando Home Depot se queda sin existencias, y porque ese servicio de valor añadido le ha convertido en el proveedor favorito de Home Depot. De hecho, GE ha liberado a Home Depot de algunas de las cargas que más beneficios absorben y le permite concentrarse en la venta de productos, especialmente, en la venta de los productos de GE.

GE ha seguido una estrategia similar en su negocio de equipo médico que vende los escáneres MRI y CAT a los departamentos de radiología de los hospitales. GE entiende que esos clientes no necesitan unos equipos fantasiosos; necesitan la capacidad para atender a sus propios clientes: los pacientes. (Centrarse en los clientes, a todos los niveles, es fundamental. Comprender y apoyar a los clientes de la empresa y el modo en que ellos intentan ayudar a los suyos, es un tema que se repite en muchos de estos ejemplos.) Como resultado, GE Medical Systems es consciente de que su labor no consiste en vender un escáner CAT, sino asegurar que el hospital que compra un escáner CAT lo utilice de la mejor manera posible. Para lograrlo, GE Medical ha instalado en su equipo unos sistemas que permiten supervisar el rendimiento de dicho equipo. Si ese sistema indica que una máquina está teniendo problemas, GE puede enviar a un técnico de reparaciones antes siquiera de que el hospital se entere de que algo no marcha bien. GE proporciona también información sobre el modo de utilizar la máquina, lo cual ayuda al hospital a gestionar más eficazmente el equipo de su departamento de radiología. De igual manera, GE Transportation Systems dirige algunas de las instalaciones de mantenimiento de las locomotoras de las compañías de ferrocarriles que son sus clientes, les ayuda a establecer la programación de sus trenes, y hace el seguimiento para saber donde están las locomotoras en cada momento. Todas esas acciones mejoran la propuesta de valor que las distintas unidades empresariales de GE ofrecen con objeto de ayudar a sus clientes a resolver sus problemas subyacentes.

Se trata de un método ampliamente empleado en el sector de fabricación, pero también puede ser utilizado en los servicios. GE Capital se ha unido a Home Depot para permitir que los compradores puedan solicitar un préstamo para mejora del hogar en los mostradores de las tiendas de Home Depot, que puede ser aprobado en diez minutos. En el pasado, la unidad IDS de American Express Company definió su negocio como la venta de productos financieros personales, tales como fondos de inversión. Hasta que comprendió que lo que sus clientes realmente necesitaban, eran planes financieros a largo plazo y combinaciones de productos que les sirviesen para alcanzar sus objetivos; los fondos de inversión eran sólo una pequeña parte de la ecuación. IDS se reposicionó para amoldarse a esa necesidad, en 1994 cambió el nombre y adoptó el de American Express Financial Advisor y, como tal, dejó de centrarse en los productos que habían definido su anterior identidad, para hacerlo en las necesidades reales de sus clientes.

Dell Computer es famosa por su reinvención del sector de ordenadores, al haber creado el modelo de fabricar-según-el-pedido-del-cliente, que tan ampliamente ha sido imitado. Sin embargo, ninguna empresa que triunfa verdaderamente descansa en sus laureles, porque sabe que sus competidores pronto le estarán pisando los talones. Para evitarlo, Dell se está centrando en una serie de problemas con los que se encuentran sus empresas clientes.

Para una empresa, sus PCs suponen una considerable inversión. En los libros de contabilidad son tratados como activos y, como todo activo, es necesario gestionarlo con cuidado. La empresa necesita saber cuántos PCs tiene, dónde están, a quién fueron comprados, y otros datos similares. Esta tarea es muy fácil cuando la empresa tiene dos o tres ordenadores, incluso veinte; pero cuando su número es de 5.000, 10.000 ó 20.000, resulta terriblemente difícil.

Dell proporciona un servicio basado en Internet que ayuda a sus clientes a gestionar los activos informáticos que han comprado a Dell. Dell mantiene para sus empresas clientes una base de datos en la que se anota todo PC que se vende. Los clientes pueden acceder a esa base de datos por sí solos, lo que les ayuda a gestionar y mantener ese activo tan importante y que suele estar muy diseminado por las diversas unidades y plantas.

El sector del transporte por carretera es un buen ejemplo de todo un marco que ha cambiado para concentrarse sobre los problemas del cliente. Las empresas de transporte por carretera al antiguo estilo, definieron que la necesidad del cliente era trasladar una carga de un lugar a otro. Ahora, los transportistas entienden que el verdadero problema del cliente consiste en asegurarse de que el material adecuado estará en el lugar adecuado, en el momento adecuado. Para ayudar a los clientes a conseguir ese objetivo, el perfecto transportista (también conocido como 3PL: tercera parte logística) ayuda a las empresas fabricantes clientes a determinar la cantidad de existencias a mantener en los diversos almacenes, el momento en que debe trasladar unas mercancías de un almacén a otro, y cómo programar el movimiento de las existencias desde las fábricas a los almacenes. Y lo hace de una manera que minimice los stocks y el coste de transporte, pero maximizando la capacidad para cumplimentar los pedidos de los clientes.

Puede que para algunos, el concepto de MVA suene a herejía contra la ortodoxia establecida de las competencias fundamentales: una doctrina que afirma que la empresa debe basar su estrategia de crecimiento en sus puntos fuertes fundamentales. A primera vista, puede parecer que algunas de las empresas que hemos citado se han aventurado inadecuadamente en nuevos territorios. Aunque su elogiable objetivo consistía en ofrecer más valor añadido a sus clientes, Trane no tenía capacidad de instalación, ni Enron para gestionar el equipo. ¿Por qué pensaron esas empresas que iban a tener éxito en esas áreas? La respuesta está en que las competencias fundamentales no son camisas de fuerza; siempre que se puedan aprovechar las anteriores competencias es posible desarrollar otras nuevas. Trane y Enron tuvieron que adquirir algunas de las competencias clave que exigía su nueva estrategia de MVA, pero eso no era una dificultad insalvable. No iban a ofrecer esas nuevas capacidades de un modo aislado, sino como una extensión de su propio negocio en el que ya poseían una gran eficacia. Además, cuando empezaron a centrarse en las necesidades más amplias de los clientes, muchas empresas descubrieron que poseían otras muchas competencias de las que anteriormente no eran conscientes. Esa clase de capacidades secundarias (como la de gestión de proyectos) que no figuran intrínsecamente en la principal oferta de la empresa, salen a la luz y pueden ser aprovechadas en el contexto de una estrategia de soluciones.

Nortel Networks ofrece uno de los ejemplos más notables de creación de MVA. Hasta 1999, Nortel se definía a sí misma como diseñadora y fabricante de equipos de telecomunicaciones. Ese año su director general anunció que la empresa, en realidad, no estaba en el sector de fabricación, sino en el de creación de soluciones para los clientes; en consecuencia, empezó a contratar en el exterior toda su fabricación. Con el tiempo, Nortel ha ido más lejos aún. La empresa se dio cuenta de que sus clientes —las compañías operadoras de redes telefónicas— no deseaban «cajas», ni siquiera soluciones para redes. Lo que deseaban era capacidad de transmisión. Por eso, Nortel empezó a ofrecerles capacidad, que los clientes pagaban en función de la utilización; es muy parecido a lo que hizo Rolls-Royce. Nortel continúa siendo el propietario del equipo que se incluye en las redes del cliente y cobra por su uso. De hecho, Nortel se ha hecho socio de sus clientes de redes telefónicas que funcionan y se basan en su equipo.

PRINCIPIO 2 DE LA AGENDA

Ofrecer más valor añadido a los clientes

—Pensar en la empresa como en un proveedor de soluciones, y no de productos o servicios.
—Distinguir entre lo que la empresa vende y lo que el cliente desea comprar.
—Tomar una perspectiva amplia sobre los problemas subyacentes del cliente que vaya más allá de la empresa y sus productos.
—Examinar lo que los clientes hacen con lo que la empresa les da, y hacerlo por ellos o ayudarles a hacerlo.
—Fijar los precios en términos de valor añadido, y no de costes.

Hay una gran compañía eléctrica, al menos, que se está esforzando por resolver un problema de los clientes que va más allá de su oferta básica de servicio. Cada mes, los consumidores tienen que pagar una serie de facturas: las de agua, gas y electricidad; las del servicio telefónico local, de móvil y de larga distancia; las de los proveedores de Internet y de TV por cable; y muchas más. Pagar una de esas facturas no es un gran problema, pero abonarlas todas puede ser un gran dilema. Esta compañía de electricidad ha planeado presentar a sus clientes una factura por todos esos diversos servicios que se repiten mensualmente, cobrar esas facturas y remitir a los otros proveedores el importe correspondiente. Esto resuelve un problema del cliente que va más allá, y no tiene nada que ver, con su anterior oferta de servicios, pero, de todos modos, representa una ventaja real para el cliente.

Puede que el lector crea que sabe ya todo acerca de vender soluciones, en lugar de vender productos, e incluso piense que lo está haciendo ya. Permítame que le asegure que, como máximo, sólo habrá arañado la superficie. El tema de MVA es extraordinariamente eficaz; sus implicaciones son muy profundas y su eco repercutirá a lo largo de todo este libro. Tal como se explicará en los capítulos 8, 9 y 10, esta es la clave para aprovechar toda la fuerza de Internet. Junto con el hecho de ser una ECLQEFT, este es el distintivo de toda empresa centrada en el cliente. Sin embargo, la mayoría de las empresas se ven a sí mismas tristemente incapaces de hacer algo positivo acerca de estos temas fundamentales. En el siguiente capítulo revelamos las razones de esa incapacidad, así como lo que toda empresa debe hacer para ser capaz de alcanzar esos objetivos.

Capítulo 4

Dar prioridad a los procesos

Hacer posible un elevado rendimiento

En una empresa que conozco, fabricante de equipo industrial, los clientes suelen hacer pedidos en los que solicitan que el producto original sea modificado a fin de cubrir alguna necesidad especial. Lo que ocurre con esas solicitudes de modificación podría ser idulgentemente descrito como una comedia de errores. El representante de servicio al cliente (RSC) que recibe la solicitud, la traslada a un ingeniero que, muchas veces, rechaza el pedido asegurando que es imposible cubrir las necesidades del cliente. Lo que el ingeniero quiere decir realmente, es que él no ve ninguna ganancia en dedicar su tiempo a modificar el diseño existente, ya que la descripción de su puesto de trabajo y sus gratificaciones se basan en el desarrollo de nuevos diseños. Además, ¿por qué tiene que hacer caso a ese RSC? Después de una larga discusión, a veces el RSC logra convencer al ingeniero. Pero entonces, la escena se repite con el ingeniero industrial (que no desea modificar su sistema de producción), con el responsable de programación (que no desea trastornar su plan tan perfecto y limpio), y con casi todo empleado que debe intervenir para cumplimentar el pedido. Cada solicitud de modificación que hace un cliente provoca una crisis de ese tipo; cada una es tratada de un modo diferente, cada una tiene un final imprevisible, y cada una de ellas hace que se derroche una gran cantidad de energía en disputas internas. La empresa ha calculado que se tarda más de un mes en cumplimentar uno de esos pedidos especiales, aunque el tiempo normal de producción necesario es inferior a tres días. El resto del tiempo se malgasta en discusiones.

Esta empresa tiene un problema de procesos. Y si esa historia resulta familiar para el lector, su empresa también lo tiene.

Durante gran parte de la pasada década pensé que había encontrado una palabra que resumía la labor que había realizado, mi perspectiva del mundo, mi punto de vista. Esa palabra era *radical*. Empleaba esta palabra no en su sentido político, sino con el significado que le da el diccionario: «Fundamental, de largo alcance, que llega a las raíces.» El movimiento de reingeniería que inicié a finales de los años 80, se refería a la introducción de cambios radicales en la forma de dirigir las empresas, a volver a analizar todo empezando desde abajo hasta lo más alto, a «hacer borrón y cuenta nueva» y empezar de nuevo con la proverbial hoja en blanco. Creía, y la mayoría de los demás miembros del movimiento estarían de acuerdo conmigo, que radical era la palabra clave en la definición de la reingeniería: cambio radical en los procesos empresariales para obtener mejoras considerables en el rendimiento de las empresas. La reingeniería era un método del tipo no-hacer-prisioneros y de arrasar-todo-y-empezar-de-nuevo, para mejorar la empresa. Abajo las ideas trilladas, los métodos irrelevantes y los sistemas obsoletos. Arriba la nueva realidad de los clientes, las nuevas estructuras empresariales y las nuevas tecnologías informáticas.

Estaba equivocado.

No me interpreten mal. No se ha entibiado mi ánimo, ni me he retractado de mi compromiso con las ideas radicales. No soy como un activista político de antaño que se ha acomodado a la vida burguesa. Todavía sigo creyendo que, para introducir cambios importantes en el entorno de la empresa, se requieren respuestas radicales. Pero ya no creo que radical sea la clave de mi definición, o la primera palabra del léxico de la reingeniería. Ahora, el lugar principal corresponde a la palabra tan poco pretenciosa como «proceso»; ya no me considero a mí mismo como una persona radical, me he convertido en una persona de procesos.

Proceso es la Clark Kent de las ideas empresariales: aparentemente suave y poco pretenciosa, pero en realidad asombrosamente poderosa. Proceso es la forma en que el objetivo abstracto de dar prioridad a los clientes, se transforma en sus consecuencias prácticas. Sin procesos, la empresa se hunde en una espiral de caos y conflictos internos.

Como estamos viviendo en un mundo impulsado por el cliente, parece que lo más natural sería esperar que las empresas se orienten hacia lo que más interesa a sus clientes. Pero el más simple análisis revela que a los clientes no les interesan en absoluto las actividades a las que las empresas dedican la mayoría de las energías de sus directores: el presupuesto anual, el organigrama, el plan de sucesión de los directivos, el programa de remuneración del personal. Esas actividades son, como máximo, sólo un medio para lograr el fin. A los clientes les interesa sólo una cosa: el resultado.

Desde el punto de vista del cliente, una empresa sólo existe para crear valor para ellos, para ofrecerles resultados. Sin embargo, para muchas empresas la creación y entrega de valor al cliente no es responsabilidad de ningún empleado ni directivo en concreto. Se puede intentar buscar a la persona cuya labor o responsabilidad se centra en la tarea de cumplimentar los pedidos de los clientes, de principio-a-fin; en la de supervisar el desarrollo de nuevos productos desde su concepción hasta su salida al mercado; o en resolver por completo los problemas de los clientes; pero será en vano. En lugar de eso, el trabajo que crea resultados para el cliente está troceado y sus piezas están repartidas en varios departamentos y unidades. En esas empresas, los trabajadores, los directores y los departamentos, centran su actividad en uno, o unos pocos, de los pasos que conducen a la creación de resultados para los clientes; pero no hay ninguno que se centre en aglutinar todos esos pasos dispersos como una unidad. Una persona atiende la llamada del cliente, otra recoge la información necesaria, una tercera determina lo que hay que hacer, una cuarta toma esa acción, pero ninguna supervisa toda esa actividad conjuntamente. Esas empresas, como nuestro fabricante de equipo industrial, padecen una crisis de procesos.

Proceso es una palabra que se emplea mucho en el mundo de los negocios, pero de modo incorrecto la mayoría de las veces. Dicho de forma más clara: los procesos son los que crean los resultados que la empresa entrega a sus clientes. Proceso es un término técnico que tiene una definición muy precisa: «Una serie organizada de actividades relacionadas, que conjuntamente crean un resultado de valor para los clientes.» En esta definición cada palabra es importante. Un proceso es una serie de actividades, no una sola actividad. Por ejemplo, cumplimentar un pedido es un proceso compuesto de muchas actividades: recibir y anotar los pedidos, comprobar la solvencia del cliente, asignar algunos elementos de existencias, tomar las mercancías y embalarlas, planificar el transporte y realizar la entrega. Ninguna de esas tareas, por sí sola, genera el resultado deseado. El valor se crea por la totalidad del proceso en el que todas las tareas se fusionan de un modo sistemático para lograr una finalidad concreta y clara.

Segundo, las actividades del proceso no están aisladas o dejadas al azar, sino que están organizadas y relacionadas unas con otras. No incluyen ninguna actividad ajena o irrelevante, y las incluidas no se pueden realizar en cualquier secuencia. El proceso de cumplimentación de pedidos (tal como se le suele llamar normalmente) es un flujo de actividades relevantes e interconectadas que, para producir el resultado deseado, deben ser realizadas en una secuencia establecida. No se embala la mercancía antes de recogerla de la estantería. No se comprueba la solvencia del cliente después de haberle enviado la mercancía. Tampoco se deja sin hacer alguna de las actividades; como tampoco nos ponemos a examinar las páginas de deportes para ver los resultados del mes pasado. Siempre se debe realizar la actividad adecuada, en el momento adecuado.

Tercero, todas las actividades de un proceso deben ir dirigidas conjuntamente hacia un objetivo común. Las personas que realizan los distintos pasos de un proceso deben estar alineadas hacia una finalidad común, en lugar de centrarse por separado sobre su tarea particular.

Por último, el proceso no es un fin en sí mismo. Tiene una finalidad que trasciende y modela todas sus distintas actividades. No realizamos la cumplimentación de pedidos, simplemente, para mantenernos ocupados, lo hacemos para obtener un resultado —entregar los productos según lo pedido— que interesa a los clientes.

Durante estos últimos años he analizado el concepto de proceso, junto con muchos miles de personas. Una vez presentada la definición, normalmente me gusta preguntar a la audiencia si sus empresas tienen un proceso de cumplimentación de pedidos. Por lo general, sólo el 25% suele levantar la mano, y eso me induce a expresar mi sorpresa. Está claro que todas las empresas logran, de algún modo, cumplimentar sus pedidos. Por eso, les suelo preguntar, ¿por qué esa actividad no se puede calificar como proceso?; es decir, ¿qué es lo que falta? Invariablemente, la audiencia suele citar dos de las palabras de la definición: conjuntas y organizadas.

Las empresas de mis oyentes realizan, efectivamente, todas las actividades que componen la cumplimentación de pedidos, pero las personas que realizan esas tareas no trabajan unidas, conjuntamente. Cada una de esas personas se centra miope y exclusivamente en su propia tarea; no están conectadas ni alineadas hacia una finalidad común. El responsable de comprobar la solvencia de los clientes desea mantener las normas establecidas sobre crédito. El departamento de transporte intenta reducir costes. Nadie tiene la sensación de trabajar conjuntamente para lograr un objetivo que ayuda al interés colectivo de todos: lograr que el producto llegue al cliente.

Si las personas que participan en estas actividades carecen de una finalidad común, es inevitable que cada uno trabaje para sí y se desentienda de lo que hacen los demás. Cada uno tiene un objetivo estrecho y limitado que está relacionado con el motivo de su departamento que, de hecho, suele tener muy poco o nada que ver con las necesidades generales del proceso. Cada director de departamento se asegura que el suyo realice a la perfección sus estrechas tareas, pero ninguno asegura la excelencia del conjunto de actividades; y ninguno de los directores percibe, a través de la lente del proceso, la cumplimentación de pedidos como un todo.

Además, la suma de actividades que constituye la cumplimentación de pedidos no está organizada. Que es lo mismo que decir que no está diseñada. Carece de una estructura coherente, no existe un marco general que abarque todas las actividades y que especifique, minuciosa y exactamente, las tareas a realizar, quién debe hacerlo, cuándo y cómo. En lugar de eso, las tareas se arrastran, pasando de un departamento al siguiente, unas veces realizadas de una manera, otras veces de un modo distinto. No existe un diseño organizador que integre todas las piezas en un proceso completo.

El diseño de un proceso indica la forma en que todas las actividades distintas deben conjuntarse para alcanzar el objetivo general. Especifica con exactitud las tareas a realizar, el orden en cómo deben ser realizadas, en qué lugar, y por quién. El diseño del proceso es un requisito previo para que pueda ser repetido más veces; sin diseño, posiblemente cada vez el pseudo-proceso se realizará de modo diferente. Por mucho que se esfuercen las personas, no podrán hacer nada bien con un proceso mal diseñado y, mucho menos, con un proceso sin ningún diseño.

Las organizaciones tradicionales no son muy amigas de los procesos. Están estructuradas en base a departamentos, y cada departamento se centra en una tarea y sólo en una. En tales organizaciones, nadie sabe, ni le interesa saber, que otros están realizando unas tareas relacionadas con la suya. El responsable de comprobar la solvencia de los clientes no tiene ninguna idea, en absoluto, de lo que hacen los vendedores o el personal de almacén, y viceversa. Cada unidad habla su propio lenguaje y se mantiene aislada de las demás. Como resultado, los pedidos de los clientes son como viajeros que van pasando a través de una serie de reinos rivales cuyos guardias fronterizos les hacen sufrir un mal rato antes de sellar el visado para que puedan seguir adelante.

Cuando el proceso está partido en secciones desconectadas entre sí, cada una de ellas oculta en un departamento, nadie es capaz de percibir todo el proceso de principio-a-fin, y tampoco de hacerlo funcionar perfectamente. Los directores de departamento se centran miopemente sobre su propio territorio, y la alta dirección está demasiado alejada de la acción como para comprender las tareas que se realizan en las líneas de base.

En este entorno fragmentado proliferan las malas costumbres y el trabajo sin sentido. Cada departamento está recargado de una diversidad de responsables de solvencias, de responsables de expediciones, de supervisores y demás. Empleados cuya labor es una invención derivada del desconectado proceso y que no añade un ápice de valor al cliente que, supuestamente, es la finalidad de su esfuerzo. Desafortunadamente, ese trabajo no aumenta el valor añadido al cliente, pero sí aumenta los costes de la empresa.

En un entorno sin procesos proliferan los errores. Los departamentos, que no comparten ni una visión común ni una terminología común, se comunican mal, lo que les lleva a cometer errores que enojan a los clientes o que exigen la repetición del trabajo, o ambas cosas. La carencia de procesos hace que las empresas sean lentas y chapuceras. Las interacciones entre departamentos generan enormes retrasos. Y como ninguno posee autoridad o perspectiva sobre la totalidad del proceso, ninguno está en posición de adaptarlo a las especiales, o cambiantes, necesidades del cliente.

Entonces, ¿cómo han logrado esas empresas tradicionales que sumergen sus procesos debajo de las estructuras funcionales de los departamentos, sobrevivir durante cientos de años y crear la prosperidad del mundo industrializado? La respuesta breve es: aquello fue entonces y esto es el presente. Lo que antes era satisfactorio, ahora no lo es. En un mundo de clientes sumisos, competencia gentil y cambio moderado, las empresas, en general, podían eludir las consecuencias de los altos costes, la mala calidad, la rigidez y la incapacidad de responder a las necesidades de los clientes. Después de todo, ¿qué podían hacer los clientes? No tenían ningún otro sitio adonde acudir. Pero en la economía de cliente de hoy en día, éstos ya no toleran el bajo nivel de rendimiento con el que antaño tenían que mostrarse satisfechos porque no les quedaba otra opción. Ahora el cliente considera como garantizadas, la alta calidad, el precio bajo y la rapidez de reacción a sus necesidades; se trata de unas cualidades esenciales, si se quiere atraer la atención del cliente y, mucho más, si se quiere obtener su pedido.

Sin una atención meticulosa a los procesos, es imposible alcanzar un rendimiento mínimamente aceptable —y no digamos nada—, un buen rendimiento. Si no se centra en los procesos, la empresa no puede ofrecer de modo continuado los niveles de rendimiento que los clientes siempre han deseado, y que ahora exigen. La empresa se verá abrumada ante las cargas generales, asediada por los retrasos y plagada de errores; y operará de un modo imprevisible e incoherente. En especial, si no se centra en los procesos, la empresa no alcanzará los objetivos gemelos de ser ECLQEFT y de MAV. Un repaso rápido a los dos capítulos anteriores, nos revelará que los procesos eran la base y el núcleo de todo lo que las varias empresas citadas habían hecho para alcanzar esos dos objetivos. Sin un diseño preciso de los procesos y la integración de los objetivos comunes, hay pocas probabilidades de que los empleados operen continuadamente de una manera que el cliente encuentre cómoda. Tendrán menos posibilidades de realizar y coordinar con éxito la más amplia gama de actividades necesarias para ofrecer al cliente mayores niveles de valor añadido. A medida que el trabajo se va haciendo más exigente y complejo, los procesos se convierten en absolutamente imprescindibles.

Los clientes, los resultados y los procesos, están unidos en un triángulo de hierro. No se puede tomar en serio a uno sin centrarse también en los otros dos. La capacidad para ofrecer los resultados que el cliente espera, depende, en gran parte, de lo bien que se hayan diseñado y gestionado los procesos de la empresa. Los procesos son el camino hacia los resultados y, por lo tanto, hacia el éxito en la economía de cliente.

Dado su estilo firme y robusto —como el de la tortuga— el enfoque del proceso no merece mucha atención en las revistas empresariales en busca de la liebre «sexy». El proceso es el campo de algunas empresas tranquilas, que hablan en voz baja, pero generan altos beneficios. Las glamorosas recientes empresas de Internet rara vez se centran en los procesos, porque no necesitan hacerlo. En su inicial fase emprendedora, pueden vivir de la explosiva demanda existente para los originales y novedosos productos.

Sin embargo, para las empresas consolidadas de sectores ya maduros, el proceso es vital. IBM, Ford, Duke Power, 3M, Cadbury Schweppes, GE Capital, Mead Paper, Progressive Insurance, Air Products y Chemicals, Detroit Edison, UPS, Motorola, y John Deere, son sólo unas pocas de las docenas y docenas de empresas que ahora están totalmente centradas sobre sus procesos. En algunos sectores industriales, como los de energía eléctrica y productos químicos, casi todas las empresas están orientadas a los procesos. En esos y en otros sectores industriales muy competitivos, el crecimiento normal del mercado no era suficiente para conducir a una empresa hacia el éxito. Sólo un rendimiento y realización superior pueden hacerlo, y para ello es necesario disponer de unos procesos superiores.

La resurrección y creciente potencia de algunas de las empresas de esa lista es, de hecho, una consecuencia directa de su orientación hacia el proceso. Por ejemplo, IBM ha logrado el giro empresarial más notable de los últimos treinta años. La prensa popular ha atribuido correctamente parte de ese éxito a la extraordinaria labor directiva de Lou Gerstner. Pero ¿qué es lo que Gerstner hizo concretamente para transformar de ese modo a IBM? Su punto de partida fue una estrategia para integrar todas las líneas de negocio de IBM, para conseguir que la empresa estuviese centrada en el cliente. Esto le llevó a centrarse infatigablemente en normalizar y gestionar los procesos de la totalidad de la empresa, lo que permitió reducir el ciclo de vida del desarrollo de productos y disminuir los costes de aprovisionamiento en cientos de millones de dólares; y aquella empresa que había estado al borde de la quiebra recuperó de nuevo su puesto entre las filas de las más sólidamente exitosas.

Otra empresa que se benefició mucho de la adopción del enfoque de proceso, es Progressive Insurance, que ahora ingresa anualmente más de 6.000 millones de dólares en primas. A primeros de los años 80, esa cifra apenas llegaba a los 100 millones de dólares. Eso significa un crecimiento del 6.000% en dos décadas. Puede que esa tasa de crecimiento no se considere nada excepcional en el sector de la biotecnología o del software para PCs, pero es prácticamente inimaginable en el sector del seguro de automóviles, que crece sólo el 3-4% anual. La actitud de Progressive, centrada firmemente en los procesos, condujo a una considerable mejora de rendimiento lo que, a su vez, disparó el extraordinario crecimiento de la empresa.

En algún momento, incluso los niños prodigio de la alta tecnología tendrán que unirse a los empleados que se centran en los procesos; ninguna empresa puede esperar verse impulsada siempre hacia arriba por el crecimiento del mercado. Al final, llega un momento en que los productos se estandarizan y normalizan, la competencia se intensifica, la demanda declina, los clientes se vuelven más exigentes, y el éxito se convierte en el premio de aquellas empresas capaces de realizar bien las tareas y rendir mejor que sus adversarios. En una frase: A largo plazo, los que dominen los procesos serán los ganadores.

La rentabilidad del dominio de los procesos puede ser extraordinaria. Los costes se derriten, la calidad atraviesa los techos, y los ciclos de tiempo se reducen a una pequeña fracción de lo que eran antes. En 1999, mi consultoría supervisó docenas de empresas que habían adoptado el método de procesos para el trabajo y los negocios. En la cumplimentación de pedidos, el ciclo de tiempos se habían reducido de un 60% a un 90% y los «pedidos perfectos» (los que se entregan en la fecha estipulada y sin ningún error) aumentaron un 25%. El coste de realizar las transacciones de aprovisionamiento había descendido en más del 80%, mientras que el tiempo de aprovisionamiento disminuyó un 90%. En desarrollo de producto, el porcentaje de lanzamientos con éxito subió del 30% al 50%. El tiempo necesario para llevar un producto al mercado se había reducido del 50% al 75%. Estas mejoras en el rendimiento de los procesos ofrecieron su recompensa en las perspectivas fundamentales de la empresa: satisfacción del cliente, retención de éstos y beneficios para la empresa.

La buena noticia es que esas notables mejoras no son algo atípico. De hecho, son la norma. La mala noticia es que, de conseguirlas, se requiere un compromiso sincero con el proceso y el abandono de las prácticas y la forma de pensar inherente a las empresas basadas en departamentos funcionales. Para adoptar ese compromiso, hay que empezar centrándose en dos de las palabras que echan en falta los que acuden a mis seminarios: organizada y conjunta.

Estar organizada significa que existe un diseño concreto y específico de los procesos, de modo que su realización no está determinada por la improvisación o la suerte. Ser conjunta significa que se crea un entorno en el que todos los que trabajan en los procesos están engranados en torno a unos objetivos comunes y se ven a sí mismos, más como colaboradores que como adversarios. Estas dos palabras no aparecían en el fabricante de equipos con el que hemos empezado este capítulo.

Estos principios gemelos —diseño disciplinado y alineación común— son fáciles de describir, pero resulta casi imposible llevarlos a la práctica en la empresa tradicional basada en las funciones. Por eso, si se quiere que una empresa adopte esos principios, es necesario introducir una miríada de cambios fundamentales. Ninguno de los dos principios puede dar resultados por separado. Cada uno necesita al otro. Los empleados que están comprometidos en torno a un objetivo común, pero carecen de la disciplina que otorga un proceso bien diseñado, no llegarán a nada por muy unidos que estén. El mejor diseñado de los procesos no tiene ninguna probabilidad de supervivencia cuando los empleados no están alineados en torno al proceso y sus objetivos.

Una importante empresa de electrónica aprendió esto en su propia carne. A principio de los años 90, la empresa languidecía debido a la larga duración del ciclo de introducción de nuevos productos en el mercado. La dirección detectó la causa: fallos en el proceso de desarrollo de productos. El proceso existente padecía, entre otros problemas, por las disputas e incomprensión de las partes implicadas y de una equivocada percepción de las necesidades de los clientes. Por eso, rápidamente se rediseñó el nuevo proceso desde cero; el nuevo diseño incorporaba algunos de los métodos más avanzados para desarrollar los productos de una manera rápida y poco costosa.

El nuevo proceso requería que los equipos con personal procedente de reingeniería, márketing y otros departamentos, trabajasen juntos en una misma planta u oficina. Cada equipo tenía plena responsabilidad sobre un producto, desde su concepción hasta su lanzamiento al mercado, incluyendo actividades tan diversas como la redacción de documentos, la creación de publicidad e, incluso, la preparación de materiales para adiestramiento del cliente. Como cada equipo tenía el control de todos los aspectos del proceso, todas las actividades iban a poder ser realizadas de una manera coherente y ágil, sin sufrir por los antiguos retrasos y cuellos de botella.

Ésa era la teoría, pero en la práctica no funcionó así. Los primeros equipos piloto no sólo no lograron acelerar el desarrollo de productos, sino que apenas consiguieron trabajar. En efecto, estaban siendo saboteados por la organización existente, que consideraba como intrusos a los nuevos equipos. Los departamentos funcionales no se mostraban dispuestos a ceder personal, espacio, o responsabilidad a aquellos equipos. La unidad de la empresa que se dedicaba a formación, se negaba a abandonar su control sobre los materiales de adiestramiento. El departamento de publicidad rechazaba que los equipos se dedicasen a crear la publicidad del producto porque, según afirmaba, ésa era su prerrogativa.

En lugar de lograr la armonía deseaba por los diseñadores para el desarrollo de productos, el plan de equipos empeoró más aún las discordias que se suponía iba a corregir. ¿Qué era lo que fallaba en el nuevo proceso? En realidad, nada. El problema se debía a que cada antiguo departamento funcional conservaba su poder sobre esas actividades, lo que impedía que esas áreas quedasen alineadas en torno al proceso y sus objetivos. Tal como lo explicó un alto ejecutivo: «Al final, nos dimos cuenta de que sobre aquella organización funcional no se podía superponer el diseño de un proceso de alto rendimiento.» La empresa comprendió que, para consolidar el enfoque de procesos, iba a ser necesario introducir cambios profundos y fundamentales. Al hacerlo, la entidad se transformó en lo que se denomina una empresa de procesos.

Una empresa de procesos es la que estimula, posibilita y permite, que sus empleados realicen una labor de proceso. La labor de proceso es toda tarea que se centra en el cliente; toda labor que tiene en cuenta el contexto más amplio dentro del que se está realizando, toda tarea que va dirigida a alcanzar unos resultados, en lugar de ser un fin en sí misma; toda tarea que se realiza siguiendo un diseño disciplinado y repetible. La labor de proceso es toda tarea que permite obtener los altos niveles de rendimiento que los clientes exigen actualmente.

Las organizaciones tradicionales interfieren y obstaculizan de muchas maneras la capacidad de sus empleados para realizar una labor de proceso. Por contra, una empresa de procesos les anima y ayuda a realizarlos. Como resultado, todos sus procesos generan un alto rendimiento de modo sostenido. Hay que resaltar las dos palabras clave: todos y sostenido. No es un truco difícil para una empresa el pisar el acelerador para conseguir un rendimiento superior, durante un breve período de tiempo. Mediante una fuerte reducción de plantilla o exigiendo excesivamente a los empleados, la empresa puede lograr una aceleración instantánea, hasta que el personal queda agotado y sin aliento. Pero los empleados agotados se «queman», pierden su impulso, y al final se marchan de la empresa. Si se centra en los procesos, la empresa logra el resultado opuesto: anima a los empleados que están alineados hacia una finalidad común, a continuar rindiendo fiablemente al más alto nivel.

Todo el personal de una empresa de proceso conoce los procesos de la empresa y en qué lugar encaja cada uno, los resultados que desea el cliente y quién es el responsable de proporcionárselos. Todos los empleados se centran en el resultado y saben perfectamente que el verdadero enemigo no son los otros departamentos de la empresa, sino los competidores del exterior. Todos miran hacia fuera, hacia el cliente; y no hacia arriba, hacia la alta dirección jerárquica.

¿Cómo se puede reconocer a una empresa de proceso? GE Capital, donde el lenguaje común es el proceso, utiliza los siguientes criterios de calificación:

—La existencia de tanta lealtad hacia los procesos como hacia las funciones.
—Los empleados han interiorizado el objetivo de los procesos.
—Los empleados conocen el nivel de rendimiento que está obteniendo el proceso.
—Todos los empleados conocen las exigencias del cliente y se esfuerzan por cubrirlas.
—Los empleados ayudan a eliminar las diferencias entre unos y otros, en lugar de fomentar la escalada de los conflictos.
—Los procesos se miden y evalúan de modo objetivo —y con frecuencia.

Algunos ejecutivos, que ante la eficacia de los procesos se ven forzados a crear una empresa de proceso, suelen intentar hacerlo de la manera a que están acostumbrados: reorganizar, cambiar las responsabilidades de los directores, o instalar nuevos sistemas informáticos. Muchos de esos aspectos son importantes, pero no son los más esenciales. Pierre Leroy, presidente de Construction Equipment División (CED), de John Deere y de Deere Power Systems Group, lo expuso brevemente: «El proceso es una revolución de la mentalidad que provoca cambios en la empresa.» Sobre todo y en primer lugar, el proceso representa una nueva forma de pensar acerca del trabajo de una empresa. El primer paso para crear una empresa de proceso consiste en lograr que esa nueva forma de pensar se convierta en norma para toda la empresa; todo lo demás encajará en su sitio por sí solo.

La nueva forma de pensar a la que se refiere Pierre Leroy posee cuatro características distintivas.

Primera, el proceso es teleológico (derivado de la palabra griega telos, que significa «objetivo» o «misión»). Es decir: se centra en el resultado del trabajo, y no en el trabajo como fin en sí mismo. En una organización que presta atención a sus procesos, todos los empleados comprenden el porqué y el qué de su trabajo. La forma de adiestrar al personal y la forma de medir y evaluar su rendimiento deben reforzar esa orientación hacia el resultado de los procesos.

Segunda, el proceso se centra en el cliente. Pensar en término de procesos induce a la empresa a percibirse a sí misma y a su trabajo desde la perspectiva del cliente, y no desde su propia perspectiva. Deere CED ya no piensa en términos de márketing y de venta de productos y servicios; ahora, examina su trabajo a través de la lente que le orienta a formar una asociación con sus clientes para resolver los problemas empresariales de éstos. Deere, anteriormente, se centraba en optimizar sus programas de producción; ahora se centra en ofrecer soluciones a sus clientes en el momento oportuno. Inevitablemente, esas nuevas perspectivas conducen a nuevas formas de trabajar.

Tercera, el proceso es holístico, global. El razonamiento de procesos transciende a las distintas actividades separadas. Más bien, se concentra en la forma en que encajan dichas actividades para obtener el mejor resultado —el resultado que se debe ofrecer a los clientes—. El objetivo clave —un valor superior para los clientes— se logrará cuando una serie de diversos departamentos contradictorios, sean sustituidos por una red sin fisuras de colaboradores que trabajan unidos para alcanzar una finalidad común.

Por último, el razonamiento de procesos se basa en la creencia de que el éxito de la empresa es fruto de una manera de trabajar bien diseñada. Es un razonamiento que va explícitamente en contra de lo que se podría llamar (en reconocimiento a Thomas Carlyle) la escuela empresarial del «gran hombre» (o mujer); se trata de una escuela que atribuye el éxito de la empresa a algún director ejecutivo de gran visión de futuro, a algún genio del márketing, o a algún brillante experto en desarrollo de producto. Si una de esas personas inspiradas desarrolla la gran estrategia, la brillante campaña publicitaria, o el producto de mayor aceptación, la empresa tendrá éxito; de otro modo, no lo tendrá. El enfoque de procesos rechaza esta idea, porque se basa en la suerte y, por lo tanto, no es admisible. Una empresa no puede basarse en que surja ese rayo, o depender de que aparezca de modo regular. La empresa de proceso intenta institucionalizar el éxito mediante el diseño de una manera de trabajar de alto rendimiento. Esa clase de empresa no minusvalora a las personas con talento destacable, sino que reconoce que todo el talento humano puede y debe ser mejorado mediante un proceso general. Considera que una empresa alcanza su máximo potencial cuando implanta unos procesos que aprovechan y movilizan las capacidades de todos los empleados, en lugar de depender demasiado de una sola persona, por muy dotada que sea.

Todas las personas y todos los trabajos necesitan el razonamiento de procesos. No se trata de un concepto relevante sólo para las altas capas de la empresa, o para los que deben desempeñar el etéreo «trabajo de conocimiento». Es necesario también en la nave de la fábrica y en la oficina de ventas. Los conserjes tradicionales, por ejemplo, consideran que su trabajo es manejar la escoba. Sin escoba no pueden trabajar; si son incapaces de quitar alguna suciedad que se ha pegado firmemente al suelo, barren en torno a ella. Por contra, los conserjes de proceso consideran que su trabajo consiste en lograr un resultado: un suelo bien limpio. Comprenden ese objetivo y la parte que desempeña para lograr el objetivo último de satisfacer a los clientes que pagan las facturas. En consecuencia, si no se les proporciona una escoba, irán a encontrar una. Si con ella no son capaces de limpiar alguna mancha concreta, buscarán una herramienta mejor.

La mentalidad de procesos se deberá inculcar en la empresa como parte de una acción educativa más amplia y general. En las empresas convencionales, no basadas en los procesos, un empleado conoce poco acerca de todo lo que queda fuera de los estrechos confines de su trabajo particular. Los directores de esas empresas consideran que no tiene ningún sentido formar a los empleados en todo lo que esté más allá de los conocimientos y técnicas específicas que necesitan para realizar sus tareas concretas. Este aislamiento aumenta, aún más, debido al hecho de que las empresas controlan con mano firme la distribución de información y la imparten sólo cuando es estrictamente necesario, como si la empresa fuese una agencia de espionaje en lugar de un negocio. Pero para que un proceso haga realidad todo su potencial, todos los empleados que participan en su realización deben conocer la totalidad del proceso y la forma en que su esfuerzo individual contribuye al éxito general. Para tomar las decisiones que forman parte de sus tareas de proceso, necesitan una información suficiente acerca de los clientes y competidores, y sobre la situación financiera de la empresa. Duke Power imparte a todos los empleados de su línea jerárquica una clase en la que se les proporciona una información básica sobre el sector de energía eléctrica, tal como una explicación sobre la liberalización del sector, sobre la estructura de costes de una empresa de servicios públicos, o sobre las exigencias de los clientes. También se les da a conocer el concepto de proceso, se les hace una exposición detallada de su propio proceso y de las ideas básicas acerca de las capacidades interpersonales necesarias para trabajar en colaboración.

Todos los empleados de una empresa de proceso deben ser capaces de dar respuesta a estas preguntas: ¿En qué proceso participa usted? ¿Puede describirlo con veinticinco palabras o menos? ¿Cuál es su finalidad?¿De qué modo crea su proceso para los clientes? ¿Cómo contribuye usted personalmente a ese valor? ¿Cómo contribuyen a ese valor los otros empleados que trabajan con usted? ¿Qué es lo que hacen los que están inmediatamente antes e inmediatamente después de usted en el flujo de proceso? ¿Mediante qué sistema de evaluación mide la empresa el rendimiento del proceso de usted? ¿Cuál es el actual nivel de esa evaluación? ¿Cómo sabe usted que personalmente está rindiendo bien? ¿Qué otros procesos hacen interface con el de usted? ¿Qué es lo que esos procesos necesitan del proceso de usted, y qué necesita el suyo del proceso de ellos? ¿Qué esfuerzos se están realizando actualmente para mejorar el proceso de usted? Los empleados que pueden responder acertadamente a esas preguntas han logrado asimilar el razonamiento de procesos.

En realidad, y aunque puede resultar difícil detectarlo desde el exterior, una de las características más distintivas de una empresa de proceso está en que todos los empleados piensan. En una empresa de proceso, los empleados también dedican la mayor parte de su tiempo a realizar tareas individuales concretas. Pero, ya no siguen la vieja frase de: «Haz tu trabajo y no pienses.» Ahora el eslógan es: «Haz tu trabajo, pero piensa en tu proceso.» Todos los empleados, sin ninguna excepción, deben conocer la finalidad última (teleológica) de su trabajo. Deben comprender perfectamente la forma en que su tarea encaja en el diseño general, saber cómo y cuándo colaborar con los demás, y nunca olvidar que el objetivo de todo ello es: un cliente altamente satisfecho.

Si se quiere que la empresa disponga de unos procesos de alto rendimiento, es necesario superar el razonamiento tradicional, pero no es suficiente. Hay otro obstáculo a ser superado: la ausencia de un empleado con responsabilidad sobre todo el proceso. En las empresas basadas en la función, los directores existentes son sólo responsables de un estrecho segmento del proceso. Ninguno tiene capacidad para elaborar o imponer un nuevo diseño del proceso, para derribar las barreras, y para hacer que el proceso funcione como debe hacerlo.

Como consecuencia, todos los procesos de una empresa de proceso deben tener un «poseedor del proceso»: un director responsable de asegurar que la totalidad del proceso continúe mejorando de un extremo al otro, de-principio-a-fin, una y otra vez.

Una nota aclaratoria: Todos los que intervienen en la realización de un proceso, desde los vendedores a los conductores de camiones, deben «hacer suyo» el proceso, en el sentido de compartir un compromiso por lograr mejorarlo. Por otro lado, el poseedor del proceso es el director encargado de diseñar el proceso, preparar las herramientas de apoyo, implantarlo en la empresa y asegurar un alto rendimiento continuado.

En Duke Power, una unidad de Duke Energy, Rob Manning es el poseedor de proceso de un proceso denominado «entrega de productos y servicios», que en esencia significa: instalar nuevos servicios eléctricos para los clientes; muchos de los cuales son contratistas de obra que están montando nuevas instalaciones. Antes de que Manning asumiese sus funciones, en 1996, este proceso funcionaba muy mal. Aunque era necesario realizar esas tareas en cada una de las regiones departamentales de la empresa, en ningún lugar era responsabilidad de una persona en concreto. El proceso era, en parte, asumido por los responsables de servicio al cliente que recibían el pedido y prometían que el trabajo estaría realizado para una determinada fecha; en parte, por los programadores encargados de asignar personal a cada proyecto; y en parte, por el personal de base que efectuaba el trabajo realmente. Pero ninguna de esas partes se detenía mucho a pensar sobre las otras, o sobre el proceso en su conjunto. Cada parte estaba ubicada en un departamento distinto, que se concentraba en mejorar su propio rendimiento. Nadie coordinaba el trabajo de los distintos departamentos con objeto de mejorar el rendimiento total. No existía nada organizado, ni nada conjunto. Como resultado de ello, el proceso resultaba invisible y era realizado de modo distinto e incoherente en cada una de las diversas áreas de la empresa. Una de las evidentes manifestaciones de estos problemas se detectaba en la frecuencia del fracaso de Duke en dar al cliente la conexión de servicio eléctrico en la fecha prometida; en algunas de esas zonas, la empresa sólo cumplía su promesa el 30% de las veces. Sobra decir que los contratistas se sentían descontentos, ya que tenían que pagar a sus electricistas por el tiempo que esperaban hasta que Duke conectaba la energía.

Cuando Rob Manning asumió el papel de poseedor del proceso, su primera tarea consistió en hacer una evaluación del proceso existente y diseñar uno de nuevo. Investigó las razones por las que la empresa no lograba cumplir las fechas de instalación que había prometido a sus clientes. De ese modo, descubrió que una de las razones se debía a que la persona que se comprometía con esas fechas carecía de información precisa sobre el personal que estaría disponible y que sería capaz de realizar el trabajo antes de una fecha concreta. Aquella persona sabía el número total de empleados disponibles para realizar una instalación, pero desconocía los conocimientos y capacidades de cada uno. Por eso, podía prometer al cliente una fecha cuando en realidad no disponía del personal necesario para efectuar la instalación. Por otra parte, los equipos no terminaban por completo todo el trabajo que se les había asignado para un día determinado, en gran parte, porque por la mañana salían de la planta más tarde de lo que debían.

Manning y su equipo rediseñaron el proceso para resolver esos problemas. Por ejemplo, todas las mañanas los equipos de instalación tardaban setenta minutos en cargar los camiones y ponerse en camino. Ahora, se han reorganizado los almacenes de la empresa, de modo que las herramientas y repuestos necesarios se cargan la noche anterior. Como resultado, los equipos cargan el material y se ponen en camino en diez minutos, con lo que cada día disponen de sesenta minutos más para acelerar las instalaciones y reducir el tiempo de espera del cliente. La empresa ha preparado también un nuevo sistema de programación que proporciona una información detallada acerca del personal de campo disponible, lo que posibilita una asignación más específica y acertada del personal. En el nuevo proceso, se incluyen también a los empleados cuyo rol consiste en negociar la fecha de conexión con los clientes y en mantenerles informados de todo cambio.

Una labor fundamental del diseño de procesos consiste en la selección de los sistemas de evaluación del rendimiento. Tal como afirma Manning: «Los sistemas de evaluación son mi mejor amigo.» El poseedor del proceso debe designar los aspectos del proceso que deben ser medidos y evaluados, determinar los niveles de rendimiento exigidos por los clientes y calcular los indicadores que mejor reflejan el progreso hacia los objetivos deseados. El poseedor del proceso es responsable de poner en marcha el sistema de evaluación, evaluar el rendimiento que está obteniendo el proceso, informar sobre el nivel de rendimiento a todos los implicados, y adoptar todas las medidas que sean necesarias para mejorar esos niveles.

Concentrándose en el diseño y evaluación de su proceso, Rob Manning logró considerables mejoras de rendimiento. Ahora, las promesas a los clientes se cumplen con regularidad más del 98% de las veces en todas las regiones donde trabaja Duke. La labor de Manning no terminó cuando logró enderezar el proceso. Como todo proceso debe mantenerse actualizado y adaptado al cambio de los tiempos, los adelantos de la tecnología y las crecientes exigencias de los clientes, para Manning —y para todos los poseedores de procesos— la evaluación y mejora de su proceso es una responsabilidad de nunca acabar.

Sin embargo, el poseedor del proceso hace mucho más que diseñar y evaluar el proceso. También ayuda a los empleados que deben ejecutarlo realmente, adiestra a todos los que intervienen y sirve de recurso de apoyo para todos ellos. En un proceso en que intervienen muchas personas, y sobre todo si esas personas están geográficamente dispersas, el poseedor del proceso suele necesitar representantes a nivel local. Rob Manning dispone de coordinadores de proceso repartidos por todas las zonas de Duke Power, cada uno de los cuales presta apoyo práctico a unos treinta empleados. El coordinador de proceso recoge los datos sobre rendimiento, responde a las preguntas y ayuda a resolver los problemas. Un coordinador de proceso no se parece en nada al supervisor tradicional que mantenía la vigilancia sobre los treinta empleados durante todo el día. Los equipos de instaladores toman sus propias decisiones, que son coherentes con los objetivos y sistemas de evaluación del proceso. El coordinador de proceso está cerca de ellos como un recurso al que pueden acudir en caso de necesidad.

El poseedor del proceso actúa como defensor de éste, ante los empleados que deben realizarlo y, también, ante el resto de la empresa. Rob Manning se describe a sí mismo como un evangelizador de los procesos. Dedica una parte considerable de su tiempo a convencer a los miembros del equipo de proceso de que, cubrir las necesidades del cliente es su objetivo más importante, y de que el diseño del proceso es la mejor herramienta de que disponen para alcanzarlo. También representa a su proceso en los pasillos del poder, con objeto de obtener los recursos que necesita para alcanzar su objetivo.

En IBM, el rol de defensa de los procesos se confía a los más altos ejecutivos de la empresa. Cada proceso tiene un poseedor a plena dedicación, al que se llama ejecutivo de procesos empresariales, que es responsable de preparar y poner en marcha su diseño. Además, cada proceso tiene un defensor en el consejo directivo mundial (CDM): el grupo de cincuenta ejecutivos que dirigen las líneas de negocio de IBM. En cada reunión del CDM los defensores de procesos informan sobre el rendimiento de su respectivo trabajo y los progresos que está haciendo. Es interesante señalar que el defensor debe informar personalmente, no puede delegar esa obligación en algún otro miembro de su equipo.

En algunas empresas, los poseedores de los procesos suelen ser directores jerárquicos y los empleados que realizan los procesos son los que les informan de su progreso. Sin embargo, eso no significa que esos poseedores o sus delegados locales sean iguales que los tradicionales directores o supervisores. Los empleados que realizan un proceso no necesitan un supervisor, de hecho, no pueden permitírselo. Esos empleados son conscientes de las necesidades del cliente y conocen el diseño del proceso general, son responsables de su realización y se les evalúa en función del rendimiento obtenido por el proceso, de modo que no necesitan a nadie que les observe a hurtadillas. La labor de proceso requiere independencia, autonomía, y capacidad para tomar decisiones.

Por otra parte, en una empresa como Duke Power el poseedor de proceso no dirige directamente a los empleados que realizan el trabajo. Los directores regionales proporcionan el personal, y el poseedor del proceso es el que elabora el diseño que deberán aplicar.

Las diferencias entre esas dos formas de posesión del proceso no son muy significativas. A varios altos directivos de Duke Power les planteé la siguiente pregunta: ¿Un empleado que ejecuta un proceso en una región, debe responder ante el director regional o ante el poseedor del proceso? Todas las veces la respuesta fue la misma: «No tiene importancia.» Como todos los que intervienen —miembros del equipo de proceso, poseedores de proceso, directores regionales— son evaluados y tienen responsabilidad sobre los mismos resultados, todos los directores siguen una agenda común y, por lo tanto, la cuestión de las relaciones de reporte e información es de tipo administrativo, no de dirección estratégica. (Esta cuestión es el tema central del capítulo 7.)

Cualquiera que sea la variante elegida por una empresa concreta, los poseedores de procesos deben pertenecer a la alta dirección. Un error muy corriente en las empresas que se sienten animadas por las promesas que encierran los procesos, pero que se muestran reacias ante el temor de «volcar la embarcación», consiste en nombrar poseedores de procesos a los directores intermedios existentes. Naturalmente, designarlos no garantiza que puedan realizar el trabajo. El poseedor del proceso debe ser un ejecutivo lo suficientemente situado como para tener autoridad sobre todo el proceso de-principio-a-fin. Debe tener contrastada influencia como para defenderlo ante los otros altos ejecutivos. No existe un poseedor de proceso «junior» que pueda tener éxito.

De hecho, cada poseedor de proceso es el administrador de un activo empresarial fundamental: uno de los procesos empresariales de la empresa que determinará la forma en que la empresa trabajará y creará todo su valor. Ahora, todos comprendemos muy bien que la medida real del valor de una empresa está en los activos intelectuales, y no en los tradicionales componentes del balance. El diseño de un proceso es una forma, especialmente valiosa, de activo intelectual. Es concreto y directamente mensurable, no es nada abstracto ni difuso. Los procesos diseñados y ejecutados sin ningún fallo, son los que generan productos superiores, excepcionales programas de márketing, una cumplimentación de pedidos sin errores, exitosas acciones de venta, y una elevada satisfacción del cliente. Actualmente, los procesos, y no sus productos de breve vida, son los que mejor definen la identidad de una empresa y los que generan sus mejores oportunidades de crecimiento y diversificación. Unos activos tan valiosos necesitan de alguien que los cuide.

Nombrar poseedores de procesos puede ser la prueba más palpable del compromiso de una empresa por los procesos; pero si todo queda en eso, poco se conseguirá. Incluso, aunque los poseedores de procesos estén trabajando bien, la empresa organizada al modo tradicional siempre derrotará a los procesos mejor diseñados. Si desean alinear toda la actividad en torno al nuevo concepto de procesos, los ejecutivos deben estar preparados para echar por la borda muchos de los familiares aspectos de su empresa.

Para empezar, la unidad básica estructural de una empresa de procesos no es el departamento funcional, sino el equipo de proceso: los empleados (normalmente, un grupo interdisciplinar) que colectivamente llevan a cabo el proceso de-principio-a-fin. Los equipos de proceso no son destinos a corto plazo, ni una superposición especial sobre la organización funcional. El equipo de proceso es, más bien, el principal puesto de trabajo de un empleado. La fidelidad principal del trabajador debe ir dirigida hacia el equipo y sus miembros, no hacia el departamento funcional que está compuesto por otros empleados con los mismos conocimientos y técnicas especializadas.

Una empresa de proceso necesitará unas instalaciones adecuadas que faciliten el trabajo de los equipos. En American Standard, el proceso de cumplimentación de pedidos lo llevan a cabo varios empleados con diversas especialidades, desde contables hasta personal de envíos. Esos empleados, antes trabajaban en departamentos separados, pero ahora todos están ubicados en una misma oficina. Al compartir el mismo espacio de trabajo, todos obtienen una mejor visión de la totalidad del proceso; y al colocar en el mismo sitio a diferentes tipos de talentos, se ensancha el horizonte de cada uno. Los miembros del equipo pueden intercambiar ideas fácilmente, y su interacción diaria eleva su mirada hacia el proceso en su conjunto. Cuando el trabajo se percibe como trabajo de proceso, el espacio debe ser espacio de proceso.

Parece razonable que si los directores y el personal de base se centran en los procesos, su remuneración deberá estar —al menos, en parte— basada en la forma en que realizan los procesos. Todos los equipos de Allmerica Financial, una compañía aseguradora de Fortune 500, reciben gratificaciones basadas en el grado en que consiguen los objetivos concretos de rendimiento fijados por los poseedores de los procesos. Entre esos objetivos están: la cantidad de tiempo necesaria para gestionar una solicitud de seguro de-principio-a-fin, y el porcentaje de contratos emitidos sin ningún error. (En el capítulo 6 se explicará la manera como los poseedores de procesos fijan esos objetivos.) Los poseedores de procesos tienen capacidad para conceder una gratificación extra a los miembros que han efectuado una contribución destacada a los resultados de un equipo. En un número cada vez más amplio de empresas, la remuneración se basa en tres factores: rendimiento del proceso, aportación personal y rendimiento de la empresa. Una de las ventajas de este nuevo sistema de remuneración consiste en que sirve para recordar a todos los empleados que el verdadero objetivo del trabajo de cada uno es crear valor para el cliente, y no el de estar ocupado en hacer cosas. Recuerda a todos los que trabajan en una empresa de proceso que, en un equipo perdedor, no hay ganadores.

El trabajo en equipo no puede quedar limitado sólo a los empleados de base. También los poseedores de procesos, y el resto de los equipos directivos, deben aprender a colaborar para conseguir los objetivos más amplios que la totalidad de la empresa intenta alcanzar. Si se crea una empresa de proceso que no incluya a todos esos, sólo se transformará a los compartimentos funcionales en «parcheadores» de procesos, y la empresa sufriría un nuevo tipo de fragmentación. Los clientes no serán mejor atendidos, ahora que existe competencia entre los procesos, que antes cuando existía guerra entre las funciones. Para que la empresa, en su conjunto, pueda trabajar con éxito, todos sus procesos deben ser integrados en un todo, y todos los empleados que trabajan y son responsables de esos procesos deben colaborar entre sí. (Esta idea se volverá a tratar también en el capítulo 7.)

Para lograr esa clase de integración y colaboración, algunas empresas están nombrando a altos ejecutivos como directores jefes de proceso, DJP (aunque a veces, utilizan un título diferente). El DJP es responsable de preparar un modelo general de proceso que englobe a todos los de la empresa y de definir la forma en que deben interactuar unos con otros, así como de fijar las normas para gestionarlos. De hecho, el DJP define y concreta la labor del poseedor del proceso. El director jefe de procesos también convoca y preside un consejo de procesos, un organismo compuesto por todos los poseedores de procesos y algunos ejecutivos clave. El consejo es el foro donde resolver las cuestiones que surjan entre los distintos procesos, acerca de normas, prioridades y asignación de recursos.

En las reuniones de ese consejo, el líder de la empresa desempeñará un papel clave. Deberá lograr que los asistentes trabajen como un equipo, y no que acudan simplemente a defender los intereses de su propio proceso. En consecuencia, el líder se esforzará por reforzar la visión general de la empresa y, al mismo tiempo, se asegurará de que las necesidades de algún proceso en concreto no se impongan sobre las necesidades de la empresa en su conjunto.

A veces, los directores guardan impresiones contradictorias acerca de la empresa de proceso. Por una parte, captan la lógica y la eficacia de este modo de hacer negocios. Por otra parte, sienten angustia ante el impacto que la conversión de su empresa en una empresa de proceso puede tener sobre ellos a nivel personal.

En primer lugar, el número de directores se verá reducido. Una regla empírica indica que la empresa de proceso necesita sólo la mitad, aproximadamente, de los directores que necesita una organización de tipo tradicional. El personal de base, que comprende el diseño y la lógica de sus procesos, que trabaja unido en equipos y que es responsable de los resultados, no precisa mucha supervisión por parte de los directores. En lugar del clásico ratio de diez trabajadores-por-director, en una empresa de proceso ese ratio sube a veinte o treinta.

Segundo, los trabajos de dirección que se mantienen, son muy diferentes de los de hace unos años y no se centran en la supervisión del trabajo, sino en el diseño, medición y evaluación de los procesos, así como en el desarrollo de las capacidades de los empleados. Un equipo de trabajo compuesto por directores, es algo completamente desconocido para la mayoría de los directores tradicionales. Por eso, no debe sorprender que las filas de los directores no muestren un gran entusiasmo ante la posibilidad de emprender la transición a los procesos.

Por su parte, la mayoría del personal de base lo acepta. Una empresa de proceso trata a sus empleados como adultos responsables que prefieren empujar por su cuenta, en lugar de verse empujados, que saben lo que es necesario hacer y que aceptan la responsabilidad de hacerlo. No es un buen lugar para los trabajadores pasivos que cumplen con lo que se les ordena, pero está hecho a medida para los hombres de empresa dispuestos, autónomos y motivados, que no trabajan para sus jefes, sino para sus clientes.

Los clientes poderosos han herido de muerte a la empresa paternalista. Antaño, las empresas podían permitirse obsequiar a los empleados con aumentos periódicos de sueldo, importantes prestaciones sociales y seguridad durante toda su carrera, a cambio de una incuestionable fidelidad y obediencia. Todos los costes resultantes podían ser, y eran, trasladados tranquilamente al desventurado cliente. Sin embargo, en la economía de cliente, la empresa ya no puede garantizar nada a sus empleados. El paternalismo debe dejar paso al asociacionismo. La empresa y sus empleados están en el mismo barco. Afirmar que esto representa un gran cambio respecto a las tradicionales relaciones de empleo es quedarse cortos; sin embargo, suelo comprobar que la mayoría de los trabajadores de empresas de proceso se sienten muy cómodos con ella. Escuchemos lo que dicen algunas de las personas que, de hecho, trabajan en empresas de proceso:

—Jerry P. es líder de equipo en una planta de fabricación. «Antes, nadie se preocupaba por la persona que estaba a su lado», asegura Jerry. «Si alguna cosa iba mal, eso era problema de algún otro. Ahora, se trabaja en equipo y todos colaboramos unidos como grupo para resolver los problemas. Los empleados que realizan un trabajo son los que mejor lo conocen; por eso, la empresa les pide feedback a ellos. Ahora los empleados disfrutan con su trabajo. Venir a trabajar cada día ya no es una lata. Los empleados sienten más orgullo por lo que hacen.»

—Ed B. es miembro de un equipo de cuentas a cobrar de una empresa fabricante: «Lo mejor de la actual forma de trabajar es que cada uno puede ver en qué punto encaja él, y cómo encajan entre sí todas las partes de la empresa.»

—John D. es un veterano que lleva treinta y tres años trabajando en una compañía de energía eléctrica y que antes fue presidente del sindicato local. «En los viejos tiempos había reglas estrictas sobre la especialidad de los trabajadores», recuerda John. «Un empleado de reparaciones mecánicas no podía hacer el trabajo de un electricista y viceversa. Ahora, las líneas de separación se han difuminado y los empleados pueden hacer más para trabajar según sus capacidades. Hay menos encargados y los empleados de base tienen capacidad para decidir sobre su propio trabajo. Los empleados ejercen más impacto sobre su labor y se percibe claramente la diferencia de actitud. Se sienten más propietarios de la empresa. La moral es excelente.»

A menos que el lector considere que el cambio hacia el proceso es de una abrumadora magnitud, le diré que posiblemente su empresa está ya en camino de convertirse en una empresa de proceso, aunque no se haya dado cuenta de ello. No todas las empresas se alinean en torno a los procesos de modo consciente o como parte de un compromiso explícito hacia sus clientes. En muchos casos, las empresas empiezan teniendo en mente otra idea distinta y, sólo después de haberla hecho realidad, descubren la potencia y eficacia de los procesos.

Uno de los mayores acontecimientos de la década de los 90, fue la introducción de los llamados sistemas PRE: planificación de los recursos de la empresa (en inglés, ERP). Esos productos de software, con nombre tan poco elegante, ofrecían a los clientes un conjunto integrado de módulos de aplicación (para finanzas, producción, logística y otros) que compartían una base de datos común y que permitían una interface sin fisuras de unos módulos con otros. En la década de los 90, muchas empresas pusieron en marcha sistemas PRE con fines técnicos muy limitados: para evitar el problema Y2K, para sustituir los sistemas anticuados y de costoso mantenimiento, para reducir el coste de la plataforma de hardware necesaria para ejecutar su software, y similares.

La mayoría de las empresas que aplicaron los sistemas PRE con esos objetivos en mente, quedaron desilusionadas por los pobres resultados obtenidos. En algunos casos, tuvieron fracasos catastróficos y, algunas, ni siquiera lograron instalar el sistema. Otras, después de muchos quebraderos de cabeza, al final lograron hacer funcionar al sistema, pero sólo obtuvieron unos modestos resultados. Todo se debía a que esas empresas no comprendieron la verdadera naturaleza del PRE. Como sus módulos están tan estrechamente integrados, en realidad un sistema PRE es una herramienta para apoyar los procesos empresariales de-principio-a-fin, le convierte en una rareza dentro del mundo de los paquetes de software. Oigamos los comentarios de algunas empresas que han logrado implantar con éxito sistemas PRE.

El flujo tradicional empezaba con el responsable de cuenta, que pasaba un pedido. El departamento de solvencia de clientes lo examinaba y daba su aprobación. A continuación, el pedido era enviado a las plantas, donde el personal de existencias y de tráfico intervenían para planificar los envíos y conocimientos de embarque. Entonces, los de aprovisionamiento pedían los materiales a los diversos proveedores. Al final, se redactaba la factura del pedido, se anotaba en cuentas a cobrar y se contabilizaba la venta. Ahora, en lugar de pasar de un departamento al siguiente, un equipo se encarga del pedido de-principio-a-fin.

Nos hemos dado cuenta de lo mal que realmente lo hacíamos antes. Éramos una empresa chapucera. Cualquiera podía hacer cualquier cosa y el resto de la empresa tenía que adaptarse. Si el martes estaba lloviendo, hacíamos las cosas de una manera. Si era miércoles y lucía el sol, las hacíamos de modo distinto. Con ayuda del sistema PRE, estamos formalizando nuestra forma de trabajar y poniéndola en práctica a lo largo de toda la empresa.

El primer comentario revela el hecho de que un sistema PRE favorece el trabajo en equipo y la colaboración del personal de los distintos departamentos: la parte «conjunto», del proceso. El segundo, expone el hecho de que un sistema PRE introduce la disciplina en la empresa: la dimensión «organizado», del proceso. Un sistema PRE es un caballo de Troya que lleva en su vientre a nuestros dos viejos amigos: disciplina y trabajo en equipo, organizado y conjunto. Introduce los procesos en la empresa, tanto si la empresa lo desea y está preparada para ello como si no es así. Cuando las empresas se preparan para el PRE a base de orientarse en torno a los procesos, el PRE tendrá éxito. Cuando no se preparan de ese modo, fracasan.

Arañando bajo la superficie de la mayoría de las cuestiones empresariales de estos tiempos, se descubre que son también cuestión de procesos. Por ejemplo, la única manera de conseguir una calidad «seis sigma» (en inglés, six sigma) es realizar un meticuloso rediseño de los procesos. GE, el maestro del sistema seis sigma, afirma que «los procesos son el vocabulario básico del seis sigma». Tal como veremos en el capítulo 9, lo más importante de Internet es la posibilidad de ser utilizado para integrar procesos entre empresas, los procesos que trascienden los límites de la empresa y también los de los departamentos funcionales. La integración de la cadena de aprovisionamiento, una cuestión que figura en la agenda de muchas empresas, se soluciona mejor cuando se la trata como un ejercicio de mejora de los procesos entre empresas. Centrarse en los procesos es fundamental, también, para el éxito de las fusiones y adquisiciones de empresas. Unir simplemente a dos empresas bajo el paraguas común de una sociedad holding, no es ni una fusión ni una adquisición; es sólo: proximidad y promiscuidad. Si la unión de dos empresas tiene por finalidad obtener considerables reducciones de costes o aprovechar las sinergias de un mercado, será necesario estandarizar e integrar los procesos.

Cuando las iniciativas de esa clase se entienden y gestionan bajo el prisma de los procesos, el porcentaje de éxitos se dispara hacia arriba. En otras palabras: muchas empresas llegan a adoptar un enfoque de procesos de modo indirecto: como resultado de descubrir que los procesos son el modo más eficaz de poner en marcha alguna otra iniciativa importante en la que ya están embarcados. Cuando una empresa se da cuenta de eso, los procesos se convierten en el puntal sobre el que se apoya no sólo el proyecto inicial, sino también la mayoría de los que le siguen. Hay muchas rampas para acceder a la autopista de los procesos.

El mundo de la empresa es famoso por sus modas pasajeras: soluciones simplistas a problemas complejos que tienen un momento de gloria y notoriedad, antes de marchitarse bajo la cruda luz de la realidad. Crear una empresa de proceso es algo muy distinto: un cambio profundo en nuestra forma de entender y de organizar el trabajo productivo. Es un cambio prometedor, de esos que sólo se presentan, no cada dos años, sino cada dos siglos. Aunque ofrece asombrosas mejoras en el rendimiento operativo, también tiene su coste: el replanteamiento total de la estructura y de la gestión de la empresa. La descripción de los puestos de trabajo; los conocimientos, las técnicas y la formación; los sistemas de evaluación y remuneración; el rol de la dirección; las instalaciones; y toda una serie de otros sistemas en los que se basa la empresa para su actividad diaria deben ser realineados. Las empresas que han recogido las ventajas de los procesos, lo han logrado mediante un firme compromiso con dicho enfoque.

Un compromiso tibio hacia los procesos es tan malo como una falta total de compromiso. En una gran empresa de productos químicos, el director general inició un importante programa de mejora del rendimiento que estaba centrado en los procesos. Los directores de la empresa definieron sus procesos, asignaron un poseedor a cada uno y se lanzaron a la labor de rediseñarlos. Al cabo de poco tiempo, lograron fuertes reducciones de costes, un importante descenso en el nivel de existencias y excelentes mejoras en ventas y en retención de clientes. Pero poco después, aquel director general se retiró. El nuevo director general procedía del exterior de la empresa y, parafraseando la descripción del faraón que hace la Biblia, «no conocía los procesos». Veía todo el aparato de los procesos como un gasto general innecesario, y abandonó las iniciativas de su predecesor.

No debe sorprender que el rendimiento de la empresa empezase a declinar. Las reacciones convencionales del nuevo director general —reducción de plantilla y despidos— aceleraron aún más el declive. Después de varios intentos con una serie de sistemas empresariales de moda en aquel momento, desde la consolidación global y las desinversiones de cartera, los negocios se resintieron mucho más. De hecho, en el momento en que escribo esto, el rendimiento de esa empresa es mucho peor que antes de iniciar el enfoque de procesos. La causa subyacente en este desalentador retroceso está en que el primer director general no fue lo suficientemente enérgico al poner en marcha los procesos. Logró implantar los nuevos diseños, pero no realineó todos los aspectos de la empresa en torno a ellos. El sucesor no encontró una empresa con una profunda orientación hacia los procesos, sino una empresa tradicional con una capa superficial de procesos. Si hubiese sido de otra manera, no hubiese sido capaz de retirar tan fácilmente los progresos introducidos por su predecesor.

Afortunadamente, ahora cada vez son más los directores generales que saben lo que es necesario aplicar para aprovechar el poder de los procesos. La marea está claramente subiendo en dirección a los procesos. La mayoría de los sectores fabricantes están bajo el techo de los procesos. Las empresas financieras y de otros servicios hacen cola a la entrada. Para finales de esta década, las empresas que no sean empresa de proceso serán la excepción, no lo normal. En el mercado de las ideas empresariales, los procesos están subiendo de valor porque funcionan mejor que todo lo demás. La dirección de la empresa basada en los procesos, antaño un concepto experimental y adoptado sólo por los visionarios, los valientes, o los desesperados, se está convirtiendo rápidamente en la norma.

Eso no quiere decir que la empresa que acepta públicamente el enfoque de procesos tiene garantizado el éxito o el nirvana. La realización es enormemente importante. Las empresas que adoptan las formalidades externas sin cambiar su modo de pensar; que utilizan la terminología, pero sin cambiar la cultura, no conseguirán el éxito. Dar un nuevo título a los antiguos puestos de trabajo, rebautizar las funciones como procesos, o centrarse exclusivamente en las filas de la alta dirección, es el camino para garantizar el fracaso.

Incluso, el éxito de los procesos encierra sus propias dificultades. Las empresas de proceso necesitan unos sistemas de evaluación y remuneración que estén más finamente sintonizados que los utilizados por las empresas tradicionales. El personal de toda la empresa necesita aprender y adaptarse al razonamiento de procesos, y eso significa que los presupuestos de formación y adiestramiento deberán aumentar considerablemente. Además, no todos los empleados se subirán contentos al carro de los procesos. Algunos trabajadores pueden ser reacios a aceptar la responsabilidad que les impone una empresa de proceso, y muchos directores pueden resistirse, o negarse, a desprenderse de su poder y privilegios tradicionales. Los cambios coyunturales que derivan de los procesos —del individuo al equipo, del jefe al cliente, de la improvisación a la disciplina, del conflicto a la colaboración, de esquivar el bulto a aceptar la responsabilidad personal y la responsabilidad colectiva— son cambios que es difícil que el personal los acepte.

De todos modos, el comentario que más he escuchado de aquellos que han vivido esa experiencia, es: «La transición fue horrible, pero nunca me volvería atrás.» Por muchas penalidades que inflija la transición, la creación de una empresa de proceso ofrece grandes ventajas y beneficios a los accionistas, a los directores y a los empleados. Permite alcanzar un alto rendimiento sostenido en todas las actividades. Es flexible en la utilización de recursos. Da a todos los empleados una orientación y un enfoque común. Los directores pueden gestionar de verdad, ya que les proporciona las herramientas necesarias para influir sobre los resultados. A los empleados de base les ofrece unos trabajos más satisfactorios y el respeto propio que se siente cuando ven que les tratan como adultos, y no con el paternalismo y la condescendencia que caracterizaba a las jerarquías de antaño.

La empresa de proceso ya está aquí, y está para quedarse.

PRINCIPIO 3 DE LA AGENDA

Crear una empresa de proceso

—Obsesionarse por los procesos de-principio-a-fin que crean todo el valor para los clientes.

—Lograr que todos los empleados entiendan los procesos y el rol que desempeñan en ellos.

—Nombrar a altos directivos como poseedores de los procesos, a fin de que midan, evalúen, gestionen y mejoren sus procesos.

—Crear una empresa favorable a los procesos, a base de orientar las instalaciones, la remuneración y la estructura en torno a los procesos.

—Implantar una cultura de trabajo en equipo y responsabilidad compartida.

—Organizar un consejo de procesos, a fin de no sustituir los compartimentos funcionales por «parcheadores» de procesos.

—Gestionar todos los aspectos en términos de proceso, a fin de mejorar la empresa.

—Hacer de los procesos una forma de vida.

Capítulo 5

Establecer el orden
allí donde reina el caos

Sistematizar la creatividad

Entre los mitos actuales, está el de que una empresa de éxito es un buque encantado; un escaparate de eficacia donde el trabajo está definido con precisión, realizado expertamente, y gestionado firmemente. Sólo las personas que nunca han estado en el interior de una empresa real creen en ese mito. El hecho cierto es que muchas partes de muchas empresas están completamente fuera de control. Los empleados, individualmente pueden trabajar duro y estar continuamente ocupados, pero la empresa en su conjunto es un caos. Se malgastan interminables esfuerzos para nada, los empleados trabajan sin entenderse, y el hecho de que se termine algo es casi un milagro. Cada situación es resuelta de modo diferente, los trabajadores improvisan y preparan su labor a medida que avanzan. Este caos puede surgir en cualquier sitio, pero es endémico en las partes de la empresa dedicadas a aspectos novedosos: no en fabricación, en logística, o en el departamento financiero, sino en desarrollo de producto, ventas y márketing.

En una empresa de electrónica que conozco, la venta de grandes sistemas se obtenía, en gran parte, por casualidad. Los representantes de ventas seleccionaban a los posibles clientes en base a su preferencia e intuición personal; el departamento de ingeniería podía, o no, modificar un producto para cubrir las necesidades de un posible cliente; a éstos se les ofrecía un precio antes de que el departamento de finanzas tuviese oportunidad de evaluarlos; los clientes recibían distintas respuestas, según planteasen la misma pregunta a ventas, ingeniería, o finanzas; y mucho más.

En una empresa de productos químicos, parece que el desarrollo de productos funcionaba bien, a pesar de todos los esfuerzos de la empresa por impedirlo. Si el departamento de márketing ideaba el concepto de un producto, muchas veces el de ingeniería lo rechazaba por no viable —palabra de código que significaba «demasiado problemático» o «no muy interesante»—. El personal de márketing rechazaba por rutina las nuevas tecnologías que sugería el departamento de investigación, por considerarlas poco prácticas —lo que significaba que no las entendían—. Ocasionalmente, pero sólo ocasionalmente, un «paladín de producto» se apasionaba tanto por un nuevo concepto que lograba embestir y dejar a un lado a todos esos celosos guardianes mediante la adusta fuerza de su personalidad. Pero tan pronto como el nuevo producto empezaba a emerger, las aguas se volvían a cerrar sobre él. De repente, el departamento de desarrollo argumentaba que la construcción de una nueva planta para fabricar el producto iba a tardar mucho tiempo. Finanzas aseguraba que con el precio propuesto se iba a perder dinero. El departamento de ventas afirmaba que nadie iba a comprar aquel maldito producto. En aquella empresa de productos químicos, los nuevos fabricados llegaban al mercado sólo por pura casualidad. Cada departamento trabajaba duro, pero aislado de los demás; todas las ruedas giraban, pero nunca se engranaban a la transmisión que conectaba a todas ellas.

Cualquier Keystone Kops hubiese dirigido mejor aquellas actividades. Desafortunadamente, situaciones como ésa son demasiado familiares. En muchas empresas, gran parte del trabajo se puede comparar al movimiento browniano donde las partículas de humo saltan y se mueven completamente el azar.

Para las personas del exterior puede resultar increíble que empresas, aparentemente exitosas y bien dirigidas, puedan en realidad operar de un modo tan caótico. La razón de funcionar así es muy simple: todavía siguen actuando del mismo modo que lo hacían cuando eran mucho más pequeñas, es decir, con una gran falta de formalismo. Una empresa pequeña puede arreglárselas sin definir minuciosamente el modo de trabajar, porque los empleados que colaboran allí se conocen unos a otros y se comunican lo suficientemente bien como para improvisar con éxito. En el apacible entorno de la pequeña empresa todos los empleados se conocen. El departamento de ingeniería está a un paso del de ventas; el director financiero come junto con otros directores en la cafetería. Los proyectos clave de la empresa son de conocimiento público. Incluso al director general se le llama por su nombre de pila, y los formalismos quedan aparcados fuera de las puertas de la fábrica. Son buenos empleados que, trabajando unidos, pueden estar a la altura de las circunstancias y lograr casi todo.

Sin embargo, al crecer llegan los problemas. Los viejos modos de trabajar no «escalan hacia arriba». Al ir contratando más personal, pocos de ellos se conocen, o conocen a los clientes, y pocos ven a la empresa como un todo. A los empleados les resulta cada vez más difícil saber lo que está pasando; y, como les ocurre a los académicos modernos, pronto se dan cuenta de que saben más y más de cada vez menos y menos. Sin embargo, ninguno intenta diseñar un modo sistemático de operar, y la antigua manera improvisada de trabajar se mantiene profundamente incorporada en el código genético de la empresa. Cuando hay muchas personas intentando manejar muchas situaciones sin un modo claramente definido de hacer las cosas, los resultados pueden ser comprensiblemente desastrosos.

Además de la cuestión de escala, hay otras razones por las que los modos informales de trabajar, que solían ser adecuados en la antigua empresa, ya no son suficientes. Por una parte, el trabajo se ha hecho mucho más complejo de lo que solía ser. En los viejos tiempos, vender era en gran parte un acto de heroísmo personal. La clave para tener éxito en la venta se basaba en conocer los productos y a los clientes. El vendedor eficaz se presentaba a sí mismo, y a su producto o servicio, de la mejor manera posible, establecía una relación con el comprador y triunfaba sobre la competencia.

Este enfoque todavía puede dar buenos resultados en la sala de máquinas de las agencias inmobiliarias, que tan bien han sido descritas en *Glengarry Glen Ross*, pero no tiene nada que ver con la forma en que se realiza la venta en el mundo real. Confío en que el lector recuerde que, en el capítulo 3, se decía que los clientes de hoy en día no desean productos; exigen soluciones, y las soluciones no suelen venir embaladas en una caja. Deben ser diseñadas y modeladas, a fin de servir para satisfacer las necesidades concretas de los clientes. Para realizar esa clase de venta, se necesita mucho más que el simple carisma personal. Hoy en día, la venta consiste en vender sistemas, vender soluciones, vender asesoramiento y consultoría; implica analizar las necesidades del cliente, diseñar soluciones alternativas, examinar los costes, desarrollar sistemas, ponerlos en marcha, y mucho más. Ya no es la labor de un heroico representante de ventas; ya pasaron los días de Willy Loman acarreando su caja de muestras por la solitaria carretera. La venta moderna es un deporte de equipo, y muy complejo. Para ganar hace falta disciplina y estructura. Hacer la venta a medida que se va avanzando es la mejor receta para el desastre.

Lo mismo se puede decir acerca del desarrollo de productos. El mito americano asegura que los productos son desarrollados por genios solitarios que trabajan en sus laboratorios y que transforman su inspiración repentina en innovaciones prácticas. Eso no es del todo cierto, ni en los tiempos de Thomas Edison y desde luego, tampoco lo es hoy en día. La realidad es mucho más compleja. El talento y la inspiración son necesarios, pero no suficientes. Ahora, para crear y lanzar casi todos los nuevos productos se necesita la labor de muchas personas, con conocimientos y técnicas muy distintas. Los ingenieros idean y diseñan el producto utilizando información proporcionada por los clientes, vía los representantes de ventas; luego, los expertos en marketing analizan el potencial de producto y ayudan a dar forma a sus características concretas. Los del departamento financiero deben calcular los costes de fabricación y establecer un precio competitivo. Los especialistas de fabricación deben planificar la mejor manera de elaborar el producto en grandes volúmenes. Los del departamento jurídico deben buscar la forma de protegerlo de los imitadores.

Las claves del éxito están en la coordinación y la disciplina. Si se quiere que el producto vea la luz del día, las actividades no sólo deben ser realizadas, sino que deben, también, encajar conjuntamente y ser llevadas a cabo en el orden adecuado. Obtener el feedback del cliente demasiado tarde es lo mismo que no obtenerlo en absoluto. Sin embargo, la mayoría de las empresas carecen de todo mecanismo fiable para asegurar esa coordinación. Simplemente, carecen de una inteligencia orientadora, no disponen de un modo estándar de operar que integre todas las piezas, ni de un diseño repetible. En vez de eso, cada departamento anda por su cuenta y ninguno posee una perspectiva del marco general.

El rápidamente cambiante mundo actual de los negocios es un entorno poco hospitalario para los modos circunstanciales e informales de crear y vender productos. A Ross Johnson, antiguo director de RJR Nabisco, se le atribuye la siguiente frase: «Algún genio inventó nuestro producto Oreo. Nosotros simplemente vivimos de esa herencia.» Hubo una época en que el negocio de muchas empresas dependía de los Oreos de turno: productos con un ciclo de vida aparentemente eterno. En aquellas épocas, desarrollar nuevos productos no era una cuestión a la que se daba gran urgencia; cualquiera que fuese el momento en que apareciese el nuevo producto, estaba bien. Ahora no es así. Los fabricados de hoy en día tienen un ciclo de vida de meses, no de décadas. Por muy espléndido que sea el producto, será preferible que la empresa tenga una fila de otros igualmente espléndidos en fase de desarrollo. Si no los tiene, el éxito de la empresa tendrá una duración en mostrador tan corta como la del apio. Hoy en día, el desarrollo de nuevos productos es demasiado fundamental como para dejarlo al azar. Y lo mismo se puede decir de la venta. Los clientes ya no muestran fidelidad; hay que venderles una y otra vez, continuamente. Los modos de trabajar que podían ser adecuados para interesar al nuevo cliente ocasional, fracasan por completo cuando hay que aplicarlos para ganar y volver a ganar a la base de clientes día a día.

En resumen: para tener éxito hoy en día, el fundamental trabajo de desarrollar y vender productos debe estar basado en la estructura y la disciplina; debe dejar de ser circunstancial y pasar a ser metódico. Empleando el lenguaje del capítulo 4: estas actividades informales deben convertirse en procesos sistemáticos hechos y derechos.

Para muchas personas, la potencia y el atractivo de los procesos deriva de su carácter multidepartamental o multifuncional: su aspecto de «conjunto». Al centrarse en la secuencia de-principio-a-fin del trabajo, los procesos derriban los muros de los compartimentos funcionales, eliminando las pasividades, errores, retrasos y costes, que inevitablemente acarrean esas discontinuidades. Al centrarse en el cliente y en el resultado común, el razonamiento de procesos aglutina a todos los empleados de una empresa, y evita las extrañas consecuencias que provocan los incongruentes objetivos de cada departamento y los sistemas de evaluación no alineados. Pero la otra palabra clave en la definición del capítulo 4 era: «Organizada.» La estructura, disciplina y diseño de un proceso, suponen un antídoto contra el caos, la organización es una cura contra la fragmentación.

Al especificar una secuencia precisa de pasos y al indicar quién tiene la responsabilidad de realizarlos, el proceso logra imponer compostura y orden en unas áreas donde de otra manera reinaría el caos. Entre las ventajas obtenidas destacan la repetibilidad, la previsibilidad y la manejabilidad. Los empleados ya no tienen que gastar energías en imaginarse cómo deben realizar el trabajo; ahora pueden concentrarlas en realizar el trabajo en sí. Como resultado, el rendimiento se dispara hacia arriba: cuando no se malgasta el tiempo en esfuerzos inútiles, las tareas se hacen con más rapidez y menos coste.

La disciplina no anula la necesidad de individualismo o creatividad. Todo lo contrario, las estimula, ya que proporciona un marco general para el trabajo individual y eso permite a cada empleado mejorar sus propias actividades. Y la estructura asegura que las partes encajarán en un todo más amplio.

Analicemos el desorden que, en cierta época, afectó a un importante fabricante de sistemas de radio bidireccional, del tipo que utilizan las fuerzas policiales, los departamentos de seguridad, los organismos del gobierno y las compañías eléctricas. Se trata de artículos de un alto precio unitario, fabricados a medida de las necesidades de cada comprador concreto. Y suelen incluir los siguientes componentes: una torre de transmisión, una emisora base, los propios receptores, diversos accesorios y cursillos de formación para los usuarios.

«Vender» esos sistemas, implica mucho más que una comida que paga el vendedor al responsable de compras. Es necesario analizar y determinar las necesidades del cliente. Habrá que diseñar un sistema que cubra esas necesidades, calcular su coste, y evaluar su viabilidad, rentabilidad y coherencia con la estrategia empresarial del fabricante. Después de todo eso, habrá que elaborar una oferta detallada, buscar las personas adecuadas para la labor de puesta en marcha, negociar con el cliente, y mucho más.

Todo ese trabajo no puede ser realizado por una sola persona, por mucho heroísmo y talento que despliegue. Requiere una disciplinada coordinación de las tareas realizadas por muchas partes distintas de la empresa. Sin embargo, hasta hace poco las funciones de venta de este fabricante estaban tan organizadas como la pelea de unos niños por coger golosinas.

Tal como lo percibía otro de los departamentos, la sección de ventas «nunca veía un negocio que no le gustase». Por poco claro que estuviese el resultado, o por incierto que fuese el beneficio, perseguían el posible pedido hasta su más amargo final. Ansiosos por superar a los competidores, los representantes de ventas a menudo ofertaban al cliente un precio, antes de que alguien tuviese la más mínima idea de lo que iba a costar el sistema. (En esta empresa, el lamento común era que lo que se decía en los cinco primeros minutos de la primera visita de venta comprometía a la empresa durante los tres años siguientes.)

A medida que la información sobre las necesidades del cliente iban pasando de un departamento a otro, quedaba emborronada y era objeto de interpretaciones personales. Los empleados que tenían que diseñar realmente el sistema estaban tan alejados del cliente, y la información con la que tenían que trabajar estaba tan distorsionada que para cuando les llegaba, tenían que inventarse su propia interpretación sobre las necesidades del cliente. Las ventajas y desventajas que ofrecían los otros competidores no eran analizadas con la antelación suficiente como para permitir la introducción de algún elemento diferenciador en la propuesta a presentar al cliente. Los directores de producto procuraban influir para que se incluyesen los productos de los que eran responsables, incluso aunque no encajasen muy bien con las necesidades del cliente. Los empleados saltaban de un proyecto a otro; un equipo al que se le había asignado un trabajo con un cliente, al despertar descubría que la mitad de sus miembros habían sido asignados de la noche a la mañana a otro trabajo. No había nadie encargado de dirigir las reuniones del «equipo» de proyectos; el que hablaba más fuerte, prevalecía. El cliente no sabía a qué departamento llamar y, de todos modos, cada empleado con el que hablaba le contaba una historia diferente.

Por muy absurda y autodestructiva que parezca tal conducta, en las empresas actuales, esa situación está más cerca de ser la norma que la excepción. El hecho de que esa clase de empresas consigan vender algo es debido, en gran parte, a unos pocos empleados de excepcional valía que son capaces de sobresalir entre el caos que les rodea. Algún emprendedor representante de ventas se lanza a toda velocidad («No vamos a perder este pedido»). Ese vendedor se convierte en un cruzado, trabaja largas horas recogiendo información, animando a sus colegas, evitando la burocracia, inspirando entusiasmo y confianza y, en general, haciendo lo que es necesario hacer.

En el área de desarrollo de producto, se ha colocado en los altares de la mitología empresarial a otra figura muy similar: el paladín del producto. El paladín del producto, mediante una gran fuerza de voluntad, logra llevar una novedad hasta su fase de lanzamiento, a pesar de todos los esfuerzos de la organización por abortarlo. De hecho, el folklore empresarial cree firmemente que un nuevo producto sólo tendrá éxito si cuenta con un poderoso paladín.

Ambos, el heroico vendedor y el paladín del producto, intentan compensar el caos organizativo a base de dominar las actividades desordenadas y convertirlas en un todo con su propia finalidad. Son sustitutivos de la disciplina y el proceso, pero no pueden tener éxito a largo plazo. Por una razón: los héroes tienen lamentablemente la tendencia a quemarse o a abandonar la empresa. Otra razón: toda empresa debería sentirse alarmada cuando, a pesar de su forma negativa de operar, tiene éxito. El hecho de que la venta necesite héroes y el desarrollo de producto necesite paladines, implica una terrible acusación. Lograr un nuevo producto o una venta importante, no debe ser un raro acontecimiento que dependa de actos personales extraordinarios; debe ser el resultado natural de unos procesos bien diseñados y que funcionan a la perfección.

Las acciones de venta de ese fabricante carecían de disciplina y procesos, al igual que las acciones de venta, de desarrollo de producto y de otros campos, de muchas otras empresas. Muchas empresas todavía trabajan bajo la falsa idea de que esos conceptos de disciplina y procesos sólo se aplican a las actividades de apoyo administrativo, tales como compras, cumplimentación de pedidos y atención a las consultas de los clientes. Creen que si se impone, de algún modo, disciplina y estructura al trabajo creativo —desarrollo de nuevos productos, creación de campañas de marketing, venta de productos y servicios a los clientes— puede inhibir a esos empleados y forzarles a entrar en un estrecho cubículo del que no podrán escapar. Esas empresas asocian y equiparan los conceptos de disciplina y procesos con los de burocracia e inflexibilidad. Nada más lejos de la realidad. La disciplina y el trabajo en equipo son tan valiosos en las tareas creativas frontales (cara al exterior), como en las actividades de apoyo administrativo (de trastienda). La anticuada forma de vender que tenía el fabricante de sistemas de radio carecía de ambos elementos. Cada uno de los muchos empleados que intervenía tenía su propia agenda, y no existía ninguna forma globalizadora de venta que sirviese para aglutinar la labor de todos.

Pero en su momento, la disciplina y los procesos llegaron a esas acciones de venta. Los directores de la empresa detectaron y diagnosticaron su descuidada forma de hacer negocios e identificaron sus fallos más fundamentales, que iban desde una difusa manera de tomar las decisiones hasta una ininteligible comunicación con el cliente. A continuación, diseñaron una fórmula precisa de veinticinco pasos, que debía ser aplicada a cada nueva oportunidad de venta. Se trata de una fórmula que merece la pena analizar para comprender mejor la forma en que la estructura de procesos sirve para domesticar a la fiera del caos.

El proceso se inicia cuando un representante de ventas detecta o identifica una oportunidad de venta. En lugar de que cada paso del proceso sea realizado por una persona distinta, desde el principio se organiza un equipo que analizará y estudiará la oportunidad. Ese equipo incluye al vendedor responsable de esa cuenta de cliente, que estará acompañado por personal del grupo de productos, de ingeniería, integración de sistemas, contratos, y de otros departamentos clave de la empresa. Todos ellos colaboran en los primeros cinco pasos del proceso:

1. Trabajar con el cliente para obtener todos los detalles sobre esa oportunidad, elaborar una perspectiva general acerca de la naturaleza del cliente y de sus necesidades; esta información será utilizada en todos los pasos siguientes.
2. Examinar la oportunidad en el contexto de las capacidades y planes de la empresa. ¿Esa oportunidad encaja con la estrategia técnica y empresarial de la empresa? ¿Tenemos capacidad para dar al cliente lo que necesita? ¿Este proyecto se puede llevar a cabo en el plazo de tiempo que exige el cliente?
3. Análisis de los competidores: ¿Cómo enfocarán esta oportunidad los otros proveedores? ¿Tenemos probabilidades de conseguir este proyecto? ¿Cómo debe reflejar nuestra propuesta los puntos fuertes y las debilidades de los competidores?
4. Elaborar un estudio económico preliminar. El estudio debe ser una estimación aproximada, aunque completa, del coste del proyecto, de las ventas que generará y de su aportación a los beneficios de la empresa.

5. A la luz de todos esos factores, se decidirá la prioridad a conceder a ese proyecto. Si tenemos posibilidades reales de conseguir el proyecto, ¿lo deseamos? ¿Representa una buena forma de utilizar nuestra energía? En este momento, se debe decidir abandonar los proyectos poco prioritarios, a fin de conservar recursos para las mejores oportunidades.

Entre los pasos seis y once se profundiza aún más en el estudio de las necesidades del cliente y se prepara una estrategia para el proyecto.

6. Reunir un equipo de proyecto multidisciplinario que incluya los conocimientos especializados más relevantes (ingeniería, ventas, márketing, finanzas y similares). A ese equipo se le asignará una tarea: gestionar la oportunidad durante todo el trayecto hasta su exitosa conclusión. Habrá que proporcionarle recursos para asegurar que el equipo no se verá privado de sus miembros.

7. Detallar y afinar las necesidades del cliente, mediante entrevistas y discusiones a fondo con el propio cliente.

8. Determinar los riesgos asociados con el intento de conseguir esta oportunidad, desde las incertidumbres tecnológicas a la reacción de los competidores.

9. Finalizar el estudio económico en base a toda la información recogida hasta el momento.

10. Presentar la estrategia del equipo para que sea examinada por la alta dirección. Si no recibe la aprobación, se abandona el proyecto.

11. Tratar con el cliente para comprobar nuevamente que se han entendido exactamente sus necesidades. Corregir las inexactitudes.

En los seis pasos siguientes, la empresa deberá invertir considerables recursos en el desarrollo de una solución para las necesidades del cliente.

12. Asignar todos los recursos adicionales que sean necesarios.

13. Preparar y evaluar varios diseños alternativos para la solución. Seleccionar el que va a ser propuesto.

14. Realizar un análisis de los posibles enfoques que pueden dar a esa oportunidad los competidores y el precio que cotizarán.

15. Actualizar el plan de riesgo empresarial, aclarando las situaciones que pueden hacer fracasar el proyecto.
16. Preparar y revisar varios ejemplos de pérdidas-beneficios.
17. Elaborar la propuesta formal que será presentada al cliente, y hacer que sea revisada y aprobada por todas las partes interesadas.

Los cinco pasos siguientes culminan la estrategia del proyecto y presentan la propuesta:

18. Examinar la Solicitud de Propuestas (SDP) formal, que habrá presentado el cliente. Tener cuidado y, en lugar de que la aparición repentina de la SDP nos coja desprevenidos, la empresa deberá haber estado considerando su enfoque durante todo ese tiempo y estar preparada para reaccionar con celeridad cuando al fin aparezca la SDP. Si es necesario, habrá que modificar la estrategia del proyecto para adaptarla a la SDP definitiva. Si la SDP es muy diferente a lo que se había previsto, se abandonará el proyecto.
19. Revisar el diseño técnico propuesto y los servicios de asistencia relacionados, para adaptarlos a la SDP.
20. Finalizar la propuesta que va a ser remitida.
21. Redactar la propuesta en un documento formal.
22. Tras la revisión y aprobación final por todas las partes interesadas, presentar la propuesta al cliente.

Los tres últimos pasos del proceso se darán sólo después de que el cliente haya decidido aceptar nuestra propuesta:

23. Negociar los detalles del contrato. Esto se hace para asegurar que las responsabilidades de la empresa están claramente redactadas, a fin de evitar posteriormente posibles demandas «gratis» de servicios costosos.
24. Efectuar un estudio «post-morten» del proyecto, para detectar lo que se hizo bien y lo que funcionó mal.
25. Informar al resto de la empresa de todo lo que se ha logrado conocer acerca de los competidores, debido al proyecto.

Éste es el cierre de un proceso meticulosamente diseñado. Nuestra finalidad no es analizar todos sus detalles, sino mostrar simplemente cómo se puede aplicar la disciplina hasta en áreas «creativas» y aparentemente no estructuradas, como la de ventas.

Algunos profesionales experimentados de la venta, pueden afirmar que este proceso no tiene nada innovador, ni destacable. Incluso pueden asegurar que es lo básico de las actividades de venta. Pero ésa es exactamente la cuestión. Cualquier proceso es mejor que no tener ningún proceso. Antes de que la empresa fijase de modo formal esos veinticinco pasos, cada oportunidad de venta se gestionaba de un modo distinto. A veces, se descuidaban algunos pasos importantes y se hacían las cosas sin ningún orden. Por ejemplo, la revisión a realizar por la alta dirección se esquivaba o se efectuaba más tarde, mucho después de que la empresa hubiese invertido despreocupadamente grandes sumas de dinero en un proyecto no-ganador. Los precios se ofertaban demasiado pronto. Se luchaba arbitrariamente por conseguir proyectos que no se correspondían con los intereses a largo plazo de la empresa. Al implantar el proceso, se logró que en todos los casos, sin excepción, se siguiesen todos los pasos requeridos. Lo que anteriormente pertenecía al campo de la suerte y la inclinación personal, se convirtió en territorio del formalismo y la estructura.

Con este método, se ha mejorado considerablemente el rendimiento de las ventas. La empresa gana más en los proyectos en los que puja; una tasa un 15% superior a la que obtenía antes de la implantación del proceso. Además, ya no se derrocha ni tiempo ni dinero en proyectos inapropiados o sin esperanza. Esta empresa es ahora una organización mucho más eficaz, y más rentable también. Según mis estimaciones, el beneficio unitario ha aumentado un 500% como resultado de una mejor fijación de precios, una creciente cuota de mercado y una asignación más inteligente de los recursos.

Algunos pensarán que será difícil aplicar estas experiencias a un amplio número de empresas. Desde luego, no todas las empresas venden productos tan complejos como los sistemas privados de radio bidireccional. Eso es cierto, pero la venta de esa clase de sistemas se está convirtiendo en norma para muchos sectores industriales. Por ejemplo, vender bienes de consumo a un supermercado ya no es simplemente una labor de tomar los pedidos. Requiere la preparación de un plan de promoción y publicidad, la elaboración de una lista de precios variables que premie las ventas de mayor importe, implantar un programa de gestión de stocks administrado por el proveedor, y la capacidad para resolver muchas otras cuestiones. Como los productos vienen arropados por servicios de valor añadido (un tema del que hemos tratado en el capítulo 3), vender cualquier producto resulta mucho más complejo y exige mucha más disciplina.

Muchas otras empresas están también aplicando estructura y disciplina a las ventas y recogiendo grandes recompensas como resultado. Por ejemplo, BellSouth ha adoptado un enfoque de proceso para la venta de espacio publicitario en sus Páginas Amarillas. El diseño del proceso refuerza actitudes tales como una perspectiva a largo plazo de las relaciones con los clientes, la asignación de una oportunidad de venta al vendedor mejor cualificado para gestionarla, y la recogida de datos sobre el cliente y su utilización para fines estratégicos. El proceso ha logrado también transformar lo que eran una serie de conflictos interdepartamentales, en un conjunto de actividades integradas que son realizadas por un equipo compuesto por personal de diversos departamentos. Los ciclos de tiempo se han reducido en dos tercios, se ha disminuido drásticamente la necesidad de repetir trabajos mal hechos, y se han eliminado por completo las urgencias de última hora, todo lo cual ha producido una mayor satisfacción del cliente y la reducción de costes. A principios de la década de los 90, Electronic Data Systems (EDS) puso en marcha un proceso disciplinado de ventas, denominado Venta de Valor Estratégico (VVE), que fue uno de los elementos clave con los que la empresa logró un aumento del 93% en las ventas entre 1996 y 1997.

Merece la pena insistir de nuevo en que la estructura no transforma en autómatas a los empleados. Todo lo contrario, les ofrece más libertad: La disciplina proporciona un marco general que asegura que las actividades creativas, y que exigen alto talento, van a ser realizadas por las personas adecuadas, en el momento adecuado, con la información adecuada. Sin embargo, para ello se requiere cambio y adaptación. Los representantes de ventas ya no pueden operar como lobos solitarios. Tienen que aprender a seguir un proceso, a trabajar en equipo y a refrenar sus impulsos de improvisación. Esta adaptación no siempre es fácil, y la alta dirección debe asegurarse de que el proceso se cumple realmente. En EDS, el vicepresidente advirtió a la plantilla de ventas, en tono ligeramente amenazador: «Puede estar muy bien obtener un contrato mediante la VVE (venta de valor estratégico), pero será mejor no perder un contrato sin VVE.» (Quizá la parte más capciosa de esta advertencia, se centre en la palabra «puede».) No debe sorprender que el departamento de ventas aprendiese rápidamente a apreciar la potencia y la belleza de la VVE.

Lo que estas empresas han hecho con las ventas, otras lo han hecho en desarrollo de producto. Tenemos un buen ejemplo de ello en Caterpillar, el fabricante de maquinaria pesada para la construcción. Caterpillar ha rediseñado su forma de dirigir lo que denomina INP (Introducción de Nuevos Productos). Este proceso se compone ahora de cuatro fases principales:

1. Estrategia

Un equipo multidepartamental compuesto por analistas económicos, ingenieros, y otros, se hace cargo del lanzamiento de un nuevo producto. El equipo se reúne con clientes y concesionarios para identificar las necesidades, desarrollar las exigencias para el producto, y establecer sus objetivos empresariales.

2. Concepto

El equipo toma las exigencias del cliente y las traduce en especificaciones técnicas, determina la nueva labor de desarrollo que requerirá, y prepara un plan empresarial que debe abarcar las propuestas de: márketing de producto, fabricación, precios y futura asistencia técnica. Todas esas propuestas son desarrolladas desde el principio, con objeto de que más tarde la empresa no se encuentre con que ha desarrollado un producto que no se puede vender, o para el que no hay disponible asistencia técnica. Comprobación de la realidad: los ejecutivos de Caterpillar revisan el plan para determinar si es viable y coherente con los criterios de la empresa acerca de nuevos productos.

3. Desarrollo

Aquí es donde se invierte la partida más considerable del dinero. Trasladar el concepto a un diseño real, requiere un enorme esfuerzo y una revisión continua para asegurar que será adecuado y completo. Las revisiones son rigurosas. En Caterpillar se considera totalmente aceptable abandonar un proyecto que no cumple los criterios objetivo.

En otras empresas menos coherentes, un producto en embrión pronto adquiere vida propia. Una vez el equipo ha aceptado la responsabilidad sobre el proyecto, sus miembros tienen interés propio en arroparlo a todo lo largo y hasta su amargo final. Aunque parezca destinado al fracaso, el equipo se esforzará por sacarlo adelante confiando en la divina intervención. Tienen todos los incentivos para luchar e intentar evitar su cancelación. En la mayoría de las culturas empresariales, todo empleado que ha intervenido en un proyecto cancelado queda contaminado con un aura de fracaso, y ya no tiene asegurada su vuelta al carril rápido o, de hecho, a algún carril. Mejor aferrarse a un proyecto perdedor que no tener ninguno.

No hay que insistir en que esta mentalidad conduce a unos proyectos de desarrollo de producto tipo «zombie» —no están ni vivos ni muertos— que no se corresponden con los mejores intereses de la empresa.

La revisión sistemática de Caterpillar (llamada «puerta del escenario») es un antídoto ante el riesgo industrial de perpetuar las ideas chapuceras. Y lo más importante, el realismo de la empresa se ve reforzado por un precepto cultural que, sentenciando, dice: «Eliminar un proyecto que al final va a fracasar es un éxito, no un fracaso.» Es un éxito porque evita la locura de apostar buen dinero por un caballo muerto. Para reforzar esa actitud, los equipos que pueden demostrar que un proyecto no tiene futuro y tienen el valor de confesarlo, saben que serán asignados a nuevos proyectos. Resumiendo: en Caterpillar merece la pena ser sincero.

La fase de desarrollo requiere la realización de muchos análisis y simulaciones que terminan con la construcción de un prototipo del nuevo producto: una versión de la máquina que pueda ser sometida a pruebas en el laboratorio. Una vez efectuadas las pruebas, el diseño se pule y revisa para asegurar que se lograrán los objetivos de rendimiento y costes. Luego, Caterpillar comprueba si todo está preparado para el nuevo producto. ¿La organización de márketing está en marcha? ¿El departamento financiero está preparado para apoyarlo? ¿El sistema de distribución está a punto? Al final de esta fase, y a la luz de los nuevos planes y evaluaciones, el proyecto se revisa una vez más. Si persisten problemas importantes, todavía no es tarde y se puede cancelar el proyecto.

A continuación, Caterpillar produce un número limitado de unidades del nuevo producto y los lleva al mercado para probarlas. Los clientes utilizan esos primeros productos para trabajos reales, de modo que Caterpillar puede estar seguro de que cubren las necesidades de los clientes y de que el producto posee la calidad y fiabilidad exigible.

4. Producción y asistencia técnica

Al final, el producto es presentado a la base de clientes. La producción aumenta, y todo está preparado para fabricar y distribuir el nuevo modelo en grandes cantidades.

Nada de lo expuesto anteriormente es especialmente complicado o sorprendente, pero la determinación de Caterpillar por coordinar sus nuevos productos le ha proporcionado grandes beneficios. Anteriormente, la empresa tardaba siete u ocho años para crear un nuevo producto; ahora sólo se tardan tres años, o menos, desde la concepción hasta el cliente. Por ejemplo, un camión de 360 toneladas «off-highway» fue desarrollado en dieciocho meses. Esto permite a la empresa pulsar el gatillo más rápidamente y reaccionar con más prontitud a los cambios del mercado. (Es interesante destacar que existen bastantes similitudes entre el proceso de venta del fabricante de sistemas de radio y el proceso de desarrollo de productos de Caterpillar. A un cierto nivel de abstracción, el proceso es el mismo, tanto si se desarrollan productos como si se desarrollan ventas.)

¿Por qué razón, exactamente, la disciplina conduce a esa clase de aceleración?

Primera, porque se dan los pasos adecuados en el momento adecuado. No hay necesidad de detener el proceso y retroceder para hacer alguna tarea que se ha olvidado, porque no se sigue ningún proceso. No existe ninguna desconexión ni conflictos problemáticos, cuyo resultado es: errores, retrasos sin sentido, y repetición del trabajo mal hecho.

Segunda, porque al recibir el feedback del cliente en las primeras fases, se garantiza que el diseño satisfará las necesidades del usuario final, y no las fantasías especulativas internas de la empresa. Y si los directores hacen intervenir a personal de márketing y de fijación de precios a lo largo de todo el desarrollo, pueden confiar en que el producto final quedará posicionado para venderse bien y obtener un buen beneficio. Como resultado final, los productos que llegan al mercado tienen muchas más probabilidades de ser un éxito para el fabricante y los clientes.

Muchas empresas han empezado a aplicar al desarrollo de productos la disciplina de procesos. Por ejemplo, Eli Lilly ha reducido en más del 50% el tiempo total que tarda para transformar un descubrimiento científico en un medicamento real. IBM ha recortado en un 75% el tiempo necesario para llevar al mercado los nuevos productos de hardware.

Si hay algún campo que se podría considerar impermeable a la disciplina, ese será el de desarrollo de software para ordenadores. La forma en que se lleva al mercado la mayoría del software hace que, incluso el más descuidado desarrollo de productos típico en otros sectores, parezca positivamente rígido.

Los desarrolladores de software son generalmente considerados (en especial, por ellos mismos) como cowboys y espíritus libres. Puede que posean enorme talento, pero muestran muy poco interés por las normas y la disciplina. Tradicionalmente, han considerado que su trabajo es creativo, una expresión artística, y no una actividad similar a la ingeniería.

La palabra «caos» es demasiado suave para describir la forma en que la división Software Engineering División, de Hewlett-Packard, solía producir su nuevo software. Un gran número de ingenieros trabajaba en un aislamiento espléndido, siguiendo a sus propias musas particulares. A menudo, empezaban a escribir un nuevo programa antes de que sus especificaciones estuviesen debidamente establecidas. Las características se añadían o eliminaban atropelladamente. Algunos pasos fundamentales, como el análisis de las necesidades del cliente, se podían hacer, o no; todo dependía del humor de alguien; y si se realizaban, podrían serlo después de que el software estaba ya completado en su mayor parte. Las pruebas y tests se efectuaban inevitablemente en un estilo de crisis de última hora, cuando los programadores intentaban frenéticamente sacar al exterior sus creaciones. Rara vez se han reunido tantas personas inteligentes para crear un grupo tan estúpido.

No debe sorprender que, en aquella época, el nuevo software de Hewlett-Packard llegase, invariablemente, tarde, lleno de errores y con un gasto superior al presupuestado. A mediados de la década de los 90 el director ejecutivo de la empresa, Lewis Platt, estimaba apesadumbrado que el 70% de los problemas graves que llegaban a su mesa de despacho eran problemas de software.

Los directores consideraban que intentar resolver aquellos problemas era como intentar conducir un rebaño de gatos. Durante un cierto tiempo, los directores de división aceptaron simplemente esa clase de ruinoso desorden como una cualidad inherente a la naturaleza del software. Pero luego, varios años más tarde, se rebelaron. Decidieron que el caótico desarrollo del software no era inevitable. De modo que prepararon un proceso disciplinado y lo presentaron a los escritores de software. El proceso concatenaba todas las facetas de la creación de software, desde el diseño hasta las pruebas y test, y la estandarización. Ponía el acento en que había que identificar desde el principio las necesidades del cliente, que los programas debían estar basados en el análisis y no en conjeturas, que los tests y comprobaciones necesarias se debían realizar en el momento adecuado para ello, que el progreso debía ser objeto de un seguimiento riguroso, y que los defectos debían ser detectados y tratados mejor antes que después. El nuevo proceso estaba supervisado mediante un riguroso sistema de medición y evaluación, lo que garantizaba la repetibilidad y previsibilidad del proceso.

Para demostrar su compromiso por la disciplina, los directivos de HP cometieron lo que en software se considera una herejía. En el mundo del software, siempre se determinaban primero las características; eran las que definían el producto. Además, la programación siempre cedía para amoldarse a las características. En cuanto a los procesos, no había ninguno. Ya no es así. Ahora, en HP reina el proceso. Los directores explicaron a su personal que el proceso se debería establecer antes que la programación y que la programación vendría antes que las características, que surgirían del propio proceso en sí. Adoptar y cumplir este nuevo proceso no era opcional, sino obligatorio. Tal como el director de la unidad de software explicó a su personal: «La aceptación del proceso es parte del plan de continuación del sueldo.»

Tal como era de esperar, algunas de las unidades de software con espíritu más libre, percibieron ese proceso como un retroceso a la cadena de montaje de Ford, o hasta las oscuras y satánicas fábricas de la Revolución Industrial. Afirmaban que el nuevo sistema iba a convertirles en esclavos, que trabajarían en unas condiciones poco mejores que las de los «chicos del botijo» de los años 1820.

Los directivos del cambio les explicaron que no era así; que el objetivo no era paralizar su creatividad, sino fortalecerla. Siguiendo un proceso estructurado, podrían ser creativos de un modo más eficaz e importante. Su misión consistía en ser creativos sobre el producto, y no sobre el proceso.

En su inquietud, los espíritus libres habían expresado una equivocación muy corriente. La oportunidad de improvisar y desarrollar unas formas especiales de trabajar podía parecer una libertad, pero en realidad es una carga. Condena a los empleados a una vida de constantes conflictos acerca de quién se supone que debe hacer una tarea y cuándo. De hecho, la falta de procesos trastorna el trabajo creativo. Por contra, la disciplina y la estructura canalizan y apoyan la energía creativa. Liberan a los empleados para centrarse en el trabajo que mejor saben hacer, sin tener que preocuparse por la forma en que debe ser organizado.

Los directores de HP tienen una manera muy interesante de calcular el nivel y cantidad de procesos que necesita una empresa. Afirman que, cuando hacen falta empleados excepcionales para realizar tareas ordinarias —si requiere grandes héroes para realizar tareas que debían ser rutinarias— la empresa no tiene los procesos suficientes. Por otra parte, la empresa tendrá demasiados procesos cuando los empleados excepcionales, a veces, no pueden realizar tareas excepcionales: cuando el proceso se convierte en una camisa de fuerza que reduce y limita al personal. La realidad es que hay muchas más empresas que funcionan mal por tener menos procesos de los necesarios, que por tener demasiados. La mayoría de las empresas operan en condiciones más cercanas al caos que a la rigidez.

En HP recogieron grandes recompensas por su firme disposición a domesticar a la fiera del desarrollo de software. El plazo medio que se tardaba en llevar al mercado un producto de software se redujo en más del 50%. La cantidad de software producido (evaluado en líneas de código) descendió más del 10%, simplemente porque se dejaron de incluir las características inútiles; de ese modo, el software era más fácil de producir y de mantener. Ahora, la producción de software se realiza bajo presupuesto y con una programación, términos que antes nunca se habían escuchado. Y la calidad también mejoró considerablemente. Y se redujo a cero el número de gusanos (bugs) graves en el software de HP. Y todo esto se logró sin disminuir la potencia y el carácter innovador en la línea de software de HP.

Además de las mejoras directas de rendimiento, la introducción de la estructura y disciplina en unos entornos anteriormente caóticos proporcionó otras ventajas más intangibles. Una de ellas consiste en que el trabajo ahora es más reproducible, más previsible y menos dependiente del heroísmo, la suerte y el talento extraordinario. La empresa ya no necesita empleados que sean capaces de realizar las tareas, a pesar del sistema. La disciplina permite a los empleados ordinarios crear resultados extraordinarios, a base de aprovechar mejor sus talentos y capacidades. De ese modo, la empresa es menos dependiente (ya no es tan rehén) de un pequeño grupo de talentos, que muchas veces saben muy bien que son casi indispensables. El personal con capacidad y talento sigue siendo importante, pero ya no son los que marcan la diferencia entre el miserable fracaso y el gran éxito.

Una empresa que depende de sus héroes, si de repente ésos se marchan de la empresa, puede encontrarse en una desesperada situación. Sin embargo, un proceso disciplinado pertenece a la empresa; si algunos empleados se marchan, se puede contratar a otros para que ocupen su puesto en el sistema.

La disciplina permite también gestionar a la empresa (en muchos casos, por primera vez). El caos no se puede gestionar realmente; como máximo, se puede ver, observar. Para ilustrar este hecho, basta con visitar una empresa que no ha adoptado un enfoque de proceso para la venta o el desarrollo de producto, y plantear algunas preguntas básicas: ¿A qué punto o fase se ha llegado en un determinado proyecto? ¿Cuál es su probabilidad de éxito? ¿Cuántos contratos se cerrarán en los próximos sesenta días? ¿Cuántos productos estarán dispuestos para ser enviados a los clientes en los siguientes seis meses?

Sin disciplina, esas preguntas no sólo no tienen respuesta, sino que en esencia carecen de significado. Si no existe una serie de fases bien definida que haya sido marcada por un desarrollo estructurado, la empresa carece de medios para conocer en qué fase está. Por contra, con disciplina la empresa ya no es un juego de dados. Es un elemento susceptible de ser medido, gestionado, controlado y mejorado.

Pero todas esas ventajas no se obtienen gratis. Hay que conseguirlas pagando el precio de un gran cambio cultural en la organización. Para lograr un enfoque disciplinado, hace falta que todos los empleados de una empresa, tanto los directores, como los empleados de base, adopten una nueva perspectiva, un nuevo conjunto de actitudes.

Posiblemente, para muchos empleados lo más difícil será aceptar la importancia de la disciplina. Muchos trabajadores de gran talento, cuya carrera ha transcurrido en entornos creativos (léase «caóticos»), han aprendido que su impulso e inteligencia personal es lo que les lleva al éxito. Para esa clase de personas es durísimo admitir que la improvisación y el trabajar por su propia cuenta son la marca, no de un empleado de alto rendimiento, sino de un empleado de mal rendimiento. El vendedor que opina que atravesar los muros y luchar a brazo partido es la clave para el éxito, encontrará descorazonador que se le recuerde que hay unas reglas a seguir y que el talento personal no tiene encaje en ese contexto. Los empleados deben también aprender a aceptar la nueva primacía de los equipos. Ya no es el lobo solitario, el genio inspirado, el único que aporta valor y el único héroe del cuento. Ahora, lo es el grupo: todos los empleados que trabajan unidos para lograr el resultado.

Todo eso implica una adaptación que, para muchas personas, será extraordinariamente difícil de realizar. La cultura americana hace mucho tiempo que ha idealizado al cowboy, al explorador y al inventor que se afana en su solitario taller. A veces más imaginarios que realmente históricos, esos personajes valerosos siguen profundamente arraigados en nuestra consciencia.

En muchas culturas de empresa, todo ese bagaje hace que el proceso resulte muy difícil de «vender», por muy ventajosas que sean sus promesas. Algunos empleados creerán, sinceramente, que la introducción de procesos y de disciplina destruirá la creatividad y eliminará todo aquello que anteriormente ha traído el éxito a la empresa. Otros se sentirán amenazados, por temor a no ser capaces de rendir adecuadamente en el nuevo sistema. O puede que, simplemente, se sientan devaluados por el propio sistema. Algunas de esas inquietudes son válidas. No todos los empleados serán capaces de efectuar la transición hacia un entorno disciplinado. Algunos carecerán del estilo y de los conocimientos y técnicas que el nuevo proceso requiere. Incluso, habrá otros que podrían tener éxito en el nuevo sistema, pero que decidirán no aceptarlo y votarán con los pies.

En Hewlett-Packard, la rotación del personal en la unidad de software se triplicó durante un cierto tiempo posterior al gran cambio. Los empleados que abandonaban la empresa, eran los incorregibles que no podían, o no querían, adaptarse a la nueva forma de trabajar. Pero los que se quedaban estaban satisfechos, y quizá sorprendidos, por los resultados. Hewlett-Packard realiza cada año una encuesta sobre la moral de los empleados. En una de ellas, efectuada después de la introducción de la disciplina (y después del éxodo de los resistentes al cambio), la división de software registró el «espíritu» más elevado de todas las unidades de la empresa. Los empleados aseguraban que ahora podían trabajar más eficazmente y que disfrutaban de su trabajo mucho más que anteriormente. La idea de que la disciplina canaliza la creatividad, en lugar de limitarla, no es simplemente retórica, sino una realidad.

¿Cómo se logra todo eso? El ingrediente fundamental es un liderazgo firme de los ejecutivos y un reforzamiento constante. Un informe o recordatorio comunicado de vez en cuando, no sirve para nada. La nueva manera de razonar y actuar deberá ser repetida y exigida infatigablemente por los directivos de la empresa, que deberán dejar bien claro ante todos que no habrá vuelta al pasado.

El cambio cultural deberá ser también reforzado mediante reajustes en el sistema de remuneración de los empleados. El sistema de remuneración puede estimular el cambio y transmitir la señal indicadora de las actitudes que ahora se consideran importantes. Incluso aunque los empleados obtengan el resultado apropiado, no se les deberá recompensar cuando lo hayan obtenido de la forma no apropiada. No tardarán mucho en darse cuenta de dónde está su verdadero interés. Comprenderán que el ser un espíritu libre puede resultar divertido y personalmente realizador, pero que ya no ofrece resultados.

La innovación no tiene por qué ser sinónimo de caos, ni las ventas deben depender del heroísmo. En un mundo donde los productos quedan obsoletos de la noche a la mañana y hay que ganarse a los clientes cada día, no podemos permitir que esos trabajos dependan de la suerte, porque la suerte tiene la desagradable costumbre de abandonarnos cuando más la necesitamos. Mark Twain dijo: «El mayor de todos los inventores es la casualidad.» Sin embargo, nosotros debemos utilizar los procesos para lograr que eso sea mentira. El proceso es claridad, no burocracia. La ausencia de procesos no es libertad, sino anarquía. La elección no es difícil.

Principio 4 de La Agenda

Domesticar a la fiera del caos con la fuerza del proceso

—Darse cuenta de lo que los héroes y los paladines son realmente indicadores de una disfuncionalidad.

—Apoyar la creatividad de los empleados mediante la fuerza de los procesos.

—Lograr, por medio de un diseño detallado del proceso, que la innovación sea repetible.

—No permitir que los empleados afirmen que la creatividad no encaja bien en los procesos.

—Comprometerse firmemente con la disciplina y el trabajo en equipo.

—Aceptar el hecho de que no todos los empleados lo aceptarán.

Capítulo 6

Medir y evaluar lo que nos interesa

La evaluación debe formar parte de la gestión,
no de la contabilidad

En el mundo de la teoría económica, la medición y evaluación son una importante herramienta de gestión. Se supone que la medición y evaluación deben proporcionar a los directores una valiosa información actualizada sobre el rendimiento de la empresa, una información que podrán emplear para tomar decisiones eficaces para mejorar el rendimiento de la empresa. Sin embargo, en la vida real los sistemas de evaluación de la empresa normalmente suelen presentar un revoltijo de datos casi irrelevantes que cuantifican prácticamente todo lo que está a la vista, por poco importante que sea; es decir, carente de fundamento y razón; es decir, tan voluminoso que resulta inutilizable; es decir, presentada tan tarde que ha perdido casi toda su utilidad; es decir, que languidece en libros de publicaciones e informes, sin ser aplicada para ninguna finalidad determinada. Quitando eso, nuestros sistemas de medición y evaluación están bien.

En resumen, los sistemas de medición y evaluación son una chapuza.

He recogido una serie de comentarios efectuados por varios directivos, con el único objeto de mostrar la situación de los sistemas de mesura y evaluación en las empresas de hoy en día:

—«Sólo utilizamos el 2% de los datos que medimos. El resto es CYA.» Las empresas gastan enormes cantidades de tiempo y dinero en efectuar mediciones y evaluaciones, y no saben qué hacer con la mayoría de ellas. Una empresa de telecomunicaciones efectúa más de 10.000 evaluaciones y mediciones de la actividad a todo lo largo de la empresa que, en su mayor parte, nunca se examinan ni se utilizan.

—«Somos los reyes de lo micro. Medimos y evaluamos el ciclo de tiempo de la adquisición de clips para papel.» Muchas empresas no tienen ni idea de lo que deben medir y evaluar, por lo que la falta de sustancia se sustituye con la apariencia de precisión. Miden lo que les resulta fácil de mesurar, tanto si es importante como si no lo es.

—«Si necesita saber el nivel de existencias que había en mi empresa el 2 de marzo, se lo diré a mediados de abril.» Para cuando los datos que proporcionan los actuales sistemas de medición y evaluación son presentados a los directores que se supone van a utilizarlos, son ya obsoletos, no están actualizados.

—«Medimos demasiadas variables y obtenemos demasiado poco de lo que medimos, porque nunca hemos definido expresamente lo que necesitamos hacer mejor y porque las variables implicadas no están conectadas entre sí para servir de apoyo a una toma de decisiones de más alto nivel.» Los actuales sistemas de mesura y evaluación muestran un diseño muy poco elaborado. Las empresas recogen datos de medición y evaluación, sin tener definida una clara finalidad para dichos datos y sin tener realmente ni idea de lo que representa o comunica la información medida y evaluada.

—«Los directivos de empresa no se concentran en los sistemas de medición y evaluación, porque en la facultad de empresariales les suspendieron en contabilidad.» A pesar de que muchos directores hablan «de boquilla» sobre la eficacia de los sistemas de evaluación, en realidad los consideran más como un elemento añadido a la empresa que como parte integrante de ella. Para esos directores, la empresa es cuestión de crear y fabricar productos, de relacionarse con los clientes, de vender y entregar los pedidos y de cobrar las facturas, mientras que los sistemas de medición y evaluación son cosa de los contables y controladores: de los que se dedican a contar alu-

bias. Consideran que los sistemas de evaluación son una herramienta para los forenses y no para los médicos; para los
que efectúan la autopsia sobre los resultados de la actividad
empresarial, pero no para los que se interesan por la empresa
que vive y respira.

—«Es difícil realizar correctamente las mediciones y evaluaciones, porque nuestros ejecutivos no creen que son importantes.» Entre muchos directores predomina una cierta especie de machismo, en el sentido de: «¡¡Un verdadero ejecutivo
no necesita sistemas de evaluación!!» Parece que estos ejecutivos se creen capaces de saber todo lo que ocurre en la
empresa sin necesidad de basarse en hojas impresas con datos;
y que, para ellos, prestar demasiada atención a los aspectos
medidos, representa admitir una debilidad. Creen que su experiencia de primera mano y su valiente visión de futuro, son
los requisitos clave para un liderazgo eficaz; y que los sistemas de medición sólo los necesitan aquellos espíritus que, incapaces de conectar con el corazón de la empresa, se refu-
gian bajo la tenue sombra que la empresa lanza sobre la hoja
de cálculo de contabilidad. Es posible que esa clase de ejecutivos cumpla con el ritual de evaluar su empresa, pero se tratará de un simulacro vacío de contenido.

En realidad, la precaria situación de la mayoría de los sistemas
de evaluación no debería sorprendernos; resulta casi inevitable si
se tiene en cuenta la génesis y la evaluación de esos sistemas. El
primero de sus fallos está en su naturaleza, que es abrumadoramente financiera. Los sistemas de evaluación fueron inicialmente
desarrollados para facilitar a la empresa la labor de comunicar sus
resultados a los accionistas y organismos fiscales; posteriormente,
fueron inapropiadamente forzados a servir como apoyo para la
toma de decisiones de los directivos, tarea para la que no tienen
ninguna utilidad, en su mayor parte. Cuando un director sabe el nivel de ventas, costes y beneficios, conoce lo que ha ocurrido en la
empresa, pero no sabe cómo obtener mejores resultados en el futuro. Cuando el director admite que los costes son altos, las ventas
bajas y el beneficio descendente, sabe que hace falta tomar medidas, pero no conoce qué clase de ellas tomar.

Las medidas de carácter financiero: rentabilidad total, rentabilidad sobre inversiones, cash flow descontado, o cualquiera de las

otras medidas técnicamente complejas utilizadas por los ingenieros financieros, dicen al director muy poco de lo que necesita saber acerca de su empresa. Utilizando un cliché muy gastado, «utilizar las medidas financieras para gestionar una empresa, es como conducir un coche mirando por el espejo retrovisor». O como intentar dirigir hoy un partido de béisbol utilizando las anotaciones ganador-perdedor del año pasado para elegir entre tiro o bandera, o para mantener al lanzador inicial o sustituirlo por otro.

El segundo de los fallos de los tradicionales sistemas de evaluación consiste en que los factores no financieros están fragmentados, despiezados y privados de toda lógica subyacente interna. Fueron desarrollados cuando los superiores exigieron a los directores de departamento la mejora del rendimiento de sus diversos campos de acción. Con esa finalidad, los directores inventaron sistemas para hacer seguimiento del nivel de rendimiento de su personal; así, midieron los costes, la precisión, la rapidez y la productividad, utilizando muchas veces docenas de variables. Como rara vez comprendían la finalidad para la que servían esos datos, en vez de calidad ofrecieron cantidad y multiplicaron el número de factores que se medían, con la esperanza de que al menos algunos fuesen significativos. Los directores recogían aquellas estadísticas con la infundada creencia de que, si sus empleados rendían bien en esos factores, la empresa en su conjunto podría alcanzar sus objetivos generales. Esto no era más que una esperanza vana y sin sentido, porque nunca se establecía alguna conexión explícita entre cada uno de los diversos factores medidos y los resultados generales deseados por la empresa.

Ante esas realidades, no es sorprendente que la mayoría de los directores se resistiesen a prestar mucha atención a sus sistemas de evaluación. Se les puede perdonar esta actitud porque, durante mucho tiempo, tuvo muy pocas consecuencias negativas. Antes del surgimiento de la economía de cliente, de hecho los directores tenían poca necesidad, o usos, para aquellos elaborados sistemas de evaluación. Primero, porque en un mundo de clientes plácidos y competidores gentiles, la mejora del rendimiento tenía relativamente poca prioridad. Los aumentos de costes podían ser traspasados al cliente, se podía hacer caso omiso de los clientes insatisfechos con toda tranquilidad, y la innovación era opcional. Además, cuando las mejoras eran necesarias, se podían lograr sin recurrir a sofisticados sistemas de evaluación. Las empresas de entonces eran menos complejas que las actuales: las exigencias del cliente estaban muy centradas; las líneas de producto eran menos amplias; había menos canales de distribución; las tecnologías de fabricación eran menos complicadas. El tamaño y la escala de la mayoría de las actividades eran una fracción de lo que son hoy en día.

En aquella época, los directores podían verdaderamente dirigir sus empresas sólo mediante la intuición y unas intervenciones relativamente sencillas. Si las ventas descendían, podían ordenar a los directores regionales de ventas que exigiesen más esfuerzo a sus vendedores; o podían reducir o aumentar los precios de venta; o podían despedir a todos los directores de ventas; pero no podían hacer mucho más. Cuando los tratamientos disponibles son tan limitados, hay poca necesidad de un diagnóstico profundo. La analítica, asociada con los sofisticados sistemas de evaluación, era suficiente.

Por contra, hoy en día los clientes y los accionistas ejercen una inacabable presión para mejorar el rendimiento, y para hacerlo inmediatamente. Además, en la enormemente compleja empresa de hoy en día no es fácil ver con claridad los pasos que se deben dar para lograr las mejoras exigidas. El sistema de evaluación de una empresa debe ser capaz de revelar las causas que producen fallos en el rendimiento. Pero los sistemas de evaluación no se han actualizado para abarcar las realidades a las que hoy en día se enfrenta la empresa. Todavía no proporcionan a los directores poco más que unos pocos datos financieros retrasados y una larga lista de diversas cifras de rendimiento.

Percibí palpablemente la caótica situación de los sistemas actuales de evaluación cuando, en cierta ocasión, acudí a una reunión de altos ejecutivos de una gran empresa de electrónica; en aquella reunión, los directivos iban a revisar la docena, aproximadamente, de sistemas clave de evaluación del rendimiento que utilizaban. Entre las variables medidas destacaban: la satisfacción del cliente, el ratio ofertas/ventas (es decir, el porcentaje de propuestas que se convertían en ventas aceptadas), la cuota de mercado, tiempo de cumplimentación de pedidos, satisfacción del personal, capital circulante, coste del servicio por cliente, retención de clientes, tiempo de los nuevos productos hasta la recuperación de lo invertido en ellos, ventas por empleado, y rentabilidad del capital.

Traduciendo una frase típicamente inglesa, aquella lista de variables era como la comida del perro: un poco de esto y un poco de lo otro. Incluía algunos de los objetivos generales de la empresa (tales como la rentabilidad del capital y la cuota de mercado), algunas variables operativas (coste del servicio por cliente y tiempo para la cumplimentación de pedidos), y algunas variables de carácter diverso (satisfacción del cliente, retención de clientes). Pero el principal inconveniente de esta lista se debía a que los directores que revisaban aquellas variables tan minuciosamente, de hecho no tenían ninguna idea de lo que podían hacer para mejorar alguna de ellas. Si las cifras eran favorables, sonreían; si las cifras eran negativas, chasqueaban con la lengua expresando su preocupación y tomaban buena nota de que algo había que hacer, definitivamente, para mejorar aquella cifra antes de la próxima reunión de ejecutivos; y con eso pasaban, sin más, a examinar la siguiente cifra. El sistema de evaluación de aquella empresa no establecía de algún modo significativo la relación mutua entre las diversas cifras, ni ofrecía a los ejecutivos una verdadera orientación sobre la forma de mejorarlas.

Los objetivos generales de la empresa —por ejemplo, la cuota de mercado— se rigen por el principio de la oblicuidad: los grandes objetivos globales no pueden ser perseguidos directamente. Los directores no tienen control directo sobre la cuota de mercado. Pero la cuota es el resultado de otros factores que sí pueden controlar. Y ahora nos queda la pregunta: ¿qué factores exactamente? Si la cuota de mercado baja, ¿qué palancas debemos emplear para que suba? Entre otras opciones, contamos con las siguientes: reducir los precios, introducir más productos en el mercado, mejorar la calidad de la fabricación, y simplificar nuestras facturas. En realidad, los directores pueden elegir entre cientos de posibles remedios para aumentar el rendimiento de la empresa. ¿Cómo se puede saber cuáles son los adecuados? Al no existir una conexión explícita entre el resultado deseado y las variables controlables, la empresa de electrónica podía emplear su sistema de evaluación como una herramienta de observación, pero no como una herramienta de soluciones; por eso, sus ejecutivos se veían condenados a comprobar, sin esperanza alguna, el subir y bajar de las cifras que, aparentemente, se movían al azar.

No siempre ha ocurrido así. En épocas más sencillas, la dinámica del negocio era más fácil de entender; y, cuando una medida indicaba problemas, los directores sabían intuitivamente lo que debían hacer. Pero la era de la intuición pertenece ya al pasado. Los negocios son tan complejos y cambian con tal rapidez, que resulta extraordinariamente difícil de adquirir e imposible de mantener una «intuición interna» de los factores que son importantes. Los directores ya no conocen realmente su negocio, y por lo tanto, no saben cómo intervenir para lograr que rindan más. En consecuencia, se ven limitados a desempeñar un rol pasivo o a inspirar iniciativas, más o menos al azar, con la esperanza de que alguna de ellas llegará a marcar la diferencia. En las modernas y complejas empresas, la intuición de los directivos sobre la manera de mejorar la situación es muy escasa; y sus sistemas de evaluación les sirven de poca o ninguna ayuda.

De hecho, los sistemas tradicionales de evaluación normalmente no suelen ser inútiles, e incluso pueden llegar a ser peligrosos y obstaculizar realmente los esfuerzos de la empresa para mejorar su rendimiento.

Una importante compañía telefónica que al liberalizarse el sector se enfrentaba a una dura competencia, estaba intentando desesperadamente mejorar la satisfacción del cliente, pero las cifras de agrado de éste parecían grabadas en cemento. La intuición de los directores fue lo bastante acertada como para señalar al nivel del servicio ofrecido por la empresa como el factor clave determinante del grado de satisfacción de los clientes, y de las probabilidades de que se pasasen al barco de la competencia. Sin embargo, sus esfuerzos por mejorar el servicio se veían entorpecidos por el propio sistema de evaluación.

Cuando el cliente llamaba para informar de un problema, recibía la información un representante del servicio al cliente (RSC). Al RSC se le evaluaba en base a su productividad personal, que se calculaba por el número de llamadas que atendía cada día (o su equivalente: la duración media de la llamada del cliente). El siguiente en la línea era el encargado al que el RSC pasaba la queja, y que también era el responsable de enviar a un técnico para resolver el problema. El encargado era evaluado en función de la utilización del equipo de técnicos; es decir, por el número de horas de trabajo que los técnicos dedicaban a efectuar reparaciones en el domicilio del cliente, en lugar de viajar de una reparación a la siguiente. Por último, cada técnico de reparaciones era evaluado en base a su productividad: el número de fichas de reparación que cumplimentaba cada día.

Aquellas medidas no eran unas estadísticas abstractas, sino que constituían las que realmente modelaban e influían sobre la conducta de los empleados. El RSC, el encargado y el técnico de reparaciones, se esforzaban al máximo por trabajar bien en términos del sistema de evaluación existente, tanto por orgullo personal como para obtener mejores puntuaciones de trabajo y, por lo tanto, mayores gratificaciones y ascensos. Pero, desafortunadamente, todas esas medidas y toda su diligencia, en realidad funcionaban en contra del objetivo de la empresa de satisfacer a los clientes; los clientes no sentían ni el más mínimo interés por la duración media de la llamada, o por la productividad de los técnicos. Lo que les interesaba era que se restableciese inmediatamente el servicio telefónico, pero el sistema de evaluación hacía que a nadie más le interesase ese objetivo. El criterio de evaluación aplicado al RSC le impulsaba a dilucidar cada llamada lo antes posible y pasar a atender a un nuevo cliente, incluso aunque de ese modo no llegaba a obtener toda la información que era necesaria. La medida aplicada al encargado, le inducía a programar series de reparaciones en los alrededores de la planta, a fin de reducir el tiempo de viaje del técnico; todo ello, sin interesarse y con independencia del mayor tiempo que tenían que esperar los clientes de las zonas más alejadas. El técnico de reparaciones se centraba en entrar en el domicilio del cliente y salir de él lo más rápidamente posible; la calidad de la reparación era un factor secundario. Si el teléfono se averiaba de nuevo, significaba una nueva llamada y un problema para algún otro técnico. La posibilidad de que alguno de los técnicos efectuase un mantenimiento preventivo para evitar que el aparato se volviese a averiar quedaba excluida ante el imperativo de rellenar la ficha de trabajo y pasar a la siguiente reparación.

Se ve claramente que a los empleados de esa empresa se les exigía alcanzar unos objetivos que no tenían ninguna relación con lo que el cliente deseaba: un servicio telefónico fiable; y eso debe significar que nunca falla o que, si falla, será reparado rápido y bien. En teoría, había una conexión entre la mayor rapidez con la que trabajaba cada empleado y la prontitud con la que se restablecía el servicio al cliente. En la práctica, esa conexión no conectaba.

No se trata de un ejemplo atípico, todo lo contrario; es muy corriente que una empresa descubra que los esfuerzos que realiza para mejorar el rendimiento quedan bloqueados por su propio sistema de evaluación. En una gran empresa fabricante, un vendedor obtuvo un pequeño pedido de un cliente que le había prometido que, si la entrega se realizaba con rapidez, iba a efectuar encargos más importantes. Como era de esperar, el vendedor marcó al pedido como de alta prioridad y agilizó su procesamiento a través de toda la organización. Al final, el pedido llegó al personal de logística que era responsable del envío. Estos empleados se dieron cuenta de que el volumen de aquella orden era muy inferior a un embarque de camión completo y que, si era servido sin ir acompañado por otros pequeños pedidos de similar volumen, hasta llenar un camión completo, iba a aumentar los costes de envío. ¿Adivinan ustedes cómo se evaluaba a los empleados del departamento de logística?

Al departamento de logística no le importaba nada desairar al cliente y perder sus futuros pedidos, ya que esas consideraciones no figuraban en su evaluación. Por eso, actuando con total racionalidad respecto al sistema de evaluación imperante, el departamento retuvo el pedido hasta que pudo ser servido con menores costes de transporte. Posiblemente, esos empleados no eran conscientes de las consecuencias, o quizá su visión se limitaba a lo que era su «responsabilidad»: los costes de transporte, y nada más.

Conozco a un fabricante de semiconductores donde los directores de producción cerraban sus plantas la última semana del mes, incluso aunque acabasen de recibir varios pedidos urgentes de clientes impacientes. La razón estaba en que a los directores de planta se les evaluaba en base a la desviación respecto al plan; de modo que, una vez habían alcanzado la cantidad mensual marcada por el planning, iba contra sus intereses el fabricar más; con independencia de lo que pedían los clientes. También es muy corriente que a los vendedores se les evalúe y remunere por el volumen de pedidos que consiguen, es decir, por el importe total de sus ventas. Esto, naturalmente, les estimula a cerrar la operación a cualquier precio, o a conseguir el pedido prometiendo al cliente toda clase de servicios adicionales «gratis» (sin cargo para el cliente, no para la empresa). El resultado es un gran volumen de ventas, de ventas no rentables.

El antiguo refrán que dice: «Ten cuidado con lo que deseas, porque puedes conseguirlo», tiene una versión empresarial: «Ten cuidado con lo que mides, porque puedes conseguirlo, y eso puede hundirte.»

Las empresas necesitan dar un nuevo enfoque a su sistema de evaluación, una perspectiva que esté sintonizada con la economía de cliente. Este enfoque empieza por reconocer que el sistema de evaluación es una parte fundamental de la gestión, no de la contabilidad. Una frase del Talmud enseña: «El estudio no es lo esencial, lo esencial es la acción.» De modo similar, lo esencial no es el sistema de evaluación, sino las mejoras. La evaluación no tiene por finalidad saber el nivel al que está rindiendo una empresa, sino lograr que rinda mejor. La evaluación no debe ser ni un fin, ni una actividad por sí misma: debe ser parte de un sistema integrado para la mejora del rendimiento de la empresa. Por lo tanto, un sistema actual de evaluación no debe proporcionar un dato sin que exista una razón y una finalidad; los empleados deben saber la razón por la que se miden y evalúan las tareas y, más importante aún, lo que se supone que ellos deben hacer al respecto. Un enfoque actual de la evaluación también debe tener en cuenta que las empresas modernas son sistemas complejos, en donde ya no basta con la intuición. Ahora, cualquier acción que emprende un director puede provocar una miríada de consecuencias imprevisibles a todo lo largo de la empresa. Por lo tanto, la evaluación debe estar basada en un minuciosamente estudiado análisis de la empresa, un análisis que establezca la relación entre los objetivos de la empresa y los aspectos sobre los que los directores y el personal de planta tienen el control. Sólo de ese modo, la detección de una cifra indicadora de problemas podrá dirigir hacia la acción apropiada que los corregirá y mejorará el rendimiento de la empresa en su conjunto.

Dicho con otras palabras: un actual sistema de evaluación descansa sobre dos patas. La primera es el modelo formal, estructurado y cuantificado, del negocio —esa clase de modelo que desde hace tiempo utilizan los científicos y los ingenieros para describir los sistemas físicos— que permita a los directores movilizar los recursos de la empresa para asegurar que se alcanzarán sus principales objetivos. Un modelo de esa clase establece la relación y la conexión entre los objetivos globales de la empresa y sus dimensiones controlables. Es análogo a un diagrama de cableado que muestra con precisión la forma en que, apretando sobre la palanca de aquí, se abre la puerta de allá. Muestra a los directores los factores que deben medir y las acciones que deben tomar ante las cifras de la medición. La segunda pata, es un proceso bien estudiado sobre la forma de utilizar los datos de la evaluación para mejorar el rendimiento de la empresa; un programa centrado y estructurado, que utiliza la información obtenida en la evaluación para identificar las causas del rendimiento inapropiado y, luego, toma la acción apropiada al respecto. Estos dos elementos deben estar unidos y relacionados. Vamos a empezar por analizar el concepto de modelo de negocio.

Hace pocos años, una importante empresa de tarjetas de crédito estaba intentando mejorar dos ratios fundamentales de la empresa. Primero, deseaban aumentar la retención de clientes: aumentar el porcentaje de éstos que renovaban su tarjeta cuando expiraba su validez. Un cliente no puede utilizar una tarjeta que no tiene. Segundo, deseaban aumentar el uso de la tarjeta, lograr que el cliente la utilice con más frecuencia, a fin de aumentar los ingresos de la empresa por las comisiones que recibe de los comerciantes.

La empresa no padecía escasez de ideas sobre la forma de alcanzar esos objetivos: reducir la cuota anual a fin de estimular a los clientes a conservar la tarjeta; añadir servicios y premios, tales como las «millas de viajero-frecuente», o puntos por cada dólar gastado, para aumentar la utilización de la tarjeta; hacer más publicidad para mejorar la imagen de la empresa y lograr que los clientes deseen continuar identificándose con ella; y otras similares.

Ninguna de ellas era, intrínsecamente, una mala idea; de hecho, lo opuesto era verdad. Para cada una de ellas se podía elaborar un buen argumento, y se hizo. Lo peor consistió en decidir cuáles eran lo bastante buenas como para ser financiadas teniendo en cuenta la limitación del presupuesto. El debate se desarrolló en los confines externos de la certidumbre, en esa zona donde se producen los debates más importantes. Al final, la dirección de la empresa adoptó un plan de acción, pero los datos en que se basaba eran tan chapuceros que los defensores de otras posturas se negaron a aceptarlo. Tal como lo expresó entonces un bromista: «La decisión ya está tomada, ahora empieza el debate.»

El debate continuó, sin avanzar, en círculo, porque los participantes no comprendían realmente la dinámica de su empresa. ¿Qué aspectos de cada producto eran más importantes para el cliente y cómo se podían mejorar esos aspectos para aumentar la retención de clientes y su gasto?, esos temas fueron tratados como cuestiones de opinión, no en base a hechos reales. Para obtener los hechos, los directores de la empresa decidieron elaborar un modelo de negocio.

El primer borrador era de carácter cualitativo. Empezaba presentando la idea de que la conducta del cliente era impulsada por una combinación de su satisfacción con la tarjeta de la empresa y su opinión sobre las de sus competidores. Este segundo elemento quedaba, en su mayor parte, fuera del control de la empresa, pero el primero no. El modelo especificaba que la satisfacción con la tarjeta era función de su valor (que, a su vez, era función del coste que tenía para el cliente y de los servicios de valor añadido que ofrecía); de las experiencias del cliente al utilizarla; de sus experiencias al interactuar con la empresa (por ejemplo, sobre la facturación); y de la imagen general de la empresa. El segundo borrador fue más cuantitativo. La empresa hizo uso de sus amplias bases de datos, que incluían información real sobre la conducta del cliente (renovaciones y tasa de utilización del producto), así como de encuestas sobre la opinión de los clientes acerca de los diversos componentes del modelo; todo ello con el fin de calcular las cifras que concretaban la importancia relativa de cada factor: por ejemplo, el nivel del impacto que los diversos servicios de valor añadido podían tener sobre la propensión del cliente a utilizar la tarjeta o a renovarla.

Algunas de las variables que el modelo reveló resultaron totalmente inesperadas. Una mejora de servicio, que los directores consideraban muy importante y merecedora de inversión, resultó que apenas ejercía un pequeño impacto sobre la utilización de la tarjeta o sobre la retención de los clientes. En este caso, la intuición les había llevado a una equivocación grave. Se descubrió que otra mejora tenía un fuerte impacto sobre la utilización de la tarjeta, aunque no sobre la retención de clientes. Sin embargo, se comprobó que la imagen de la empresa tenía un impacto sorprendentemente alto sobre la retención de los clientes, aunque muy poca sobre la utilización de la tarjeta.

Como resultado de todo esto, la empresa reajustó sus prioridades y asignó los recursos de un modo distinto. Dejando a un lado otras iniciativas, puso el principal acento en desarrollar una imagen coherente de la empresa. La publicidad también fue orientada en esa misma dirección, en lugar de hacia las características de los distintos productos. Al mismo tiempo, la empresa efectuó una importante inversión en la característica del producto que, según los clientes, estaba altamente correlacionada con la utilización de la tarjeta. Cuando se tomaron todos estos pasos, los clientes reaccionaron exactamente como el modelo había previsto. La utilización de la tarjeta y la retención de los clientes aumentaron, y con ello, el crecimiento y la rentabilidad.

Al utilizar el modelo, aquella empresa de tarjetas de crédito comprobó la forma en que sus productos y servicios influían sobre la conducta deseada en el cliente. Pero incluso a pesar de todas estas importantes ventajas, el modelo estaba muy lejos de ser suficiente. Era necesario acoplarlo con el modelo de las actividades de la empresa y con la forma en que, ellas también, influían sobre el cliente. La reconfiguración de los productos y servicios no es la única manera con la que las empresas pueden mejorar su rendimiento: aumentar la rapidez con la que se recogen los productos en la estantería del almacén, mejorar la precisión con la que se atienden las consultas del cliente y reducir los costes de realizar las pruebas y tests de un producto, todavía en fase de desarrollo, son algunas otras formas de lograrlo. Todas esas acciones pueden parecer un esfuerzo adecuado, en abstracto; pero en realidad, no tienen ningún valor concreto a no ser que exista una correlación entre ellas y los resultados específicos deseados por la empresa. En el campo de la evaluación del rendimiento y de su mejora, una de las mayores dificultades es la de establecer la conexión entre esas actividades aisladas y los resultados generales de la empresa.

Es importante medir y evaluar los resultados de una empresa, como la cuota de mercado, la rentabilidad del capital y la satisfacción del cliente, porque esas son las únicas variables que realmente importan. Pero tal como he señalado, los resultados de la empresa sólo se pueden perseguir oblicuamente; existe poco control directo sobre ellos. Por otra parte, las acciones más controlables son las realizadas por los empleados. Si medimos el tiempo que tarda un empleado en recoger de la estantería los artículos de un pedido, o en calcular una factura, podemos hacer a esos empleados responsables de su rendimiento y esperar que lo mejoren. La dificultad estriba en que esas actividades y las medidas de su rendimiento, aunque son fácilmente mensurables, tienen una significación relativamente pequeña. El impacto que ejerce sobre la empresa, en su conjunto, la rapidez con la que un empleado del almacén recoge los artículos, o la precisión de los cálculos de un especialista en facturas a cobrar, será infinitesimal. Lo que se necesita es un modelo de negocio que relacione y equilibre esos dos extremos: lo fundamental y lo controlable. Un modelo multinivel empieza en la cota más alta de la empresa y va descendiendo hasta las actividades de cada empleado en concreto.

Allmerica Financial ha creado y utilizado con gran éxito un modelo de ese tipo. Allmerica, empresa con sede en Worcester, Massachussetts, es una agencia de servicios financieros con 160 años de antigüedad, cuyo capital actual es de 2.500 millones de dólares. Su negocio se divide en dos líneas: ayudar a sus clientes a gestionar sus activos (mediante anualidades variables y seguros de vida), y ayudarles a gestionar su riesgo (vía seguros de accidentes y de inmuebles).

A mediados de la década de los 90, la empresa se mantenía pesadamente en la mitad del pelotón en todos sus mercados. Su rendimiento era adecuado, pero no espectacular. Como siempre había sido una compañía mutua, propiedad de los tenedores de las pólizas, nunca había figurado entre sus máximas prioridades la obtención de un alto rendimiento financiero. Pero cuando a mediados de la década de los 90, Allmerica empezó a cotizar en Bolsa, comprendió de repente que era responsable ante unos accionistas e inversores del mercado de valores que se mostraban extremadamente interesados por el crecimiento y el rendimiento financiero. Como consecuencia, la empresa emprendió un serio esfuerzo para saber exactamente cómo mejorar su rendimiento.

Sus directores identificaron tres objetivos que eran fundamentales para lograr sus ambiciones financieras. Esos tres se convirtieron en los objetivos generales de la empresa y fueron colocados en lo más alto de su modelo de negocio. El primero era la retención de los clientes. Hoy en día, ya es muy corriente sostener que uno de los requisitos para el éxito consiste en conservar a los actuales clientes. Perder clientes y verse obligado a sustituirlos resulta muy costoso; sobre todo en sectores como el de seguros, donde una buena parte de los primeros ingresos se destinan a pagar la comisión de los agentes. Esa sustitución cuesta también mucho tiempo y dinero, que estarían mejor empleados en la adquisición de nuevos clientes.

El segundo objetivo global era la retención de los clientes. Como empresa intensiva en servicios, Allmerica necesita empleados experimentados y hábiles, capaces de atender bien a los clientes y de realizar las, a menudo técnicamente complejas, tareas asociadas con los seguros. Una elevada tasa de rotación de personal haría descender el grado de experiencia técnica necesaria para suscribir seguros, y el de alta moral requerida para ofrecer un servicio excepcional al cliente.

El tercer objetivo global consistía en aumentar la línea de productos y conseguir más asociados para distribuirlos, ambos ayudan a aumentar las ventas. Los nuevos productos se pueden vender, tanto a los actuales como a nuevos clientes, y los nuevos asociados de distribución darían a Allmerica acceso a nuevos mercados.

La identificación de los tres resultados requeridos fue un gran logro, pero conseguirlos no fue tan sencillo. El siguiente paso consistió en examinar los factores que la empresa podía controlar y determinar la forma en que podían conducir a los objetivos deseados. Por ejemplo, era evidente que la retención de los clientes depende de la satisfacción de éstos. Los clientes no se pasan a una nueva empresa sin más, sino (en parte) porque no están satisfechos con la anterior. Allmerica no podía controlar la conducta de los clientes directamente, pero podía influir en su satisfacción.

El sector del seguro tiene una lista de evaluación de la satisfacción del cliente que se llama la clasificación Dalbar. Dalbar es el J.D. Powers del sector del seguro; sus agentes adquieren, sin darse a conocer, diversos productos de las compañías aseguradoras y, luego, hacen pruebas y tests de su capacidad de apoyo sobre una serie de exigencias del servicio a los clientes. En la época en que emprendió esta iniciativa, Allmerica ocupaba el puesto treinta y siete de las cincuenta compañías de la lista Dalbar. Aunque no era un puesto problemático, tampoco era muy estimulante. La empresa se lanzó a identificar exactamente lo que podía hacer para dar una mayor satisfacción a los clientes y, de ese modo, conservarlos durante más tiempo. Diversas entrevistas con los interesados y análisis de datos, revelaron los factores clave que creaban la satisfacción del cliente. Uno de ellos, por ejemplo, era la rapidez en la entrega sin errores de un contrato de seguro (en esencia, de la póliza). Si la empresa tarda demasiado tiempo en procesar la solicitud del cliente y pasarle el contrato formal, hay muchas probabilidades de que la próxima vez que necesite un seguro, el cliente acuda a otra compañía. También es muy probable que se sienta desairado si, cuando al final llega, el contrato está cuajado de errores que es necesario corregir. Por lo tanto, la pronta entrega de un contrato sin errores fue identificada como un objetivo principal de los esfuerzos de la empresa para mejorar su rendimiento. Aunque mirándolo en retrospectiva esto parece del todo evidente, en aquella época no lo era. Tal como he señalado, en un entorno complejo, la intuición de los directores acerca de lo que es importante muchas veces resulta errada. El análisis formal debe sustituir a la intuición personal.

Allmerica fue capaz de determinar lo que los clientes deseaban respecto a la rapidez en la entrega de las pólizas y a su precisión; luego, tradujo estas cifras en exigencias de rendimiento para los empleados que intervenían en la elaboración y entrega de las pólizas. A los responsables de suscribirlas, se les impuso como objetivo terminar dentro de un plazo de tiempo concreto todo el proceso de redacción y entrega de los contratos. Esa cifra de días no salió de la nada ni fue elegida de modo arbitrario, tal como había sido elegido el objetivo de rellenar partes de trabajo para el técnico de reparaciones de la compañía telefónica. Todo lo contrario, fue seleccionada debido a su impacto sobre el tiempo de entrega de los contratos, que iba a crear la satisfacción del cliente y que, a su vez, influiría sobre la retención de los mismos, y esto iba a influir sobre el rendimiento financiero. Después, la empresa puso en marcha los sistemas para realizar seguimiento de esas medidas y estableció programas para mejorarlas.

Antes de seguir adelante, quiero señalar algunos puntos acerca de este modelo.

Primero, el modelo real de Allmerica es mucho más complejo que la versión resumida que acabo de describir. En su negocio de gestión de activos, la empresa identificó entonces, y ahora evalúa, más de sesenta aspectos del rendimiento que influyen en la satisfacción del cliente. De todos modos, un buen modelo debe ser lo suficientemente sencillo como para que todos los empleados lo puedan entender, ya que eso permite a los integrantes de toda la empresa posicionar su trabajo diario en el contexto de los objetivos generales de la empresa. El exceso de detalles y complejidad resultan confusos; y, en último término, son inútiles. La sencillez encierra profundidad.

Segundo, un modelo real debe ser multidimensional. Mi exposición del modelo de Allmerica se ha centrado sólo en una dimensión de un objetivo: el tiempo como favorecedor de la satisfacción del cliente. No hay que insistir en que, optimizar una dimensión a expensas de todas las demás, sería una necedad. Por ejemplo, si la empresa invierte demasiados recursos para agilizar el proceso de cumplimentar las solicitudes, puede que los costes se disparen y sea necesario cobrar más por el producto, o puede que la calidad disminuya; esos resultados, a su vez, molestarán a los clientes (aunque de un modo diferente). El truco consiste en establecer e intentar alcanzar, simultáneamente, un objetivo de mejora del rendimiento en varias dimensiones, y no en sólo una.

Tercero, todo modelo de negocio que crea una empresa debe ser considerado como una hipótesis de trabajo. La conexión que establece entre los resultados deseados y las acciones controlables concretas, sólo es provisional hasta que sea confirmada y validada mediante la experiencia. Además, es necesario mantener actualizado el modelo con el paso del tiempo; las circunstancias cambiantes y las expectativas de los clientes pueden trastornar los aspectos cuantitativos del modelo, e incluso los cualitativos. Determinados elementos pueden empezar a ser más importantes, o menos, de lo que eran antes; y puede que sea necesario establecer nuevas conexiones.

Al traducir esos objetivos generales en una serie de medidas clave susceptibles de ser gestionadas, Allmerica apuntó hacia los elementos que tienen importancia realmente. Resistiéndose a la tentación de experimentar con interminables posibilidades, se centró en las oportunidades de mejora más aprovechables. Al cabo de dos años, Allmerica ascendió hasta el puesto cuarto en la clasificación que hace Dalbar de cincuenta compañías de seguros, un salto de treinta y tres peldaños en la escalera de prestigio del sector. Al mismo tiempo, recortó los gastos en decenas de millones de dólares. Lo más destacable, es que Allmerica alcanzó, simultáneamente, unos objetivos aparentemente incompatibles —menor coste y mayor satisfacción del cliente— a base de estudiar y comprender exactamente los factores subyacentes en cada uno de ellos. La mejora de esos factores produjo un aumento del crecimiento y de la retención de los clientes, tal como la empresa deseaba y como el modelo había previsto.

La metodología de Allmerica es la opuesta al enfoque desorganizado y fortuito que muchas empresas han adoptado respecto a los sistemas de evaluación y la mejora del rendimiento: probar esto, probar lo otro, intentar lo de más allá, y luego volver al principio y empezar de nuevo. Allmerica elaboró un modelo preciso del modo en que sus actividades; es decir, los factores sobre los que tenía control directo, afectaban en último término a la conducta del cliente; y luego, utilizó los datos de evaluación obtenidos con dicho modelo para mejorar de un modo disciplinado aquellos factores que podía controlar.

Siguiendo una tendencia cada vez más aceptada, Allmerica también vinculó la remuneración de sus trabajadores a esos nuevos sistemas de evaluación. Los empleados de la empresa son recompensados si alcanzan los objetivos fijados para las medidas sobre las que tienen control, y si la empresa, en su conjunto, alcanza sus objetivos generales. Seleccionando las medidas apropiadas, dándolas a conocer, centrando sobre ellas la atención de los empleados y dando a éstos un interés personal sobre los resultados, Allmerica hizo que sus logros no fuesen cuestión de suerte, sino cuestión de gestión.

Duke Power es otra empresa que ha elaborado y puesto en marcha con gran éxito un modelo de negocio, como parte de un esfuerzo para mejorar su rendimiento. Para alcanzar su objetivo de ofrecer a sus accionistas una rentabilidad a nivel del cuartil superior, la empresa creó un modelo multidimensional muy parecido al de Allmerica. El nombre con el que se le conocía internamente, Gameplan, indica que además de ser una herramienta de medición y evaluación, el modelo encarna el enfoque que había adoptado Duke para ser ganador en el mundo, nuevamente competitivo, de la energía eléctrica.

Los dos mecanismos principales elegidos por Duke para ofrecer la rentabilidad exigida por los accionistas, consistían en aumentar las ventas y reducir los costes, lo cual no es nada sorprendente. El modelo colocaba esos dos objetivos en lo más alto e identificaba la manera de conseguirlos. Para aumentar las ventas era necesario retener a los actuales clientes, conseguir nuevos, y vender más electricidad a todos ellos. Reducir costes implicaba gastar menos, tanto en las actividades de línea como en las inversiones de capital. A continuación, Duke estableció una conexión entre esos objetivos generales y las actividades realizadas por cada uno de los empleados a lo largo de toda la empresa.

Por ejemplo, para alcanzar el objetivo de retenerlos Duke identificó lo que los clientes deseaban y se centró en ello: un servicio eléctrico «sin problemas», barato y fiable. Para los clientes, «sin problemas» significaba que la empresa debía ser fácil de contactar, rápida en programar el trabajo a comodidad de los demandantes, y fiable en lo referente a llegar a tiempo a las citas con el cliente. Luego, los directores de la empresa procedieron a asegurar que las actividades de la empresa fuesen «sin problemas», según la definición de los clientes.

Para lograr ese fin, Duke empezó por evaluar el porcentaje de instalaciones que se conseguían completar para la fecha prometida al cliente. Esa medida no fue elegida de modo arbitrario; era una consecuencia ineludible de la cadena lógica que empezaba con los objetivos generales de la empresa. Para que la instalación fuese «sin problemas», era necesario que un alto porcentaje de las instalaciones se terminasen en la fecha prevista, lo que contribuiría a mejorar la retención de los clientes que, a su vez, permitiría alcanzar los objetivos generales de la empresa. (Conviene recordar que en el capítulo 4 señalábamos que el hecho de centrarse en esa medida, ayudó a iniciar el esfuerzo de la empresa para rediseñar su proceso de instalaciones.)

Ahora Duke Power utiliza unas doscientas medidas, un número mucho menor que las diez mil que emplea la empresa de telecomunicaciones anteriormente citada. Las doscientas medidas de Duke han sido elegidas meticulosamente. Cada una de ellas mide un aspecto importante del progreso de la empresa hacia su doble requisito para alcanzar el éxito financiero y la confianza del accionista: aumentar las ventas y reducir costes.

Todos los meses se valoran y actualizan esas doscientas medidas y se distribuyen a todos los directores de Duke. Cada una es presentada en una página propia que define: el nivel actual de esa medida para la empresa en su conjunto, su tendencia en los últimos meses y su nivel en cada una de las distintas plantas de la empresa. Todas las medidas, en su conjunto, ofrecen a los directivos de la empresa una valiosa guía en tiempo-real con la que pueden medir el pulso de la empresa en los aspectos que más importan. Ahora, los directores pueden hacer el seguimiento del progreso con un número asequible de indicadores clave, que marcan realmente la diferencia.

Cada jefe de equipo examina un subconjunto de esas doscientas medidas. La «tarjeta de puntuación» que cada jefe de equipo recibe, contiene una lista de una media docena de medidas que están relacionadas con el trabajo de su equipo y sobre las que pueden influir. Suele tratarse de las principales áreas en las que un equipo puede tener mayor impacto para conseguir los objetivos de la empresa.

Por ejemplo, para el jefe de un equipo de instaladores de líneas eléctricas, esas medidas pueden ser: el porcentaje de pedidos de servicio que hace el cliente y que el equipo ha completado en la fecha prometida; el porcentaje de repetición de trabajo de servicio al cliente que se pide al equipo (evidentemente, el primer porcentaje debería ser alto y el segundo bajo); el coste en que incurre el equipo al restablecer los cortes de energía rutinarios; y el coste que representa la instalación de nuevos servicios. El equipo es responsable de alcanzar los niveles de rendimiento establecidos para cada una de esas medidas: un determinado porcentaje de instalaciones completadas en la fecha prometida, un determinado coste para restablecer un servicio, y otros similares. Cuando el jefe de equipo recibe la tarjeta de puntuación mensual, examina el actual rendimiento del equipo y lo compara con el nivel establecido como objetivo para cada medida. Esas cifras despiertan la atención de todos los miembros. Cuando el jefe de equipo ve una medida que no está al nivel adecuado, se centra en ella. Para evitar la tentación de compensar excesivamente una medida y, de ese modo, dejar de lado a otras, el equipo es responsable de alcanzar un nivel mínimo de rendimiento en todas las medidas de su lista. Como en Allmerica, las revisiones anuales de rendimiento y la remuneración se basan en la tarjeta de puntuación. Y como en Allmerica, la elaboración y utilización disciplinada del modelo Gameplan, por parte de Duke, ha transformado el rendimiento empresarial de la empresa.

Los modelos de negocio elaborados por Allmerica y Duke son muy ilustrativos, pero no tendrán ninguna utilidad a no ser que se defina una manera formal de emplear toda la información de evaluación que generan. Esta es la segunda pata necesaria para todo sistema actual de evaluación y mejora. Duke, Allmerica y un buen número de empresas, han implantado ya un proceso estructurado de ese tipo. Éste se inicia fijando como objetivo unos niveles de rendimiento para cada una de las medidas que en el modelo de negocio se consideran importantes. Entre ellas destacan: los objetivos globales (como la satisfacción del cliente), así como las actividades operativas controlables (como la rapidez y precisión en los documentos entregados, la cantidad de tiempo que un responsable de suscribir pólizas tarda en procesar las solicitudes de seguro). A continuación, se establecen mecanismos para calcular periódicamente el nivel actual de cada una de esas medidas. Luego, el nivel de cada una de esas medidas se compara con el objetivo fijado para ella. Si todas superan el nivel fijado como objetivo, las cosas marchan bien. Si no lo superan, ya no estaremos en el campo de la evaluación, sino en el de la gestión y mejora. Ahora, los directores deberán intervenir para resolver las causas raíz que generan el rendimiento inadecuado, a fin de que se pueda continuar alcanzando los objetivos generales de la empresa.

Cuando un determinado empleado no alcanza el nivel de rendimiento que se le ha fijado como objetivo; por ejemplo, cuando el responsable de suscribir las pólizas no logra cumplimentar las solicitudes de seguro con la rapidez que exige el modelo, será necesaria una intervención a nivel personal. La pregunta para la que los directores deben encontrar respuesta es, ¿por qué el responsable de suscribir las pólizas no alcanza su objetivo? Quizá, es porque le falta la formación o el adiestramiento necesario, o porque dispone de unas herramientas poco adecuadas, o se trata de que no es una persona apropiada para ese trabajo. Una vez identificado el problema, se podrá aplicar el remedio oportuno.

Supongamos que los responsables de suscripción están cumplimentando las pólizas con la rapidez suficiente, pero la empresa en su conjunto no. En ese caso, el fallo no estará en los empleados, sino en el proceso más amplio del que ese trabajo no es más que una parte. Por mucho que se esfuercen los empleados, no serán capaces de superar un diseño de proceso limitado o problemático. Si hay una muy pequeña diferencia entre el rendimiento real del proceso y el exigido, los directores sólo deberán ocuparse del actual diseño del proceso y eliminar sus aspectos inadecuados. Pero si la diferencia es sustancial, los directores deberán prescindir del diseño actual del proceso y elaborar uno nuevo. (A la primera de esas opciones se le suele denominar mejora continua; a la segunda se le llama reingeniería.) Para conseguir las mejoras de rendimiento que he descrito, tanto Allmerica como Duke tuvieron que rediseñar por completo sus procesos.

Quizá la empresa está procesando las solicitudes con la rapidez exigida y está alcanzando todos los demás objetivos de rendimiento operativo estipulados por el modelo, pero así y todo, no logra conseguir los resultados generales deseados. Es decir: parece que todo funciona bien, pero el nivel de la medida de la satisfacción del cliente es menor de lo que debiera ser; o bien, la medida de la satisfacción de cliente es apropiada, pero los clientes siguen abandonando la empresa. ¿Cómo puede darse esa contradicción? En este caso, el problema no está en la manera de realizar el proceso por parte de los empleados, ni en el diseño del proceso, ya que esos objetivos se alcanzan. El problema está, más bien, en el propio modelo y en la forma en que se establece la conexión entre el trabajo y los objetivos de la empresa. Es posible que se hayan fijado unos niveles de objetivo demasiado bajos, de modo que incluso aunque se alcancen, no aportan el resultado deseado. O es posible que los que elaboraron el modelo no comprendiesen lo suficientemente bien a sus clientes o mercados, por lo que los imperativos de la empresa han sido definidos equivocadamente. Por ejemplo, puede que la rápida cumplimentación de las solicitudes de contrato no sea lo que genera la satisfacción del cliente, sino algún otro factor. Cuando el rendimiento operativo es apropiado, pero no se alcanzan los resultados de la empresa, será necesario analizar nuevamente el modelo. Puede que el modelo haya sido erróneo desde el principio, o puede que se haya vuelto obsoleto, como resultado de los cambios que se han dado en las necesidades del cliente o en las acciones de los competidores. En uno u otro caso, será necesario actualizar el modelo; y habrá que iniciar todo el ciclo otra vez.

El lector habrá percibido en este enfoque el eco de otros trabajos. La perspectiva se basa en los esfuerzos pioneros de Shewhart y Deming, en lo referente al decidido compromiso por la evaluación disciplinada y la mejora continua. También tiene puntos comunes con algunas técnicas de evaluación, como la de la tarjeta de puntuación equilibrada, EVA, y la cadena servicio-beneficio. Nuestro enfoque compagina los marcos estratégicos de esta última y la actitud de la primera de centrarse en la mejora, y así logra crear un sistema integrado de evaluación y gestión. En algunas empresas, como Allmerica y Duke Power, el sistema de evaluación no es una idea añadida, un elemento secundario del gran paraguas de la empresa. Es un elemento intrínseco a las actividades de la empresa y a su gestión.

Debo añadir dos observaciones finales a esta exposición sobre la mejora y los sistemas de evaluación. La primera se refiere al diseño de las medidas que se van a utilizar para evaluar los factores que el modelo de negocio indica que deben ser mesurados. En algunos casos, la elección es evidente; está muy claro cómo se puede medir el porcentaje de instalaciones completadas para la fecha prometida. Sin embargo, incluso en esos casos será necesario considerar algunas sutilezas inesperadas. Por ejemplo, muchas veces los empleados «juegan» con las medidas, en el sentido de que las aplican al pie de la letra, pero no incluyen su espíritu. Un instalador de líneas puede interpretar que su objetivo de completar una orden de trabajo, consiste simplemente en llegar a tiempo al domicilio del cliente, tanto si termina el trabajo como si no lo termina realmente. Si cuando llega se da cuenta de que no dispone de las herramientas apropiadas para realizar la instalación, puede rellenar la primera ficha de trabajo como «terminada» y crear una nueva orden que llevará a cabo cuando obtenga las herramientas. Los directores deben tener cuidado para lograr que todos los empleados interpreten las medidas tal como deben hacerlo.

En otros casos, el simple hecho de decidir cómo se va a medir lo que se debe evaluar puede ser muy complejo, porque algunas variables pueden ser medidas de forma muy diversa. ¿Cuál es la mejor manera de calibrar la satisfacción del cliente? Se pueden utilizar encuestas para preguntar a los actuales clientes por su grado de satisfacción, pero ese método es muy costoso y a menudo poco preciso. Un sistema más exacto, es el de observar la conducta del cliente a lo largo del tiempo; pero puede que esos datos sólo estén disponibles demasiado tarde como para ser de utilidad; para cuando el cliente ha dejado de comprar, su satisfacción será mínima. Algunas empresas evalúan la satisfacción calculando la inversa del número de reclamaciones, pero no todos los clientes insatisfechos presentan quejas; por otra parte, los vendedores pueden etiquetar las quejas como consultas, o no registrar las quejas inmediatamente. Los diseñadores de un sistema de evaluación deben estar atentos para detectar los problemas asociados con los mecanismos que emplean, y estar preparados para corregir sus fallos.

Para ser buena, una medida debe ser exacta; es decir: que muestre realmente la situación que se supone debe describir. Debe ser objetiva, no sujeta a debates ni a discusiones. Debe ser comprensible, fácil de comunicar y de entender. Debe ser poco costosa y cómoda de calcular. Debe ser oportuna, es decir, no tardar mucho tiempo entre el momento en que la situación es mesurada y la disponibilidad de los datos. Elaborar unas medidas que cumplan esos criterios no es tan fácil como enumerar simplemente dichos criterios; eso todavía sigue siendo más un arte que una ciencia.

La segunda observación hace referencia a que, incluso el mejor de los sistemas de evaluación del mundo, fracasará si se pone en marcha en un entorno hostil. La elaboración de modelos de negocio y la utilización de los sistemas de evaluación para impulsar la mejora del rendimiento, es algo más que pura técnica: es una forma de vivir. Representan un cambio fundamental en la forma en que los directores se perciben a sí mismos y a su empresa. Este enfoque requiere una visión objetiva del negocio y el reconocimiento de que el sistema de evaluación no es una idea contable secundaria, sino una dimensión integrada y esencial para la dirección de una empresa. Debe estar soportada por una cultura que valora: más la objetividad que la opinión personal, el compromiso por mejorar más que las excusas por lo que no se ha hecho, la sinceridad más que la irresponsabilidad, la mentalidad abierta más que la actitud defensiva, y la resolución de problemas más que el intento de eludirlos. Requiere que el personal respete más los datos y los hechos, y menos la intuición y las ideas voluntariosas; y requiere que todos los empleados colaboren, primero para comprender el nivel de rendimiento que es necesario alcanzar y por qué no se ha alcanzado y, luego, para reducir esa diferencia.

Si no se obtienen esas condiciones, el mejor diseñado de los sistemas de evaluación encontrará una aceptación «de boquilla», pasividad, excusas, y un cumplimiento viciado. Se producirán interminables discusiones sobre la validez del sistema de evaluación, en lugar de intentar seriamente mejorarlo.

Resulta irónico que la mejor descripción del enfoque de mejora y los sistemas de evaluación que exige la actual economía de cliente la encontremos en una frase de hace más de cien años. Al iniciarse el siglo XX y en una época más sencilla y optimista, Frederick Winslow Taylor acuñó el término «gestión científica». Taylor fue el pionero de los ingenieros industriales que creía —y para demostrarlo pulsó su cronómetro miles de veces— que había siempre una «una mejor manera» de realizar la tarea por parte de un trabajador. La gestión científica intentaba lograr que los mineros de carbón o los trabajadores de las acererías realizasen el trabajo exactamente como lo prescribía Taylor, a fin de asegurar la máxima eficacia del trabajador y el máximo beneficio para su empresa. En estos últimos cien años, las ideas de Taylor han quedado anticuadas; en realidad, se han convertido en algo totalmente evidente. Durante la mayor parte del siglo XX la gestión fue todo, menos científica. Los directores trabajaban en una oscuridad casi total, con apenas alguna pequeña pista sobre lo que ocurría realmente en sus empresas. Sus decisiones se basaban mucho más en opiniones, datos anecdóticos y absolutistas ejercicios de poder, que en el conocimiento profundo que se obtiene con el análisis científico. La gestión se basaba realmente más en conjeturas que en información.

Quizá ha llegado el momento de resucitar la frase de Taylor. No hay duda de que, el proceso de elaborar un modelo de negocio, recoger datos para comprobar su validez y luego, utilizar esos datos para impulsar los esfuerzos por mejorar los resultados, utiliza herramientas científicas, en especial: la medición meticulosa y la formulación de hipótesis y su comprobación. Puede que no sea «ciencia» en el sentido estricto de la palabra, pero, desde luego, es muy superior al estilo fortuito e indisciplinado de gestión que todavía ponen en práctica demasiadas empresas. Tal como dijo el almirante Grace Hopper, uno de los pioneros de la informática: «Una medida exacta vale más que mil opiniones.» Ha llegado el momento de que los directores se acostumbren a esa idea.

La adopción por la empresa de esta nueva forma de evaluar y gestionar, y la obtención de todas las ventajas y beneficios que ofrece, sólo se puede lograr cuando los altos directivos muestran el camino con su palabra y con sus hechos. Cuando los altos directivos de una empresa demuestran su compromiso por la libre investigación —lo que Jack Wells llama «enfrentarse a la realidad tal cual es, y no tal como deseamos que sea»—, cuando están dispuestos a sacrificar su vanidad y, a veces, su dinero para obtener mejores resultados, es posible que la visión que tuvo Taylor de una gestión científica pueda, al fin, convertirse en realidad, aunque sea de una forma distinta a la que él intentaba.

PRINCIPIO 5 DE LA AGENDA

Gestión básica de los sistemas de evaluación

—Que la evaluación no pertenezca a la contabilidad, sino que forme parte integrante de las tareas de todo director.

—Abandonar los sistemas de evaluación heredados del pasado.

—Elaborar un modelo de negocio que establezca la conexión entre los objetivos generales de la empresa y los factores específicos que se pueden controlar.

—Poner en funcionamiento medidas y niveles objetivo para evaluar los elementos clave de ese modelo.

—Diseñar unas medidas que sean objetivas, fáciles de calcular, fáciles de entender y que estén disponibles en el momento oportuno.

—Lograr que la mejora continua sea inevitable, a base de incorporarla en un proceso disciplinado cimentado en la evaluación.

—Dejar que la evaluación y los hechos triunfen sobre la intuición y la opinión personal.

Capítulo 7

Gestionar sin estructura

Aprovechar la fuerza de la ambigüedad

Soy padre de cuatro hijos mayores y muchas veces, los padres jóvenes me piden consejo sobre el cuidado y desarrollo de su prole. Como estoy inmerso en el mundo de la empresa, a veces me piden que les diga si sus hijos poseen capacidad para ser ejecutivos. Les suelo indicar que, si su joya y orgullo de ocho años lleva a casa unas notas con una calificación de insuficiente en la asignatura «Juega bien con los demás», es posible que tengan en la familia a un futuro presidente de empresa.

No hay ninguna duda: los directores de empresa no juegan bien con los demás. Son tan territoriales como los leones o los lobos, y cuánto más alto directivo sea, más territorial será. No se trata de una conducta genéticamente heredada; viene inducida por la manera en que están organizadas las empresas. Tradicionalmente, los ejecutivos han hecho frente a la gran escala y complejidad de sus empresas a base de dividirlas en partes y asignar cada zona a un director distinto. Uno es responsable de la fabricación, otro de las ventas; yo estoy a cargo de la unidad que fabrica y vende segadoras de césped, y tú diriges la parte dedicada a material de construcción. Este sistema ofrece claridad y enfoque, pero también tiende a estrechar demasiado ese prisma.

El director piensa, soy director y la parte de la empresa que me corresponde, grande o pequeña, es mi dominio soberano. Soy responsable de su rendimiento, tengo el control sobre los recursos necesarios para alcanzar ese rendimiento, y se me evalúa y remunera exclusivamente en base al rendimiento. Como consecuencia, hago caso omiso de todo lo que está fuera de mi dominio y coloco barricadas para defenderlo de los intrusos. Tomo mis decisiones guiándome sólo por lo que es mejor para mí y para mi parte, y el resto de la empresa ya puede hundirse. Recibiré (gruñendo) instrucciones de mi superior y le informaré sobre el rendimiento obtenido, pero no me relaciono con nadie más. Posiblemente, hacia mis colegas mostraré mi más intensa animosidad. Después de todo, en realidad debo competir con todos los otros directores para obtener recursos, la atención del director ejecutivo, y el ascenso hasta el sagrado círculo de los altos directivos de la empresa.

Georges Clemenceau, primer ministro de Francia al finalizar la Primera Guerra Mundial, afirmó: «No hay pasión más fuerte, que la pasión del funcionario por su función.» En ninguna otra parte esas palabras son más verdaderamente ciertas que en la empresa moderna.

Cada empresa tiene sus propias historias de horror sobre la manera en que la fragmentación de una empresa para dividirla en partes independientes provoca conductas extrañas e, incluso, destructivas. Los relatos que presentamos a continuación son, simplemente, demostraciones de esa realidad.

—Una gran empresa, proveedora de servicios informáticos, llevaba muchos años organizada en una serie de divisiones, cada una de las cuales ofrecía un servicio de tipo diferente (suministro de servicios, contratación de desarrollo de software, desarrollo de negocios-e, y otros). Desafortunadamente, durante años no había logrado obtener ninguno de los muchos megacontratos, de esos en los que un gran cliente desea contratar a un sólo proveedor que le proporcione toda la gama completa de los servicios que necesita. La razón estaba en que ninguna división perseguía esas oportunidades. Cada una se centraba exclusivamente en su propio servicio, y hacía caso omiso de las oportunidades de «venta cruzada» de los servicios de las otras divisiones. El representante de ventas de una división no tenía ningún incentivo para comprobar si un cliente podía desear los servicios de otra, ya que no recibía ninguna recompensa por hacerlo. Los jefes de división escondían celosamente a sus clientes, sin permitirles contactar con las divisiones hermanas, porque temían que todo dinero que el cliente gastaba en otro departamento iba a significar menor gasto en el suyo. Incluso aunque ése no fuese el caso, ningún jefe de departamento deseaba invertir su esfuerzo en desarrollar una cuenta de cliente cuando una parte considerable del beneficio iría a parar a las otras divisiones. Después de todo, cada jefe de división se consideraba a sí mismo competidor de las otras divisiones.

—Una importante empresa de electrónica estaba organizada en un elevado número de unidades de negocio autónomas, cada una de las cuales efectuaba por su cuenta el aprovisionamiento de componentes. Como resultado, las compras de la empresa estaban repartidas entre un buen número de proveedores, y ninguna de las unidades pasaba unos pedidos de volumen suficiente como para obtener alguna ventaja o descuento de los proveedores. La empresa calculaba que estaba gastando al año cientos de millones de dólares más que si tuviese capacidad para agregar las compras de toda la empresa. Pero la altanera independencia de las unidades eliminaba esa posibilidad. Cada decisión afirmaba que era «diferente», que tenía unas especificaciones propias y exclusivas, y que se iba a asfixiar si se veía forzada a comprar a los mismos proveedores que las otras divisiones.

—Una importante empresa de productos químicos tenía numerosos problemas con los sistemas de software heredados, y el director de la empresa propuso la adquisición de un sistema de Planificación de los Recursos de la Empresa (PRE) para ser utilizado a lo largo de toda la empresa. Aquella idea provocó una oleada de protestas. Los directores de departamento no deseaban participar en ningún sistema que, debido a su orientación hacia los procesos, podía abrir una brecha en sus barricadas y forzarles a colaborar unos con otros. Los directores de planta se sentían aterrados ante la posibilidad de utilizar un sistema estándar que facilitaba la comparación entre las distintas plantas, lo que les haría quedar mal. Los jefes de división rechazaban, por instinto, cualquier iniciativa de la empresa central, ya que lo consideraban como una afrenta a su autonomía. No hay que aclarar que ninguna de esas objeciones fueron expresadas en esos términos. En lugar de eso, se hicieron sonar las alarmas sobre cuestiones tan dignas de atención como las normas contables y los estándares de datos de la empresa. Naturalmente, esas cuestiones fueron remitidas a un comité para que las analizase minuciosamente; comité en el que, según las últimas noticias, la iniciativa todavía sigue languideciendo.

—Una empresa petrolífera tenía tres unidades principales: una para la compra de petróleo, otra para su refino y una tercera para comercializarla y venderla a las estaciones de gasolina. Cada unidad estaba dirigida de modo aislado y autónomo, y trabajaba separada de las demás. No compartían ninguna clase de información entre ellas. Como resultado, la unidad de refino normalmente producía más, o menos, de lo que la unidad comercializadora necesitaba; los responsables de comprar petróleo perdían oportunidades de conseguirlo más barato, porque se enteraban demasiado tarde de que las otras divisiones necesitaban más petróleo; y la empresa en su conjunto estaba inundada de existencias y de costes.

—Mediante una serie de adquisiciones se creó una empresa gigante de alimentación, pero cada unidad adquirida ha continuado operando independientemente bajo el nuevo paraguas general. Como resultado, los clientes no pueden pedir en base a una única lista de precios, obtener descuentos por el volumen total de compras efectuadas a la empresa conjunta, o recibir en un envío las compras realizadas a varias unidades. Por su parte, la empresa tiene que gestionar un elevado número de cadenas de aprovisionamiento independientes y soportar el mayor coste que eso implica; y muchas veces, tiene que enviar dos camiones, cada uno medio lleno con productos de una de las dos unidades, porque no hay modo de combinarlos en un camión completo.

—El grupo de planificación estratégica de una gran empresa de alta tecnología identificó un nuevo proceso informático que representaba una importante oportunidad. Sin embargo, cuando lo presentaron a los jefes de división de la empresa, los planificadores se encontraron con que nadie quería hacerse cargo de la idea. El problema estaba en que el nuevo proceso era realmente novedoso y no encajaba con las características de ninguna de las existentes unidades de negocio.

Los jefes de división se centraban fijamente en los negocios que se les habían asignado y no disponían de tiempo para todo lo ajeno a ese campo. Para cuando la empresa terminó toda la ardua fase de crear una unidad para explotar aquella nueva idea, había perdido un tiempo precioso y un competidor más ágil se había anticipado.

—En una gran empresa fabricante, una de las divisiones se encontró con un exceso de capacidad de fabricación, mientras que otra estaba falta de producción. Lo más lógico hubiese sido que la primera división hubiese puesto su exceso de capacidad a disposición de la segunda y, de ese modo, ambas hubiesen salido ganando. Pero el jefe de la primera división prefirió no hacerlo así, aún a sabiendas de que ambas iban a perder, porque había calculado que la otra división iba a perder más que la de él. En la competencia que mantienen los jefes de división para ocupar el puesto de director general, muchas veces no es necesario gestionar bien, basta simplemente con gestionar mejor que los demás. La mayoría de los jefes de división prefieren obtener una puntuación de 5, cuando sus colegas sólo llegan a 4; que obtener 8 puntos si sus colegas obtienen 9.

Luego, está el caso de una división de una empresa de productos médicos, con una actitud tan defensora de su independencia, que se niega a incluir el nombre de la empresa matriz en sus impresos y cartas; y una compañía de seguros donde se comentaba: «Los presidentes de nuestras divisiones nunca se hablan; y cuando lo hacen, mienten.» Podría continuar indefinidamente describiendo otras variantes de esta situación, pero supongo que los lectores podrían contar otras tantas.

Estas conductas grotescas no son sólo exclusivas de los confines chapados con caoba del piso de los ejecutivos. Esas actitudes van cayendo en cascada hasta lo más bajo de la empresa, cuando cada director da órdenes de actuación a sus subordinados estrechando más aún los límites de su perspectiva y responsabilidades. Pero, en la empresa, el lema de divide-y-vencerás, se ha convertido en divide-y-serás-vencido; en la empresa moderna, muchas veces, el todo suele ser mucho menos que la suma de las partes.

No se trata de problemas nuevos, pero en estos últimos treinta años han alcanzado mayores alturas (o profundidades), debido a la estandarización en todo el mundo de la empresa del concepto de unidad estratégica de negocio (UEN).

Hasta mediados del siglo XX las empresas, en su mayor parte, estaban organizadas como unidades funcionales. Es decir: las empresas quedaban divididas en grandes departamentos separados: uno de fabricación, otro financiero, y otros de logística, ventas, márketing, y demás; y cada uno se centraba exclusivamente en su particular función. Sin embargo, a medida que las empresas fueron creciendo, este enfoque perdió eficacia; los departamentos se hicieron demasiado grandes como para poder ser bien gestionados. Además, las empresas estaban atrayendo a una más amplia diversidad de clientes e intentaban extender su línea de producto para adaptarse a esa diversidad. Como resultado, los departamentos se vieron forzados a ensanchar el enfoque de sus actividades específicas. Por ejemplo, al departamento de fabricación se le podía encargar la producción de calculadoras y de misiles crucero; y al departamento de marketing se le podía pedir que su acción llegase, simultáneamente, a los consumidores y a los compradores industriales. Como respuesta a esa situación, surgió la idea de la unidad estratégica de negocio (UEN).

Una UEN es una empresa autónoma que vende determinados productos a ciertos clientes y es dirigida de modo independiente por su propio director general. La UEN desarrolla, fabrica, vende y ofrece servicios postventa de sus propios productos con su propio personal. La empresa matriz proporciona capital a cada unidad y a cambio, espera recibir una rentabilidad financiera previamente especificada; aparte de eso, normalmente la UEN es libre y opera independientemente de las demás unidades. (En algunas empresas, la UEN obtiene acceso a la avanzada tecnología desarrollada por un centro de investigación corporativo.) Cada UEN es «una piscina sobre su propio suelo», una empresa que bajo la dirección de un presidente emprendedor o un director general, tiene plena libertad para perseguir sus propios intereses. La mayoría de los historiadores económicos atribuyen a GE la introducción de este concepto, a principios de la década de los 70. Hoy en día, GE tiene UENs que producen motores de aviación, fabrican y venden plásticos, y ofrecen una amplia variedad de servicios financieros; el concepto de UEN se ha extendido por todos los sectores industriales de los EE.UU. y se ha convertido en la norma de hecho.

Este enfoque limpiamente segmentado de la estructura de la empresa ofrece varias ventajas, especialmente: claridad y simplicidad. En el modelo de UEN, cada unidad se ve impulsada a optimizar su rendimiento y se le proporcionan recursos y autonomía para lograrlo. El jefe de cada unidad hace todo lo que considera que es mejor para su negocio. Cualquier conflicto entre jefes de unidad se traslada a los altos ejecutivos de la empresa matriz, que se encargarán de resolverlo.

Su lógica se basa en la idea de que, dividiendo el todo en partes separadas, cada una de las cuales dispone de autonomía para alcanzar sus objetivos, también se cubrirán de modo inevitable las necesidades del todo. En teoría, una estructuración en UENs permite a la empresa evitar la complejidad, inflexibilidad, e incluso el anquilosamiento, que se suele generar cuando un solo equipo directivo intenta dirigir las actividades de una gran empresa muy diversificada. Pero, como ocurre con todas las cosas de la empresa (y de la vida, también), este enfoque tiene ventajas, pero también inconvenientes.

Casi tan pronto como vio la luz, algunos empezaron ya a cuestionar el concepto de UEN. Si todas las UENs operan independientemente, ¿cuál es la finalidad, fundamento, o contribución de la empresa como conjunto? ¿Para la UEN tiene alguna ventaja el hecho de ser propiedad de una empresa matriz que posee también otras unidades? Al principio, las respuestas a esas preguntas fueron expresadas en términos estratégicos. De acuerdo con el dogma que imperaba en las décadas de los años 1960 y 1970, la esencia de la estrategia empresarial consistía en reunir una cartera de UENs que incluyese una combinación de negocios estables, otros de rápido crecimiento y otros generadores de liquidez, y emplear la liquidez generada por unas para financiar las oportunidades de crecimiento de otras. El hecho de que las UENs puedan no verse beneficiadas individualmente por ser propiedad común de la empresa matriz, quedará compensado por su crecimiento colectivo y el desarrollo de la empresa matriz. La apoteosis de esta forma de razonamiento se plasmó en algunos conglomerados, como ITT y Litton: montones de empresas que tenían muy poco en común, a excepción de un balance consolidado.

En estas dos últimas décadas, la teoría de la cartera de la empresa ha quedado anticuada. Ahora, existe un amplio consenso acerca de que las corporaciones deben ser algo más que unas empresas holding, que debe existir algún elemento aglutinador que sirva para aunar a todas sus unidades de negocio. Una de las perspectivas más generalmente aceptadas, es la de que cada unidad de la empresa debe reflejar las competencias clave de la empresa matriz. Las diversas unidades pueden fabricar diferentes productos para clientes distintos, pero todos esos productos deben estar basados en un núcleo común de conocimientos y técnicas. Otra teoría afirma que la corporación madre ofrece valor añadido a sus unidades por medio de un conjunto estándar de disciplinas de gestión. Así, aunque las unidades de GE actúan en negocios tan distintos como el de emisoras de radio y el de sistemas médicos, están unidas por un conjunto de prácticas empresariales que fueron desarrolladas bajo la égida de Jack Welch, y que han sido diseminadas a toda la empresa vía el famoso centro de formación de la empresa en Crotonville. La calidad six sigma y la resolución (workout) son sólo dos de las muchas técnicas de gestión que GE ha puesto en práctica en todas sus UENs.

Actualmente, y a pesar de su popularidad (especialmente entre los ejecutivos encargados de dirigirlas), el concepto de UEN ha llegado al final de su vida útil. Los inconvenientes inherentes al enfoque de UEN, esa clase de problemas descritos anteriormente en la letanía de las historias de horror, ya no son admisibles en la economía de cliente. La empresa ya no puede permitirse las ineficacias y duplicidades internas, la incomodidad de los clientes, y la inflexibilidad organizativa, derivadas del hecho de estar dividida en una mezcolanza de unidades independientes. El concepto de UEN proporciona un modo de dividir una gran empresa en pequeñas unidades más fáciles de gestionar, pero al hacerlo aniquila la fuerza de la empresa como un todo integrado.

El abandono del concepto de UEN no se ha producido de modo repentino. A lo largo de la pasada década, en los muros que definen, rodean y protegen al concepto de UEN, fueron apareciendo varias grietas. No se trataba de roturas ideológicas; es decir, no representaban un reto intencionado contra la mentalidad convencional acerca de la estructura de la empresa. Más bien, eran reacciones tácticas a unas situaciones específicas de la empresa. Pero su efecto real ha sido el de poner en entredicho la validez del concepto de corporación basada en las UEN, y el de ofrecer, en su lugar, otro concepto de carácter muy diferente.

La primera fisura destacable fue producida por el concepto de «servicios compartidos». A principios de la década de los 90, muchas corporaciones buscaban desesperadamente algún modo de recortar gastos y reducir las cargas generales. Ya habían realizado intentos con la reducción de plantillas, que produjeron resultados positivos y negativos, indudablemente, y ahora estaban buscando otras técnicas de fácil implementación. Al final, muchas se dieron cuenta de que existía una enorme duplicidad en sus UENs. Los ejecutivos descubrieron que muchos de los empleados repartidos entre las distintas unidades estaban realizando las misma tareas administrativas rutinarias, tales como la de enviar facturas o cobrarlas, gestionar las cuentas a cobrar y las cuentas a pagar, pasar pedidos de suministros de oficina, actualizar las fichas del personal y responder a las preguntas de los empleados acerca de las prestaciones sociales, y otras más. Muchos de los empleados que estaban realizando esas tareas no tenían el volumen de trabajo suficiente como para ser realmente eficaces; en otras palabras, eran incapaces de aprovechar ninguna economía de escala. Además, existía una enorme diversidad en la forma de realizar el trabajo, lo que inevitablemente conducía a una diversidad en su calidad. Algunas unidades aplicaban unas formas de trabajar mejores que las de otras unidades. Algunos empleados estaban bien adiestrados y hacían bien su trabajo, pero otros no. Por último, aquellas tareas administrativas representaban una distracción ajena al verdadero trabajo de la unidad de negocio y que desviaba su atención hacia aspectos distintos a los que debían constituir su enfoque principal.

La reacción a este problema de repetición y duplicidad fue la creación del «Centro de Servicios Compartidos» (CSC): un grupo centralizado encargado de realizar actividades de transacción para todo el conjunto de la empresa. En lugar de que cada unidad pagase sus propias facturas, lo hacía el CSC y cobraba a la unidad por ese trabajo. El empleado que tenía dudas acerca del plan de pensiones de la empresa, podía llamar al CSC y recibiría todas las respuestas. Dedicado exclusivamente a esas tareas, el CSC podía aprovechar las economías de escala. Sus directores podían centrarse en mejorar la calidad y reducir los costes de su trabajo; podían justificar las inversiones que debían realizar en tecnología para mejorar la productividad. La combinación de esos factores condujeron, muchas veces, a espectaculares ahorros de costes.

Tenemos un ejemplo en Ahold USA, que forma parte del gigante alemán de los supermercados Ahold; entre sus unidades se incluyen Stop & Stop, Giant Food Stores, BiLo Supermarkets, y otras importantes cadenas de alimentación. Antaño, cada unidad operaba de modo autónomo, siguiendo el modelo de UEN, pero al final la incesante presión sobre los márgenes existente en el sector de supermercados, forzó a Ahold a estudiar la cuestión de los servicios compartidos. En 1999 puso en marcha un CSC para transacciones financieras. Como resultado, ahora 400 empleados realizan el trabajo para el que antes se necesitaban 560. Mediante la estandarización y la centralización, Ahold redujo considerablemente el coste de adquisición y mantenimiento de los sistemas de software utilizados para efectuar las transacciones.

En el entusiasmo generado por el éxito del concepto de servicios compartidos, a veces se pasa por alto el hecho de que ese concepto supone un reto contra la autonomía de las UENs. El jefe de una UEN ya no es, por completo, el capitán de su propio barco. Ahora, parte del trabajo necesario para mantener en marcha la empresa es realizado por personas sobre las que no tiene ningún control directo. Una UEN no gestiona ni controla el CSC que le proporciona sus servicios de transacción; el papel de la UEN es, más bien, el de cliente del CSC. En algunas empresas, los jefes de UENs ofrecieron resistencia a esta violación de su independencia, afirmando que no era justo hacerles responsables del rendimiento financiero de su UEN, cuando se veían obligados a incurrir en un gasto (las facturas del CSC por los servicios prestados) sobre el que no tenían ningún control. Esas objeciones tenían poca fuerza. La posibilidad de reducir costes, triunfó sobre el riesgo de violar la autonomía de la UEN. Pero los ofendidos jefes de las UENs habían acertado en su diagnóstico: el antiguo aislamiento de las UENs había empezado a desaparecer.

El segundo ataque contra las UENs se produjo como reacción a la creciente demanda de simplicidad por parte de los clientes. La estructura de UEN facilitaba la gestión interna, pero también complicaba la vida al cliente. Por ejemplo, supongamos que un minorista compra productos a una empresa diversificada de bienes de consumo empaquetados (BCE) que tiene varias UENs especializadas en distintas categorías de productos. El minorista tendrá que negociar individualmente con cada UEN. Eso significa realizar pedidos separados, recibir envíos separados y facturas separadas; en resumen, un considerable aumento de trabajo. En aquella época, los minoristas carecían relativamente de fuerza, de modo que tenían que resignarse y soportar todos esos problemas. Pero en la economía de cliente, los minoristas pueden exigir que la empresa de BCE les presente un único rostro o interlocutor.

Ante esa situación, algunas corporaciones estudiaron la posibilidad de organizar sus unidades empresariales en función de los clientes o mercados, y no en base a los productos. En lugar de centrar a una unidad sobre bocadillos, a otra sobre el queso y a otra sobre productos cárnicos, una unidad se dedicaría a atender a las cadenas de centros comerciales, otra a los mayoristas y otra más a las pequeñas tiendas de alimentación, y así sucesivamente. Para que cada unidad pudiese funcionar como una verdadera UEN autónoma, tenía que desarrollar y fabricar todos sus productos. Eso representaba una enorme duplicidad y ninguna economía de escala en áreas como la investigación, la fabricación y el aprovisionamiento.

En el capítulo 2 se ha expuesto un enfoque mucho más práctico: Organizar equipos de cuentas centrados en el cliente, que representen a varias UENs. Un equipo puede estar compuesto sólo por vendedores, o bien puede también incluir representantes de servicio al cliente, especialistas en logística y otros empleados que participan en la interacción con los clientes. Esos equipos presentarán al cliente un único punto de contacto para todas las UENs de la empresa. Este enfoque supone un gran avance para resolver los problemas del cliente, pero también causa inintencionadamente otro problema: hacer más borrosas las claras fronteras de la UEN. El jefe de la UEN ya no puede ordenar a sus vendedores que se centren exclusivamente en los productos y los objetivos de la UEN. Los vendedores son ahora miembros de un equipo que debe compensar y buscar el equilibrio entre los objetivos de cada UEN y los objetivos de la empresa en su conjunto. A veces, un equipo de cuenta tendrá que sacrificar a una UEN (ofreciendo sus productos con fuertes descuentos, por ejemplo) a fin de lograr que el cliente aumente la parte de su gasto total que canaliza a la empresa en su conjunto. Esto significa una diferencia muy importante respecto al tradicional concepto de UEN.

La tercera brecha en las defensas de la UEN estaba relacionada con la estandarización de los procesos. Analizaremos, una vez más, los esfuerzos de Duke Power para instalar el servicio eléctrico según lo programado (capítulo 4). Duke Power está organizada en regiones geográficas que dividen su territorio en dos partes: Carolina del Norte y Carolina del Sur. Anteriormente, cada región era de hecho una UEN. Cada vicepresidente regional era responsable de alcanzar unos objetivos financieros específicos y contaba con el personal y recursos necesarios para lograrlo. Dentro de ese marco obligatorio, los vicepresidentes regionales eran fundamentalmente autónomos. La colaboración entre ellos se producía rara vez. Como trataban principalmente con los clientes de su propia región, tenían muy pocas razones para comunicarse entre sí.

Cuando los altos ejecutivos de Duke Power decidieron mejorar el rendimiento del proceso de instalaciones, tuvieron que elegir si era preferible estandarizar un método para la totalidad de la empresa o permitir que cada región pusiese en marcha su propio sistema. Si las regiones y sus clientes hubiesen sido muy diferentes entre sí, sería necesario preparar dos procesos de instalación distintos. Pero como ese no era el caso —la instalación del servicio eléctrico en Carolina del Norte es similar a la instalación de Carolina del Sur— la empresa decidió que sólo se necesitaba un proceso.

Para prepararlo, la empresa nombró a un único poseedor del proceso, cuya labor consistió en elaborar un modelo estandarizado para la totalidad de la empresa. El poseedor de este proceso, y también los poseedores de los otros procesos de la empresa, quedaron posicionados como pertenecientes al mismo nivel que los vicepresidentes regionales, y todos ellos tenían que responder ante el presidente de la empresa. De ese modo, el control del trabajo fue separado del de las personas que realizaban la tarea. El poseedor del proceso diseñó el modelo, y ahora los vicepresidentes regionales son responsables de asegurar que sea llevado a cabo apropiadamente. Lo que antes era una autoridad regional totalmente autónoma, ahora ha sido dividida y algunas responsabilidades han recaído sobre los poseedores del proceso y otras siguen en manos de los vicepresidentes regionales.

La cuestión común a esas tres situaciones —centros de servicios compartidos; un interlocutor común ante el cliente; y la estandarización de los procesos— es que demuestran la futilidad de intentar segmentar una empresa en UENs independientes. El mundo no es unidimensional, ni las empresas son diamantes que se separan limpiamente a lo largo de una faceta para formar componentes autónomos. Es imposible dividir limpiamente a una empresa entre varias UENs capaces de operar independientemente unas de otras. En el mundo actual, si se separan dos unidades de negocio «independientes», es inevitable que se produzca un solape y que sigan compartiendo clientes, líneas de producto, actividades de apoyo administrativo, o procesos de cara al cliente. En un mundo multidimensional, la UEN autónoma es una ficción. Si ignoramos esa verdad, corremos el riesgo de aumentar los costes y la insatisfacción del cliente; y ninguno de esos resultados es ya aceptable.

Sin embargo, la solución al problema estructural de la UEN no está en añadir más estructura; sino en la antiestructura. El fin de la UEN significa también el cese de la prioridad de la estructura organizativa. Se están poniendo en cuestión nada menos que las bien definidas fronteras de la organización, y con ellas el concepto de autonomía de gestión y la relevancia del organigrama.

Esta idea significará un duro golpe para muchos ejecutivos que padecen la ampliamente extendida enfermedad de la «estructuritis». El principal síntoma de esta enfermedad es la propensión a preparar un nuevo organigrama como la primera solución para un problema empresarial. Algunas empresas consideran que, el hecho de volver a barajar el consejo directivo y asignar una nueva casilla a cada uno de sus miembros, es tan catártico que lo efectúan de modo periódico, incluso anualmente (o en plazos inferiores). Muchas aceptan estas remodelaciones con la misma emoción que los peregrinos sienten en su viaje hacia las fuentes de la fe religiosa. En las empresas que padecen de «estructuritis», el organigrama es un tema de interminable fascinación y objeto de gran veneración.

No hay que insistir en que esas reorganizaciones periódicas generalmente no logran nada positivo, ya que no suelen dar solución a las causas básicas de la mayoría de los problemas de la empresa. Demasiadas veces, la reorganización es un sustitutivo de un profundo análisis estratégico, de la mejora disciplinada del rendimiento y de un cambio sustancial.

Ha llegado el momento en que los directores se preocupen menos de su estructura organizativa y de su organigrama, y más de aplicar sus recursos para beneficio del cliente. La idea de que una empresa, en su conjunto, puede ser descompuesta en unidades independientes, es una idea ya anticuada. En su lugar, está imponiéndose otra más sutil y compleja, en la que ningún director dispone de una independencia completa; más bien, se trata de que los de más arriba colaboren para beneficio colectivo de la totalidad de la empresa.

Para comprobar cómo funciona este sistema, vamos a analizar nuevamente a Duke Power, donde ningún poseedor de proceso ni ningún jefe regional tiene una autonomía completa. Los primeros comprueban el diseño del proceso, los segundos controlan al personal que los lleva a cabo. Para lograr que esta división de responsabilidades ofrezca buenos resultados, se requiere una extraordinaria colaboración entre el poseedor del proceso y los jefes regionales. Al diseñar un proceso, su poseedor debe tener en cuenta la capacidad del personal de la división regional, mientras que al seleccionar a sus empleados el jefe regional debe tener en cuenta las exigencias del proceso. Ninguno de esos dos puede decir al otro: «Haz las tareas a mi manera.» Si uno de ellos intenta asumir un control total, o apropiarse de las responsabilidades del otro, todo el intento fracasará. Duke no posee una estructura jerárquica, con unas claras líneas de autoridad; en lugar de eso, sus ejecutivos flotan en un mar de responsabilidades compartidas. Si el poseedor del proceso y el jefe regional colaboran bien, ambos triunfarán; si no colaboran, ambos fracasarán.

Los que todavía son partidarios de la claridad de las estructuras tradicionales, posiblemente preguntarán: ¿Ante quién debe responder un empleado que está realizando un proceso en una determinada región, ante el poseedor del proceso o ante el jefe regional? Tal como señalé en el capítulo 4, he planteado esta pregunta a varios altos ejecutivos de Duke Power, los cuales, sorprendentemente, me daban siempre la misma respuesta: «No tiene importancia.» La razón está en que el poseedor del proceso y el jefe regional tienen unos objetivos idénticos. Ambos son evaluados y remunerados por las mismas medidas clave que la empresa definió en el Gameplan que hemos expuesto en el capítulo 6. Ambos son evaluados por el nivel de rendimiento que obtiene el personal regional en la realización del proceso y por el nivel de rendimiento financiero de la empresa.

Duke Power destaca por haber minimizado los conflictos que anteriormente creaban unos objetivos incongruentes o divergentes. En lugar de que el poseedor del proceso promocione las medidas del mismo y el jefe regional se centre en la rentabilidad, ambos se preocupan de todo lo relacionado con las medidas y se sienten motivados para colaborar en la mejora de esas medidas compartidas. Por esa razón, lo importante no es ante quién debe responder el empleado que realiza un proceso; esa persona recibirá, de ambas fuentes, las mismas orientaciones y las mismas exigencias.

A algunos, la organización de Duke Power les recuerda la tan maldita idea de la organización matricial. El concepto de matriz surgió en la década de los 70, como un primer intento para lograr que una empresa fuese capaz de centrarse en varios objetivos al mismo tiempo. En una organización matricial, un empleado podía tener dos o tres directores. Un ingeniero con base en California podía responder ante el director de ingeniería, ante el director de las operaciones de California, y ante el director de la línea de producto en el que estaba trabajando. El fallo letal de la matriz se debía a que esos directores, normalmente, solían tener unos objetivos contradictorios. Tenían unas responsabilidades claramente diferenciadas y eran evaluados con medidas muy diferentes, de modo que inevitablemente, se centraban estrechamente sólo en sus áreas particulares: sólo en la productividad del departamento de ingeniería, o en los costes de las actividades de California, o en el éxito de su línea de producto. Cada uno de ellos luchaba infatigablemente por realizar su marcada agenda, normalmente a costa de las otras preocupaciones, y con poca o ninguna consideración por el rendimiento general de la empresa. En ese sistema, todo empleado que tenía que responder ante dos o tres directores se veía entrampado en un interminable tira y afloja, y malgastaba su preciosa energía y su valioso tiempo intentando determinar cuál de las necesidades era más prioritaria. El inevitable politiqueo resultante era intolerable. Sin embargo, la estructura de Duke Power evita este fallo, ya que orienta a todos los empleados hacia unos objetivos comunes.

En Duke Power no se necesita sólo la colaboración entre el poseedor del proceso y el jefe regional. Los poseedores de procesos también deben establecer una estrecha colaboración mutua, ya que los modelos no son islas separadas de los demás. Los procesos también se solapan, ya que un mismo trabajador debe intervenir en varios al mismo tiempo. Por ejemplo, el mismo personal de instalaciones realiza el montaje de las líneas y efectúa su mantenimiento. Al principio, este solape creaba conflictos. Los dos poseedores de procesos intentaban, cada uno por su parte, convencer al jefe regional para que asignase más personal a su proceso.

Sin embargo, al poco tiempo ambos poseedores de procesos se dieron cuenta de que esos conflictos eran perjudiciales para los dos, de modo que idearon un nuevo arreglo. Ambos sabían que la demanda de su proceso era estacional. En consecuencia, se asignó un número determinado de empleados para trabajar exclusivamente en cada proceso, a fin de que siempre hubiese capacidad para atender inmediatamente los trabajos de máxima prioridad; con el resto se formó un equipo flotante de reserva, que estaba siempre preparado para trabajar en cualquiera de los dos procesos. El poseedor del proceso de mantenimiento aceptó programar los trabajos rutinarios para la primavera y el otoño (siempre que fuese posible); de ese modo, se disponía de una mayor capacidad de instalación durante el verano, época en la que la demanda de instalaciones era mayor. Los objetivos compartidos de Duke, impulsaron a aquellos dos poseedores de procesos a derribar los muros que rodeaban sus áreas independientes de responsabilidad. La fuerza del beneficio mutuo hizo que su colaboración fuese no sólo posible, sino inevitable.

En Duke Power, ya ha pasado a la historia la era de los territorios bien definidos dirigidos por directores autónomos. Eso no quiere decir que la adaptación al nuevo sistema haya sido un fácil paseo. Para los directores de Duke, que estaban acostumbrados desde hacía mucho tiempo a una altanera independencia, la colaboración representó un profundo cambio. La colaboración para alcanzar un objetivo compartido, no es uno de los rasgos que las empresas tradicionales más fomentaron o desarrollaron en sus directores. Al principio y de modo instintivo, el poseedor del proceso y el jefe regional actuaron más como rivales que como asociados. Este problema no se solucionó hasta que los directores se reunieron para elaborar una especie de constitución cuyo objeto era fomentar la toma de decisiones en colaboración. Este documento, conocido como «matriz de derechos de decisión», especificaba el rol que los distintos directores deberían desempeñar a la hora de tomar diversas decisiones importantes, tales como cambiar el diseño de un proceso, contratar personal, o fijar un presupuesto. Indicaba de modo detallado los directores que debían tomar realmente la decisión, los que debían ser consultados previamente, y los directores a los que había que informar con posterioridad.

En efecto, la matriz de derechos de decisión se convirtió en la guía para la colaboración de los directores. Lo más irónico es que, una vez elaborada la matriz, los directores de Duke comprobaron que sólo la consultaban de vez en cuando. El proceso de elaborar la matriz les llevó a internalizarla. La claridad del documento proporcionó a los directores un sentido concreto de cómo debería funcionar la nueva organización. Y el propio proceso de elaborarlo, les permitió captar el nuevo estilo de gestión.

Este estilo de colaboración entre directores es un reflejo del trabajo en equipo que, ahora, es muy corriente entre los trabajadores de base. En justicia, a los ejecutivos no se les podía exigir menos. Por parte de los directores, sería hipócrita exigir a sus empleados lo que ellos no están dispuestos a hacer. Pero el fin de la autonomía de los directores significa mucho más que, simplemente, poner a los directores a trabajar conjuntamente en equipos de proyecto circunstanciales. En Duke Power, la colaboración es la propia esencia de la labor de gestión, no un añadido ocasional de ella.

Mirando en retrospectiva, el mayor valor que se daba a los centros compartidos de servicios, a un único interlocutor ante el cliente, y a la estandarización de los procesos, marcó el inicio del final de la visión tradicional de la empresa como una organización claramente estructurada y con unos directores que gozaban de elevaba autonomía. Pero este cambio todavía no ha terminado. Esos tres sistemas han empezado a engranarse entre sí y en muchas organizaciones están conduciendo a unas estructuras más ligeras. A fin de presentar un solo interlocutor ante el cliente, algunas empresas ya están combinando realmente la estandarización de los procesos y los servicios compartidos. Es decir: una vez que la empresa decide que un proceso debe ser realizado del mismo modo en todas sus unidades de negocio y bajo la égida de un poseedor del proceso, sólo hay un pequeño paso que tomar para sacar fuera de esas unidades a los empleados que realizan ese proceso, y transformarlos en el equivalente a un centro de servicios administrativos para trabajos no-administrativos.

Esto es lo que hizo un importante fabricante de suministros para la construcción. En el pasado, esta empresa estaba organizada en convencionales unidades independientes de negocio, cada una con su línea de producto, como materiales de cubierta y materiales aislantes. Cada unidad tenía su director general, cuya misión consistía en optimizar los beneficios de su unidad concreta, con independencia del nivel de rendimiento que obtenían las otras unidades. Pero este sistema empezó a tambalearse con la llegada de clientes de enorme volumen, como Home Depot y otras cadenas de ámbito nacional dedicadas a la renovación del hogar: unos gigantes que no veían ninguna razón para soportar en su carne las repercusiones de la fragmentación de los fabricantes. Reaccionando a todo ese contexto, el fabricante liberó a las UENs del control del rendimiento del proceso de cumplimentación de pedidos (recepción del pedido, envío de la mercancía, cobro de la factura y similares); unas UENs que hasta ahora habían estado basadas en el producto, y que a partir de este momento empezaron a centrarse completamente en la fabricación y el desarrollo del producto.

La cumplimentación pasó a ser responsabilidad de tres nuevas unidades, una por cada principal tipo de clientes de la empresa: grandes minoristas, de pedido voluminoso, como Home Depot; grandes contratistas de construcción; e intermediarios y distribuidores que revendían los productos a los pequeños minoristas. Cualquiera de las tres unidades podía recibir pedidos de cualquier producto, coordinar los envíos y presentar al cliente una única factura

Hoy en día, quedan muy pocos especímenes del modelo convencional de unidades de negocio independientes, como el de este fabricante. Ahora, las unidades de producto no poseen todas las capacidades de una empresa completamente autónoma. Aunque desarrollan y fabrican los productos, no tratan con los clientes. De modo similar, las unidades que interactúan con los clientes les proporcionan un contacto común, pero no fabrican los productos. Tampoco la empresa ha vuelto a ser una organización funcional, en la que toda la fabricación es realizada por un departamento y todo el marketing en otro. Esta empresa es, más bien, como un adhesivo epoxi que sólo pega cuando se mezclan todos los componentes. Añadir una unidad de cliente a una unidad de producto, equivale a crear una empresa completa, pero sólo cuando ambas unidades están bien combinadas.

Un aspecto sorprendente de esta empresa completa, consiste en que no aparece en ninguna parte del organigrama. No hay ningún director que sea responsable de ella. Pero cuando el jefe de una unidad de producto y el de una unidad de cliente colaboran entre sí, forjan una aleación que es el equivalente al director general que era responsable sólo de su propio ámbito y de su propia unidad. Sólo mediante una extraordinaria colaboración pueden los jefes de producto y de cliente integrar eficazmente sus distintas capacidades y conocimientos, y dirigir efectivamente una empresa completa.

¿Este fabricante está organizado en base a productos o en base a mercados? La respuesta —en base a los dos, y en base a ninguno— refleja la realidad multidimensional del mundo empresarial actual. Los productos, los segmentos de clientes, la geografía y los mercados, son todos ellos facetas significativas de una empresa, y no se puede permitir que alguna de ellas predomine sobre las demás. La polarización de una empresa sobre una única dimensión conducirá inevitablemente a incoherencias y duplicidades. Aunque las dimensiones de producto y de mercado son igualmente vitales para la empresa de materiales de construcción, ninguna puede funcionar bien y triunfar sin el éxito de la otra. Debo insistir en que no es una estructura tradicional de matriz, que permite a los distintos directores con diferentes prioridades impulsar a los trabajadores hacia direcciones contradictorias. Aquí, cada director tiene un enfoque principal diferente, pero también tienen todos un incentivo para aglutinar sus intereses; y eso es lo que proporciona la clave para el éxito general de la empresa.

En esta configuración de la empresa resulta irrelevante determinar qué aspecto es el más importante; y, de hecho, es sólo una cuestión de perspectiva subjetiva. Un jefe de producto puede considerar que la empresa está organizada en base a los productos y que las áreas comerciales sólo son simples canales de distribución compartidos por todas las unidades de producto; los jefes de las unidades comerciales pueden creer todo lo contrario. ¿Quién es compartido? ¿Quiénes son los que comparten? ¿A quién le importa?

Al reconsiderar los límites externos de la unidad, se debe también perfilar la responsabilidad por las pérdidas y ganancias, que antaño era el dominio de los jefes de las UENs. Ahora, esas responsabilidades deben ser asignadas más ampliamente. Cada unidad comercializadora es responsable de la rentabilidad de su segmento de mercado. Cada unidad de producto es responsable de la rentabilidad de su categoría de producto. El coste de las unidades de producto es asignado a las diversas unidades comercializadoras, a fin de que puedan calcular sus pérdidas y ganancias; y a la inversa.

En cierto sentido muy importante, la estructura fija de la UEN fue el resultado de las limitaciones de la técnica contable de mediados del siglo xx. Hasta hace poco, las empresas sólo podían elegir una dimensión para fijar la responsabilidad sobre las pérdidas y beneficios, porque los registros físicos y los primeros sistemas informáticos que los simulaban no permitían más. Sólo había una manera de organizar el plan de cuentas y había que aplicarlo tal cual era. Como consecuencia, los jefes de las UENs eran los únicos responsables de la cifra de pérdidas o beneficios.

Sin embargo, con la actual tecnología informática se puede cortar y trocear como uno desee lo que, en ocasiones, se ha llamado el cubo de información. Una anotación contable que registra la transacción de venta de un producto a un cliente, puede ser analizada en términos de cliente, de producto, o de zona geográfica, o de cualquier otro factor relevante. No se trata de que no exista una dimensión principal sobre la que estructurar la organización, lo que no hay es un límite para el número de las posibles dimensiones. Y así es como debe ser. Si se quieren gestionar eficazmente los productos, es necesario saber cuáles son rentables y cuáles no lo son; lo mismo se puede decir de la gestión eficaz de los mercados o de los segmentos de clientes. Tener que elegir entre un modo u otro de organizar una empresa es una propuesta vacía de contenido.

Carly Fiorina ha reorganizado recientemente Hewlett-Packard siguiendo este enfoque. Anteriormente, HP era un conglomerado de ochenta y tres unidades dirigidas por separado, cada una de las cuales se centraba en una única línea de producto. Fiorina ha reorganizado todas esas divisiones en tres unidades generadoras de producto, cada una de ellas responsable de crear productos de una amplia categoría, tales como ordenadores o sistemas de impresión; y en dos organizaciones de cara-al-cliente: una para los consumidores y otra para las empresas clientes. (También hay una unidad de servicios que posee características de ambas: de las organizaciones de cara al cliente y de las organizaciones de apoyo administrativo, back-end.) Lo que anteriormente era responsabilidad plena de P & L, ahora se comparte. La organización de fabricación de productos y la organización de cara-al-cliente tienen unos objetivos y unas medidas comunes, a fin de asegurar que las dos estarán igualmente orientadas a ofrecer resultados.

Esta clase de organización, como en el caso de Duke Power, debe operar por consenso y en colaboración, y no por rígidas órdenes a cumplir. Las diversas unidades de mercado presentarán sus necesidades a las unidades de producto, que se esforzarán por superar todos los posibles conflictos y producir bienes que satisfagan al máximo posible las exigencias del cliente. Y a la inversa, las diversas unidades de producto expondrán su situación a las unidades de mercado, que intentarán idear procesos de cara-al-cliente para buscar salida a los diversos productos. En este entorno, las líneas de reporte llegan a ser menos claras y en su mayor parte, irrelevantes. Un empleado responsable de cumplimentar los pedidos al que se le pregunta si trabaja para la línea de producto o para un segmento de mercado, probablemente nos contestará con un gesto de indiferencia. ¿Por qué debe importar eso?

En lugar del convencional director todopoderoso de una UEN, el dirigente de una unidad de este tipo de empresa se convierte en el defensor de las necesidades de la unidad. El director de una unidad de mercado ejerce presión a favor de su segmento de mercado, el de una unidad de producto lo hará por sus productos. Los distintos defensores negocian y diseñan planes que los empleados de base deberán seguir.

Es interesante destacar que existe un precedente de esta forma colaboradora de trabajar: el papel convencional del director de producto que, en una empresa fabricante, obtiene todos los recursos necesarios para asegurar el éxito de sus productos sin ejercer control sobre ninguno de esos recursos. Pero en el pasado, ese director de producto hubiese tenido que actuar bajo el mando de un jefe de UEN autónomo. Ahora, incluso los directores de una unidad de negocio tienen también el mismo relajado marco de responsabilidades que el tradicional director de producto.

Esta nueva clase de no-estructura, requiere una figura diferente de director, con un nuevo conjunto de conocimientos y capacidades. Un ejecutivo de Duke Power, al comparar su puesto de trabajo antes del cambio con el de después del cambio, afirmó que eran tan distintos como el día y la noche. Otro aseguró que las tres exigencias fundamentales para su nuevo puesto de trabajo eran «influencia, influencia, e influencia». Al no existir una jerarquía estricta ni una autoridad absoluta, los directores sólo pueden hacer cosas colaborando entre sí, y no dando órdenes.

El tradicional rol de director concedía poder y autoridad a todo el que en un momento determinado ocupaba ese puesto. Ya no es así. Ahora, el papel del director es sólo lo que el que ocupa ese cargo hace con dicho rol. Si representa enérgicamente a sus empleados y es también un buen jugador de equipo, él, su equipo y la empresa tendrán éxito. Si no lo hace así, se verá relegado a los márgenes de la vida empresarial. El director ya no podrá contar con la muleta de la autoridad que su puesto representa; ahora, deberá actuar y gestionar por sí solo.

Esta nueva clase de organización está virtualmente estructurada, pero esencialmente es no-estructurada. Es extraordinariamente flexible y capaz de reaccionar a las cambiantes necesidades; y para hacerla funcionar eficazmente, sólo requiere unos mínimos gastos generales de dirección. Pero su fortaleza es también su debilidad. La ausencia de unos dominios claramente delimitados y de unas precisas líneas de control exclusivo, promueve un entorno donde falta nitidez y la ambigüedad impera. En una organización amorfa y fluida en la cual los distintos directores representan a sus variados intereses, pero nadie posee un control absoluto, es muy fácil caer en una cadena de conflictos y discusiones inútiles. Por ejemplo, ¿qué ocurrirá cuando dos unidades de mercado distintas plantean unas exigencias que van contra los intereses de una unidad de producto?, o ¿qué ocurrirá cuando los dos poseedores de procesos necesitan, cada uno, más recursos para realizar su trabajo? Esa clase de problemas, que el antiguo autoritarismo resolvía rápidamente, pueden paralizar a los nuevos directores de igual poder. El peligro de un entorno sin estructura está en que todos pueden ejercer presión a favor de sus intereses, hasta el punto de que nunca se logra hacer nada.

Debe quedar claro que los objetivos y las medidas comunes son un requisito previo necesario para que el estilo de colaboración sea capaz de evitar ese peligro. Si los empleados tienen objetivos diferentes, nada les persuadirá para sacrificar su objetivo en beneficio de los de los demás. Sólo cuando los directores se unen para perseguir resultados globales, que trascienden más allá de sus estrechos dominios, se logrará aunar a las distintas partes de una organización para crear un todo. Pero no basta sólo con unos objetivos y unas medidas comunes.

Sin duda alguna, el requisito previo más importante para lograr que esta organización sin estructura funcione bien, es un director enérgico y dinámico. No tener estructura no es lo mismo que no tener directores. Todo lo contrario: si se quiere que la empresa sea capaz de aprovechar toda la fuerza de la ambigüedad, es tan absolutamente imprescindible contar con un verdadero director, como que sea diferente a un dictador o un burócrata. Mediante la fuerza de su personalidad y de su visión de futuro, un director enérgico proporciona la cohesión que, de otro modo, sería ofrecida por la estructura formal. Un director de esa clase proyecta una atrayente visión de la empresa, lo que hace que todos los miembros del equipo directivo se centren sobre los objetivos más amplios de la empresa. Este tipo de director es el que logra formar un equipo, a partir de una suma de directores distintos y con diferente orientación.

Esta clase de liderazgo empresarial es una exigencia novedosa. En las economías dominadas por los proveedores, las empresas podían permitirse navegar de cabotaje y los altos ejecutivos podían considerarse a sí mismos como simples administradores. Ya no es así. En la economía de cliente, una organización rígida, «dirigida» por un director tradicional, se romperá por las junturas. Sólo una organización sin junturas puede resistir el fuerte oleaje que ahora debe soportar. El líder de hoy en día debe mantener unida a la empresa, porque nadie más, ni nada, lo hará por él. El declive de la UEN debe ser compensado mediante el ascenso de un nuevo director de empresa, carismático e inspirado.

A pesar de lo que suelo contar a los padres jóvenes, la conducta de director no se hereda, se aprende. Para los actuales componentes de los cuadros directivos, todavía no es demasiado tarde para adquirir este nuevo estilo de dirección. Incluso, puede que descubran que las ventajas personales que ofrece —la camaradería y el «espíritu» que proporciona el sentido de una finalidad común— compensa con mucho el esfuerzo necesario para efectuar esa adaptación. Confiemos en ello. De otro modo, tendremos que mantener largas charlas con los profesores de tercer grado de todo el país.

PRINCIPIO 6 DE LA AGENDA

Acabar con la tiranía del organigrama

—Dejar a un lado la idea de unas unidades de negocio claramente definidas y con directores autónomos.

—Redefinir a los directores como representantes de los intereses de productos, mercados, o procesos, en lugar de tener un control total sobre esos elementos.

—Lograr que la norma, no la excepción, sea colaboración y el trabajo en equipo de los directores.

—Enseñar a los directores a dar prioridad a las necesidades de la empresa, en su conjunto.

—Establecer sistemas de recompensa que resalten la labor del grupo sobre la del individuo.

—Sustituir el liderazgo intuitivo por la estructura formal.

Capítulo 8

Centrarse en el cliente final

Transformar las cadenas de distribución
en comunidades de distribución

¿Sabe usted quiénes son sus clientes?

En una economía de cliente, debería ser un axioma que toda empresa debe conocer, comprender y mantener una estrecha relación con sus clientes. Pero las empresas de muchos sectores industriales no lo hacen, por la sencilla razón de que no tienen ni idea de quiénes son sus clientes. Eso se debe a que están aisladas y separadas de sus clientes reales —de las personas y las empresas que utilizan sus productos y servicios— por sus cadenas de distribución (también conocidas como canales): mayoristas, distribuidores, minoristas, concesionarios y toda una serie de otros intermediarios.

Algunas empresas tratan directamente con sus clientes. Boeing vende directamente a las compañías aéreas, los fabricantes de acero venden a las empresas automovilísticas, la banca de consumo vende a los propietarios de casas. Pero la gran mayoría de productos y servicios sólo llegan a su destino, después de haber pasado por las manos de uno o más intermediarios que compran y revenden, y vuelven a comprar y revender. Desde el sector de bienes de consumo hasta el de motores industriales, los canales de distribución son los que cubren la distancia que va desde el fabricante de un producto y su comprador último. Y al mismo tiempo, los canales separan a esos dos extremos.

Los canales de distribución forman una pantalla opaca que deja pasar muy poca información a su trasluz. En un lado están los fabricantes del producto, que saben mucho acerca de sus productos y muy poco acerca de sus clientes; en el otro lado están los distribuidores, que saben exactamente lo opuesto. Cuando la información no logra atravesar la pantalla que suponen los distribuidores, todos salen perdiendo.

En el capítulo 3 hemos estudiado la forma en que Trane, el mayor fabricante de equipos de aire acondicionado, se está transformando a sí misma de fabricante de equipos a proveedor de edificios confortables. El estudio se centraba en la parte de Trane que fabrica componentes de grandes sistemas para grandes edificios. Otra parte se dedica a vender pequeños equipos a propietarios de edificios menores, como casas particulares y pequeñas empresas. Los clientes compran el equipo de Trane y también piezas de repuesto para los equipos que tienen ya instalados. Pero Trane detenta sólo una cuota muy pequeña del mercado de piezas de repuesto para sus propios equipos. ¿Por qué? Porque Trane tiene muy poca idea de quiénes son los clientes que poseen equipos suyos, o cuándo van a comprar repuestos. Trane llega a sus clientes sólo a través de una red de distribuidores y contratistas. Casi todos los clientes propietarios de equipos de Trane compran a los distribuidores las versiones estándar de los repuestos de Trane, y Trane no tiene ningún modo de inducirles a actuar de otra manera. No se trata de un problema que afecta sólo a Trane. Es un mal endémico en un gran número de sectores, desde el de automóviles al de electrónica.

Por otra parte, los distribuidores y contratistas de Trane pueden tener dificultades porque tardan mucho en recibir la información actualizada sobre los productos de Trane. Los cuadernos y CD-ROMs plastificados que las empresas utilizan hoy en día para hacer llegar la información a sus canales de distribución, son voluminosos y propensos al retraso. Por lo tanto, es posible que un contratista no conozca lo suficientemente bien la última oferta de Trane, como para empezar inmediatamente a promocionarla; para preparar una propuesta de venta, el contratista tiene que consultar un buen número de cuadernos y CD-ROMs hasta encontrar la información sobre el producto apropiado y las condiciones de precio; esto sólo sirve para aumentar los costes y las probabilidades de error.

Los sistemas tradicionales de distribución son también ineficaces y están cargados de costes innecesarios. Después de todo, un mismo producto se va vendiendo muchas veces a medida que avanza por el canal de distribución, y cada una de esas transacciones aumenta el coste, aunque no añade valor. Un equipo de aire acondicionado no es mejor porque haya sido vendido del fabricante al distribuidor, o por el distribuidor al contratista. Los sistemas de distribución están también inundados de existencias. Los distribuidores nunca están seguros de lo que los clientes van a elegir o de cuánto tiempo tardará el fabricante en entregarle el producto que va a pedir, por eso, guardan y acumulan existencias en gran cantidad.

Analicemos la parte del sector de alimentación que se conoce como productos secos; básicamente, los artículos empaquetados que suelen estar en las estanterías centrales de los supermercados. De media, pasan más de cien días desde que el producto sale de la línea de manufactura del fabricante hasta que el consumidor lo elige en la estantería del supermercado. Son más de tres meses. El problema no se debe a la lentitud de los camiones. La cuestión está en que esos productos pasan por muchas manos: más del 40% de los artículos de alimentación se detienen, como mínimo, dos veces entre el fabricante y la estantería del minorista. Cada una de esas veces, el producto debe ser descargado, almacenado, sacado y cargado de nuevo. El importe total de las existencias desparramadas por los sistemas de distribución supera los 100.000 millones de dólares.

Estos problemas no son nuevos; de hecho, son inherentes a los canales de distribución que constan de varios niveles. Lo nuevo es que ya no son tolerables. En los tiempos en que los clientes eran débiles e impotentes, este sistema podía perdurar. Los clientes tenían que asumir el exceso de costes, los retrasos y el bajo rendimiento. Ya no lo hacen. Una empresa que intenta llegar a los poderosos clientes de nuestros días a través de los tradicionales canales de distribución, es como el cirujano que intenta operar llevando puestos unos gruesos guantes de cuero.

Las empresas han llegado a darse cuenta de que necesitan estar más cerca de sus clientes finales, para retenerlos mejor, para lograr venderles más, para lograr ventas cruzadas y para acumular ventas repetitivas de elevado margen. Necesitan estar más cerca de sus clientes finales, a fin de poder servirles con rapidez y precisión. Necesitan estar más cerca del cliente final, si quieren hacer desaparecer los altos costes y la ineficacia de los actuales canales, así como la duplicidad de trabajos y los montones de existencias que los asfixian. Muchas empresas se han dado cuenta de eso. Lo que no saben es cómo lograrlo.

Desafortunadamente, en los últimos años del siglo XX muchas empresas fueron captadas por un canto de sirena que, al final, las estrelló contra las rocas: la desintermediación. La desintermediación, en esencia, significa eliminar a los intermediarios, a los mediadores que establecen la comunicación entre la empresa y el cliente, a fin de que ambos extremos puedan negociar directamente entre sí. La teoría afirmaba que mediante la desintermediación se iba a lograr reducir los costes, mejorar el servicio, disminuir las existencias y hacer felices a todos; excepto a los ahora superfluos intermediarios. La milagrosa herramienta que iba a facilitar la desintermediación y borrar del mapa a los intermediarios era, desde luego, Internet.

El término «desintermediación» entró por primera vez en el léxico económico durante la revolución de los servicios financieros que se vio acelerada por los extraordinariamente altos tipos de interés de la década de los 70. Anteriormente, los consumidores depositaban sus fondos en cuentas de ahorro de los bancos, dinero que luego los bancos empleaban para invertir en préstamos y en instrumentos del mercado monetario. Como clásicos intermediarios, los bancos pagaban unos intereses minúsculos por el derecho a manejar el dinero de los depositantes. Sin embargo, los clientes se enfrentaban a la inflación y a unos tipos de interés más alto, y descubrieron las ventajas de los fondos de mercado monetario que les permitían actuar directamente en los mismos instrumentos en que invertían los bancos. De modo similar, las empresas que solicitaban grandes préstamos empezaron a prescindir de los bancos y a acudir directamente al mercado de papel comercial para financiar sus actividades. Los analistas de la época escribieron verdaderas jeremíadas pronosticando el inminente colapso del sistema bancario de EE.UU., si no se terminaba con esas tendencias. No es necesario decir que los informes sobre la muerte de los bancos eran, en palabras de Mark Twain «muy exagerados». Las entidades bancarias han sobrevivido como intermediarios financieros, a base de cambiar y ofrecer otras formas de servicios con valor añadido.

Para los que propusieron la idea, Internet iba a ser el definitivo desintermediador, ya que permitía a los clientes pasar el pedido directamente al fabricante y evitar, así, los tradicionales canales de distribución. El explosivo éxito de Amazon.com agitó la imaginación de los directores de casi todos los sectores industriales que empezaron a analizar las posibilidades de remodelar la distribución, a pesar del hecho de que Amazon realmente actúa como un intermediario entre las editoriales y los compradores de libros.

Amazon es el nombre preponderante en el segmento B2C (empresa a consumidor) del comercio-e. Fue fundada como una librería online, pero ahora ofrece una amplia gama de productos que van de la electrónica a la música. Aunque, según escribo esto, todavía no ha alcanzado el nivel de rentabilidad, y no hay garantías de que lo alcance alguna vez, Amazon ha obtenido un significado metafórico que se ha extendido mucho más allá de su propio sector. Su éxito ha dado a luz a un febril neologismo: el verbo «amazonizar»; éste viene a expresar la situación de una empresa que es atacada por un competidor experto en Internet que sabe negociar directamente con sus clientes eliminando los canales de distribución. Durante varios meses de 1999 y del 2000, los consultores y periodistas aterrorizaron a los ejecutivos de casi todos los sectores con la posibilidad de verse «amazonizados». Ansiosos no sólo de sobrevivir, sino también de aparecer brillantes y actualizados, muchos ejecutivos decidieron unirse al grupo de amazonadores y aplicar la desintermediación.

Amazon tuvo mucha responsabilidad a ese respecto. Aunque la empresa obtuvo resultados extremadamente buenos en la popularización del comercio electrónico, indirectamente también fue la causante de un confusionismo generalizado, de histerias masivas, y de más de algunos desastres que afectaron a las empresas consolidadas cuando reaccionaron a su temor de verse «amazonizadas». Como le ocurre al vino clarete, el especial modelo de negocio de Amazon no viaja bien ni lejos. De hecho, el éxito de la empresa deriva principalmente de su perspicacia al elegir los libros como su mercancía más importante. A diferencia de los otros bienes de consumo, los libros son el producto perfecto para el comercio electrónico.

La mayoría de las personas toman la decisión de comprar un libro en base a una pequeña cantidad de información: autor, título, tema, reseñas y recomendaciones de otras personas. Toda esa información puede ser fácilmente transmitida electrónicamente al posible comprador de libros. Internet no puede reproducir las pruebas y sensaciones que acompañan a la compra de un sofá, un velero, o un traje. La mayoría de las personas que comprarán un sillón, antes necesitan haberse sentado en él y comprobar cómo se amolda a su anatomía, sentir la suavidad de la tela, y ver lo bien que encaja su color con el de la sala de estar o del estudio. En la pantalla del ordenador no es fácil captar esas sensaciones, incluso aunque la configuración de los colores sea perfecta.

El comprador puede seleccionar un libro fácilmente y, además, Amazon lo puede enviar fácilmente también. Los libros son pequeños, poco pesados, y pueden ser cargados sin problemas en un camión de transporte. Por otra parte, los costes de trasladar un sofá directamente desde el fabricante al consumidor resultan prohibitivos; ésa es la razón de que se incluya en un camión, cargado con otras varias mercancías, hasta un almacén cercano al domicilio del cliente, donde todo el cargamento se separa según sus destinatarios y se entrega a los compradores que, normalmente, viven en sus alrededores. A esos nombres de destino les solemos dar un nombre: tiendas.

Amazon tiene también la suerte de no necesitar adjuntar a cada libro un representante que enseñe al cliente cómo leerlo, cómo debe colocarlo en la estantería, o para explicarle algún pasaje difícil o para arreglar una página que ha llegado rota. En otras palabras: el libro no necesita adiestramiento, instalación, asistencia, ni mantenimiento. La mayoría de los productos, sí lo necesitan.

La verdad es que, para muchos productos, la desintermediación basada en Internet no era más que una fantasía completamente ingenua e irreal. En la mayoría de los productos, los intermediarios de distribución no sólo añaden costes, también añaden valor. Son algo más que una serie de paradas para las mercancías que van en ruta desde el fabricante hasta el cliente final. Los intermediarios añaden un valor que el cliente necesita y el fabricante no está bien posicionado para proporcionarle. El intermediario ayuda a los clientes a elegir y adquirir los productos, les ofrece servicios de asistencia y mantenimiento, y mucho más. Los problemas que generan los canales convencionales de distribución —coste elevado, excesos de existencias, deficiente flujo de información— son reales; pero la solución no consiste en eliminarlos por completo para aplicar un modelo de desintermediación total. Eso sería como sustituir una mala idea por otra idea peor.

Los fabricantes y sus intermediarios deben colaborar y aprovechar las capacidades del otro con objeto de crear un sistema de distribución que maximice el valor para el cliente final y, al mismo tiempo, minimice sus propios costes. Tenemos que empezar a analizar la distribución desde fuera hacia adentro; es decir, desde el punto de vista del cliente final, en lugar de hacerlo desde dentro hacia afuera; la perspectiva del fabricante y del proveedor de productos y servicios. Tenemos que cambiar nuestra forma de hablar. En lugar de distribuir «al cliente», debemos ver nuestra labor como la de distribuir «para el cliente». La cuestión ya no debe ser la de lograr la forma adecuada de desprendernos de nuestros productos, sino la de encontrar la mejor manera de ofrecer el mayor valor al cliente final, al que paga el sueldo de todos nosotros.

Por ejemplo, supongamos que somos propietarios de una pequeña empresa que necesita instalar aire acondicionado en su edificio. Deberemos decidir la cantidad de equipo que se necesita para atemperar adecuadamente el edificio y el tipo de productos de aire acondicionado que mejor se adaptan a nuestras necesidades. También habrá que determinar los otros productos relacionados que se necesitan, tales como parrillas y canales de ventilación. A continuación, tendremos que adquirirlos e instalarlos. Más tarde, sabemos que el sistema requerirá repuestos y asistencia. Hay que hacer todo eso, pero nosotros no somos capaces de cumplirlo por nosotros mismos. El fabricante está demasiado lejos como para servir de ayuda y, de todos modos, no está preparado para atender a numerosos clientes como nosotros. Ha decidido centrarse en diseñar y fabricar productos, no en resolver las miríadas de problemas que tienen sus clientes.

Por eso, nos dirigimos a un contratista de aire acondicionado que forma parte del canal de distribución del fabricante. Pero el contratista puede también tener dificultades para resolver nuestros problemas. Puede que no disponga de la información más actualizada o los conocimientos de ingeniería necesarios para efectuar cálculos exactos de BTU. De modo que, posiblemente, no recibiremos la mejor de las recomendaciones posibles respecto al equipo que necesitamos. El distribuidor que proporciona los equipos al contratista debe mantener un cierto volumen de existencias a la espera de que los clientes hagan su pedido, por lo que sus costes (y los nuestros) aumentan; y si el distribuidor no tiene en el almacén existencias del equipo que nosotros necesitamos, tendremos que esperar.

Ante esa situación, Trane percibió una oportunidad para trabajar con sus distribuidores y contratistas de una manera que beneficiaba a todas las partes. Trane ha organizado un sistema basado en Internet que aprovecha su canal de distribución, y no lo anula. El sitio web de Trane, que se llama Trane ComfortSite, ofrece una amplia gama de servicios: algunos son de carácter informativo y están diseñados para ayudar a los distribuidores y contratistas a atender al cliente final, otros son de carácter transaccional y están diseñados para recortar los costes comerciales.

Primero, Trane ComfortSite ofrece a sus contratistas información actualizada sobre sus productos y eso permite configurar un sistema Trane que proporcionará el requerido aire acondicionado con el mínimo de molestias y el máximo de exactitud. El preparador de propuestas del sitio, que permite al contratista completar rápidamente una propuesta para un posible cliente, elimina una gran cantidad de trabajo administrativo, evita posibles errores y ahorra a todas las partes mucho tiempo y esfuerzo. El sitio ofrece módulos de adiestramiento sobre instalación de los equipos de Trane, así como herramientas que ayudan a los técnicos del contratista a diagnosticar los problemas concretos del equipo y a repararlos. (También está en proyecto una «calculadora de confort», que el contratista puede utilizar para determinar exactamente la cantidad de energía que necesita el cliente.)

En el aspecto transaccional, el sitio acepta los pedidos del contratista relativos a productos de Trane, incluidos los repuestos. También acepta encargos para productos complementarios fabricados por otras empresas, como filtros y frenos, y los suministra. Los contratistas pueden presentar sus «reclamaciones en plazo de garantía» para obtener el reembolso por parte de Trane, con lo que disminuyen sus costes y mejoran su cash flow.

En conjunto, las facilidades que proporciona Trane ComfortSite permiten a Trane y a su canal de distribución trabajar mejor para cubrir las necesidades del cliente final y, al mismo tiempo, mejorar su rendimiento financiero. Estos dos objetivos no son contradictorios, ni deben serlo. En la economía de cliente, las empresas deben conseguir los dos.

El cliente final de Trane consigue mejores soluciones a precios más bajos; los contratistas y distribuidores operan con menos costes y gastos generales, y son capaces de competir mejor contra otros que no están apoyados por sus suministradores, como lo están ellos por Trane; y Trane se beneficia de unas ventas mayores y de unos costes menores.

Ahora, Trane está trabajando en la ampliación de las capacidades de ese sitio, para permitir también el acceso a los clientes finales. Por ejemplo, el dueño de una casa podrá utilizar un sitio relacionado para localizar al contratista de Trane en su zona, programar las visitas de asistencia rutinarias y comprobar la situación de la garantía de su equipo. Y a los grandes clientes —los clientes de ámito nacional que compran aire acondicionado para varios edificios, tales como las cadenas de comida rápida— se les ofrecerá un conjunto de servicios mucho más amplio. El sitio de Trane ayudará a estos clientes a gestionar sus equipos mediante un seguimiento de las instalaciones de todos sus establecimientos; generará un historial de la asistencia y reparaciones realizadas a cada uno de sus equipos y enviará recordatorios sobre su mantenimiento, así como una normativa para calcular el momento en que cada parte del equipo llega al final de su vida efectiva y debe ser sustituido. Los contratistas no están preparados para ofrecer estos servicios, ya que la mayoría actúan a nivel local, mientras que las cadenas nacionales poseen numerosos edificios diseminados por todo el país. Además, la mayoría de los contratistas carecen de los conocimientos empresariales que son necesarios para resolver algunos de esos problemas. De este área Trane se hace cargo, no para suplantar a su canal de distribución local, sino para mejorarlo y ofrecer más valor al cliente.

Al quitar el velo que le separa de sus clientes finales, Trane obtendrá acceso a una información que podrá utilizar para establecer una mejor relación con ellos. Pero la razón por la que desea obtener esa información, no es la de alejar a los clientes de los contratistas que les atienden. Trane desea conocer quiénes son sus clientes finales, a fin de estar en contacto con ellos y conocer los cambios en sus necesidades; y, de ese modo, decidir qué productos fabricar y cuándo hacerlo, para asegurarse de que seguirán siendo clientes de Trane y nunca comprarán los productos de otros fabricantes, ya se trate de equipos nuevos o de repuestos.

Más interesante incluso que el excelente uso que hace Trane de la tecnología de Internet, es la manera en que ha redefinido su relación con sus contratistas. Anteriormente, Trane vendía sus productos a través de un distribuidor que surtía a contratistas, y éste era el que realizaba el trabajo para el cliente. Ahora, el producto se mueve siguiendo esa misma cadena de distribución, pero la responsabilidad de realizar las actividades creadoras de valor que necesita el cliente están repartidas a lo largo de todo el sistema. En lugar de actuar como entidades independientes que trabajan separadas y tienen objetivos potencialmente contrarios, ahora Trane y sus contratistas operan en colaboración con el fin común de cubrir las necesidades de aire acondicionado del cliente. Todas las partes salen beneficiadas con este nuevo enfoque colaborador.

Las iniciativas de Trane incorporan dos de los temas centrales de este libro. Primero, la empresa está aumentando el valor que ofrece a sus clientes, por lo que sigue las indicaciones del capítulo 3. Segundo, Trane no lo hace en solitario. Está eliminando las fronteras entre ella y sus contratistas, al apoyar los esfuerzos de éstos en su interactuación con el cliente final. Los dos siguientes capítulos analizan este tema con más detalle.

La verdadera finalidad de un canal de distribución no es la de trasladar los productos hasta el consumidor final, sino la de resolver los problemas de los clientes. Los productos sencillos, como los libros, puede que no necesiten mucha atención de los canales de distribución, tal como lo ha demostrado Amazon. Pero la mayoría de los productos causan muchos problemas al consumidor final, y eso significa que el canal de distribución debe encontrar mejores maneras de resolverlos.

Pocas categorías de producto causan tantas dificultades a los compradores como las telecomunicaciones inalámbricas (buscapersonas y teléfonos móviles). Estos clientes se enfrentan a una infinidad de planes de servicio, todos ellos descritos en términos incomprensibles, así como a una gran gama de teléfonos, todos ellos con diferentes capacidades y características. Para empeorar más aún la situación, toda esa diversidad cambia continuamente. Como ayuda para salir de ese embrollo, los clientes acuden al vendedor que trabaja para las empresas que distribuyen buscapersonas y teléfonos móviles; entre estos se incluyen los operadores de servicios para móviles, como Verizon y AT & T, así como minoristas, como Best Buy y RadioShack.

Motorola, al igual que Trane, ha dado pasos para transformar la manera en que su teléfonos inalámbricos, radios bidireccionales, sistemas de mensaje y accesorios, se van abriendo camino a lo largo de los canales de distribución hasta llegar al consumidor final. La empresa está aprovechando la capacidad de sus intermediarios con objeto de hacer la vida más fácil para el vendedor, para el cliente y para la propia Motorola. En el sitio web de Motorola, Motorola

Connect, los intermediarios pueden hacer pedidos de accesorios y materiales de márketing; comprobar la situación de un pedido, incluida la identidad de la empresa transportista y la ubicación exacta del pedido en cada momento; y procesar las reclamaciones en garantía y las devoluciones de producto. (Pronto también podrán efectuar pedidos de los productos.) Antes, para obtener esos servicios, los intermediarios tenían que contactar con el vendedor de la empresa o telefonear a un centro de llamadas, lo cual resultaba muy caro para los intermediarios y para Motorola también. Ahora, los intermediarios pueden hacerlo por sí mismos y en el momento más conveniente para ellos, lo que hace posible que los vendedores de Motorola se concentren en vender, reunirse con los intermediarios, y estimularles a ofrecer más productos de Motorola.

Y, quizá lo que es más importante, los intermediarios pueden utilizar Motorola Connect para obtener información actualizada sobre los productos de la empresa, lo que les ahorra mucho tiempo y dinero, y también a sus clientes. El sitio ofrece módulos de adiestramiento sobre los productos de Motorola e, incluso, proporciona un programa de certificación. Vía Internet, Motorola ofrece un programa formal de adiestramiento a los vendedores de sus intermediarios. Los participantes tienen que estudiar una serie de módulos y pasar una batería de tests. El sitio controla los módulos que ha estudiado cada vendedor y de éstos, los que han obtenido el certificado; Motorola comunica esa información a la dirección del intermediario. En otras palabras: interesada por aumentar sus propias ventas, Motorola ayuda a sus intermediarios a gestionar su fuerza de ventas.

Kawasaki Motors Corp. USA es otra de las empresas que está aprovechando su canal de distribución. En EE.UU., Kawasaki vende sus motocicletas a través de una red de 1.500 concesionarios. Además de las motos, los concesionarios venden también repuestos y accesorios, tales como cascos y chamarras. La mayoría de los concesionarios mantienen una relación de amor-odio con los accesorios. Por una parte, son artículos de elevado margen, ya que el propietario de una moto que desea una chamarra Kawasaki sólo puede comprarla en muy pocos sitios. Por otra parte, la gestión de las existencias de accesorios causa muchos problemas. Para satisfacer las preferencias de la moda de los motoristas en el vestir, un concesionario debería mantener en existencias un buen número de chamarras diferentes, cada una con su gama de tallas y colores. La gestión de las existencias de artículos de moda, no es uno de los puntos más fuertes de los concesionarios de motocicletas.

Kawasaki ha acudido en su ayuda. La empresa ha creado dos sitios web: uno para que los concesionarios pasen a la empresa pedidos de sus productos, y el otro para que los consumidores pasen pedidos de accesorios. Kawasaki gestiona y cumplimenta los pedidos de accesorios, y los envía directamente a los consumidores. La mayoría de los accesorios de las motos, al igual que los libros, son muy fáciles de remitir y no requieren instrucciones sobre su empleo. Además, para que su pedido sea procesado, los consumidores deben dar el nombre de un concesionario al que están afiliados (o desean estarlo); y para compensar al concesionario por lo que hubiese ganado en caso de que el consumidor hubiese comprado el accesorio en su tienda, Kawasaki paga al concesionario indicado el 60% de la diferencia entre el coste para el concesionario y el precio de tarifa al por menor de ese accesorio.

Kawasaki, decididamente, no está desintermediando a sus concesionarios. Al contrario, les recompensa por estimular a sus clientes para adquirir accesorios. Además, Kawasaki no vende las motos directamente a los consumidores. Esto supondría una amenaza para los concesionarios y dejaría al comprador en la duda sobre la moto que debe elegir. Los accesorios para motos son una clase de producto muy diferente a las motocicletas, en sí mismas.

Este acuerdo es ganador-ganador-ganador en todos sus aspectos. El consumidor consigue la chamarra que deseaba sin tener que andar de tienda en tienda buscando al concesionario que tenga, por casualidad, en existencias la del tamaño y color exacto; el concesionario obtiene una parte del beneficio con apenas un poco de trabajo y, además, no tiene que preocuparse por las existencias. Y Kawasaki conserva la fidelidad del concesionario y del consumidor, y sigue vendiendo un artículo de alto margen.

Kawasaki ha diferenciado entre las motos y los accesorios, y ha establecido estrategias de distribución diferentes para cada una de esas categorías; de modo similar, un fabricante de muebles ha dividido sus productos en muebles y decoración. Los muebles son artículos grandes y pesados, como los sofás y sillones, que el cliente desea probarlos para elegir el adecuado y necesitan ayuda para su instalación y reparación. Por contra, la decoración hace referencia a artículos pequeños, como las lámparas, que pueden ser evaluados y elegidos online, y de más fácil envío y mantenimiento.

Este fabricante ha creado un sitio web donde los consumidores que buscan muebles pueden ver los sofás que oferta el fabricante y, luego, visitar a un minorista local para probarlos. Los sofás pueden ser pedidos al fabricante, bien por Internet o vía el minorista. Los productos pedidos se envían, no directamente al cliente, sino en bloque al minorista que se encargará de entregarlos al cliente, de instalarlos y de su mantenimiento posterior. De ese modo, el minorista sigue siendo un intermediario físico, pero ya no lo es financiero. Es decir, el minorista ya no compra el sofá al fabricante y lo mantiene en existencias para, al final, venderlo al consumidor. Tal como he señalado anteriormente, este proceso añade costes, pero no añade valor. Ahora, el consumidor compra el sofá de modo directo (financieramente hablando) al fabricante y lo recibe (físicamente) del minorista. En esencia, el minorista proporciona servicios al consumidor de parte del fabricante; y por hacerlo, recibe una comisión del fabricante (el 25% del precio de compra).

Por su parte, los artículos de decoración son lo bastante pequeños y sencillos como para pasar por alto al minorista. El consumidor puede pedir esos productos directamente desde el sitio web del fabricante, sin haberlos visto físicamente, y éste se los enviará a su domicilio. Para el fabricante podía resultar tentador eliminar al minorista de esas ventas, sin embargo concede al minorista más cercano al cliente un 10% de comisión sobre las ventas de decoración. Y lo hace porque le proporciona valor al promocionar la marca del fabricante y dándole presencia local, sin la cual es posible que el consumidor no hubiese accedido al sitio web del fabricante. Para el fabricante, merece la pena dar el 10% de comisión al minorista, a fin de mantener el entusiasmo de éste hacia el resto de sus productos; los que muchos consumidores prefieren comprar en la tienda y no en el ciberespacio. En resumen, este fabricante de mobiliario ha reexaminado su rol y el de sus asociados de distribución con objeto de efectuar un mejor trabajo para el cliente final, y ha ahorrado dinero al hacerlo.

En el sector del automóvil se está produciendo una evolución similar. Desde el punto de vista del cliente, la compra de un coche es un proceso en tres pasos. Primero, busca el tipo de vehículo que desea y hace una breve lista de las marcas y modelos a examinar más a fondo. A continuación, realiza una prueba de conducción en vehículos de esas marcas y modelos, y decide cuál es el que desea comprar definitivamente. Por último, negocia las condiciones, el dinero cambia de manos, y el comprador sale con el coche preferido. Pero ni el sistema de distribución existente, ni su versión desintermediarizada, cubren adecuadamente las necesidades de la mayoría de las personas que van a comprar un nuevo coche.

Con el actual sistema de distribución, los concesionarios compran camiones enteros llenos de coches, los aparcan en grandes parcelas y esperan a que lleguen los clientes. Esas filas y filas de coches no vendidos, aparcados en parcelas con altos alquileres, aumentan los costes que, en último término, deberá soportar el consumidor. Por otro lado, nadie ha ideado todavía un modelo desintermediarizado basado en Internet para la compraventa de coches. Resulta difícil imaginar alguna forma para que el cliente, que está cómodamente sentado ante la pantalla del ordenador, realice virtualmente una prueba de conducción del coche en condiciones que simulen una autopista real.

En consecuencia, está surgiendo un modelo híbrido. Dentro de poco, las concesionarias de automóviles serán salas de exposiciones donde habrá unos pocos modelos de muestra. El consumidor, después de realizar su investigación online (hay muchos sitios web que ofrecen ya a los posibles compradores una amplia información sobre muchos coches), acudirá al concesionario para efectuar una prueba de conducción y, a continuación, visitará de nuevo el sitio web del fabricante para hacer el pedido.

Los fabricantes de automóviles están introduciendo a toda prisa, y a un ritmo que hace sólo cinco años hubiese parecido fantástico, procesos de fabricación que permiten producir automóviles siguiendo las especificaciones del consumidor. Algunos fabricantes se han propuesto como objetivo rebajar a diez días el tiempo total del proceso que va desde el pedido hasta la entrega del vehículo. El comprador ya no tendrá que esperar días interminables para recibir el modelo elegido, ni tendrá que adquirir cualquier modelo que el concesionario tenga en exposición cuando no pueda permitirse esperar más tiempo; dentro de poco, el comprador podrá pedir el modelo exacto que desea y, en sólo unos pocos días, lo podrá conducir recién llegado de la fábrica.

Los concesionarios no venderán de la misma forma que lo hacen ahora. La transacción se efectuará entre el consumidor y el fabricante; el concesionario tendrá el coche en exposición, pero nunca deberá ser propietario del mismo. Igual que el minorista de muebles y el concesionario de Kawasaki, el concesionario de automóviles recibirá una comisión por cada coche pedido a través de su sala de exposiciones, pero la mayoría de sus ventas las obtendrá por la asistencia y reparación de los coches de los clientes. En otras palabras, el concesionario no será ya un revendedor, sino un elemento que añade valor. Las actividades tradicionales que añaden valor para el cliente, seguirán en la cartera del concesionario; las que sólo añaden coste, no.

Los canales de distribución que conocemos ahora, nacieron en un entorno muy diferente al actual y fueron diseñados para resolver una serie de problemas distintos a los que ahora se enfrenta la empresa. En pocas palabras: los canales tradicionales de distribución se crearon para comodidad del fabricante y de sus productos y servicios. El fabricante tradicional se centraba en mejorar la calidad del producto y en reducir su coste; de modo que, tratar con los clientes le distraía de esas actividades importantes. Por eso, la mayoría de los fabricantes descargaron esa responsabilidad en los intermediarios, adoptando la postura de: «Dejemos que ellos traten con los clientes; nosotros nos encargaremos del producto.» Este enfoque también encajaba perfectamente con la necesidad de los fabricantes de lanzar grandes series de producción, lo que inevitablemente generaba un fuerte volumen de existencias de producto terminado que esperaba los pedidos del cliente. Si los intermediarios mantenían esas existencias, los fabricantes no tendrían que hacerlo; además, si el fabricante producía unos bienes no adecuados, los intermediarios eran los que cargaban con el riesgo de no poder venderlos. Los fabricantes quedaban también liberados de la carga de procesar un elevado número de pequeños pedidos, lo que era una tarea muy costosa; podían dejar que los intermediarios agregasen ese gran número y les pasasen a ellos unos pocos pedidos de gran volumen.

Ahora, se ve claramente que esas condiciones y consideraciones están ya obsoletas. Sin embargo, muchas veces los sistemas económicos siguen funcionando hasta mucho después de la desaparición de las circunstancias para las que fueron diseñados. La tecnología de producción y los sistemas de previsión han evolucionado tanto que, ahora, los fabricantes no tienen que almacenar un gran volumen de existencias; ni el cliente aceptaría pasivamente los costes que impone sobre ellos un sistema de distribución colapsado por unas existencias considerables. Pero los sistemas de distribución no han evolucionado con los tiempos. Como el contrato de Fausto, el acuerdo que los fabricantes firmaron con sus sistemas de distribución, ahora se vuelve contra ellos para endemoniarles.

En la economía de cliente, debemos dejar de pensar que un canal de distribución es una serie de entidades independientes que van comprando y vendiendo el producto sucesivamente hasta que llega al cliente final, a un precio muy hinchado. Este sistema premia al cliente con mayores costes, no con más valor añadido. En lugar de eso, debemos considerar a todos los participantes en el canal de distribución como unos asociados que intervienen en la tarea de satisfacer las necesidades del cliente final. Debemos establecer, como primera premisa, que la finalidad del canal de distribución no es la de apoyar al fabricante para librarle del producto, sino la de apoyar al cliente para adquirir y utilizar el producto. Para lograr ese fin, debemos analizar el proceso que sigue el cliente para comprar y utilizar el producto. ¿Qué problemas encuentra el cliente en ese proceso, y cómo pueden colaborar el fabricante y sus asociados de distribución para ayudarle a resolver esos problemas de la mejor manera posible?

Razonar de ese modo será particularmente difícil para los sectores que han capitulado de tal manera ante la distribución tradicional, que han hecho de la necesidad una virtud. Estos sectores han confundido a los canales que utilizan para llevar el producto a sus clientes finales, y consideran que los canales son sus clientes. Por ejemplo, ahora los fabricantes de productos de consumo se refieren de modo rutinario a las cadenas de alimentación y a los grandes comercios como a sus «clientes»; y a las personas que compran, ingieren, aplican, rocían y utilizan de cualquier otro modo sus productos, les llaman despreciativamente «consumidores». En cierto sentido, ésta es una reacción perdonable ante un movimiento de péndulo que ha oscilado demasiado hacia el otro lado. Hubo un tiempo en que los fabricantes de bienes de consumo trataban con desprecio y arrogancia a los minoristas. Creían que la fuerza de sus marcas atraería hacia las tiendas a torrentes de consumidores, que pedirían a grandes voces sus productos de marca; y que los dueños de las tiendas tendrían que hacer todo lo que les ordenasen los dueños de las marcas. Además, aunque había muchísimas tiendas, ninguna de ellas podía influir sobre los fabricantes. Cuando los clientes se hicieron mucho menos fieles a las marcas que lo que eran antes y cuando los minoristas se concentraron para formar un pequeño número de gigantes con enorme influencia, las empresas de bienes de consumo empezaron naturalmente a prestar más atención a los minoristas a los que servían. Pero confundirlos con los verdaderos clientes (con los «consumidores»), es un error. Sólo hay un cliente para un producto: la empresa o la persona que lo compra y no lo revende.

Las nuevas relaciones necesitan nuevas tecnologías. El término «canal de distribución» o «cadena de distribución» nos hace evocar un gráfico lineal, donde el fabricante y el cliente final están en los extremos opuestos de una larga cadena y no se pueden ver el uno al otro. Ese término también implica una conexión muy distante entre todos los participantes. En la era de la economía de cliente, posiblemente será preferible emplear otro término: «Comunidad de distribución.» Los canales se ven ahora impulsados por su nuevo enfoque de cliente y, capacitados por las nuevas tecnologías, están evolucionando hacia la formación de comunidades: grupos de empresas que trabajan en colaboración para satisfacer las necesidades del cliente final.

Esto representa un cambio de gran magnitud. Hasta ahora, los fabricantes y sus intermediarios han mantenido siempre unas relaciones muy tensas. Se necesitaban unos a otros, pero cada parte consideraba a la otra como un adversario al que había que estrujar para sacarle el mejor precio. Ahora, ambas partes deben empezar a comprender que el cliente final es el único que paga algo a alguien, y que cualquier fricción o despilfarro que se produce en la comunidad, recae sobre todos. Ahora, ambas partes deberán establecer, como norma, un nivel muy elevado y sin precedentes de colaboración y comunicación de información, así como una disposición a redefinir el papel del «fabricante» y el del «distribuidor».

Eso hará aparecer nuevas cuestiones, como, por ejemplo, la forma en que se deberá distribuir entre la comunidad el importe abonado por el cliente final. ¿Cuánto se deberá pagar a la sala de exposiciones de coches (antes, un concesionario) por su contribución al valor total creado para el comprador del coche? El antiguo sistema de multiplicar el coste por el margen ya no será de aplicación. Estamos navegando por aguas sólo conocidas a medias, como mucho, que requieren una mentalidad creativa para resolver estos nuevos problemas.

Posiblemente, será muy duro y difícil transformar los actuales canales de distribución y crear con ellos comunidades de distribución, pero habrá que hacerlo porque no queda otra opción. La distribución tradicional no está, simplemente, a la altura de los retos que plantea la economía de cliente. El *Manifiesto Comunista* termina con una llamada a las armas: «Los proletarios no tienen nada que perder, a no ser sus cadenas. Tienen un mundo a ganar. Trabajadores de todo el mundo, uníos.» Voy a terminar este capítulo con una exhortación similar, aunque algo menos vibrante: «Los fabricantes no tienen nada que perder, a no ser sus anticuadas cadenas de distribución (que aumentan los costes, generan mayores niveles de existencias inútiles, e impiden que se ofrezca el máximo valor posible al cliente final). Tienen un mundo competitivo a ganar. Fabricantes e intermediarios del mundo, uníos (en comunidades de distribución).» ¿Quién dice que la empresa no tiene nada que aprender de Marx?

PRINCIPIO 7 DE LA AGENDA

Distribuir, no al cliente final, sino para el cliente final

— Establecer como primera prioridad de la empresa la de maximizar el valor y minimizar el coste para el cliente final.
— Transformar los canales de distribución en comunidades de distribución que trabajen unidas para obtener objetivos comunes.
— Utilizar Internet para comunicar la información y agilizar las transacciones.
— Comprobar que cada participante en la comunidad se dedica a aquellas tareas que mejor sabe realizar.
— Eliminar las tareas duplicadas y repetitivas, especialmente la compra y reventa repetitiva del producto.
— Estar preparado para redefinir los roles tradicionales de forma no convencional.

Capítulo 9

Derribar los muros externos de la empresa

Colaborar en todo lo posible

Si el lector es como muchos empresarios que conozco, probablemente pensará que ha efectuado una buena labor en lo referente a desarraigar la ineficacia y las cargas generales en su empresa. Posiblemente, hace algún tiempo permitió que la duplicidad, el despilfarro, y la actividad sin sentido se infiltrasen en sus operaciones, y su empresa sufrió las inevitables consecuencias: retrasos, exceso de costes, errores, inflexibilidad, y todas las demás dolencias causadas por un trabajo que no ofrece valor añadido. Pero ahora está arrepentido y desea expiar sus pecados. Durante la pasada década se ha dedicado a eliminar sistemáticamente toda la actividad inútil que reduce el rendimiento de su empresa. Mediante la aplicación de sistemas de gestión por calidad total (GCT), o six sigma, o reingeniería, o alguna otra metodología, el lector y sus colegas analizaron todo lo que hacía la empresa y eliminaron todo lo que no era esencial. No resultó fácil, pero ahora siente que su empresa es ágil y excelente, flexible y eficaz, y que no tiene un gramo de grasa inútil.

Pura ilusión.

Es posible que haya efectuado una buena labor con aquellas medidas tomadas para extirpar todo trabajo sin valor añadido y para mejorar la eficacia. Incluso, puede que, de hecho, la situación sea ahora mucho mejor que hace una década. Pero en el esquema más amplio de la empresa, no ha hecho más que empezar, por eso su entidad está todavía inundada de cargas generales y de despilfarro. Eso se debe a que aún no ha empezado a atacar las principales fuentes de trabajo improductivo que existen en su empresa. Las ha pasado por alto, por una razón: porque esas fuentes no se encuentran dentro de su empresa, sino en su entorno. La causa que reduce el rendimiento de su empresa ya no es su manera de trabajar internamente, sino su forma de actuar en las fronteras con sus clientes, proveedores y otros elementos. Eliminar esta carga general es «la próxima gran novedad» para mejorar el rendimiento operativo de su empresa

«La próxima gran novedad», desde luego, es una famosa frase de Silicon Valley que se utiliza para designar a la próxima tecnología de hardware o software que revolucionará el sector informático, cambiará al mundo, y convertirá en millonarios a todos los que tienen la suficiente clarividencia como para participar en ese proyecto. Yo utilizo esa frase dándole un significado más amplio e incluyendo todo cambio importante del panorama empresarial. A todos los que confían en identificar alguna de esas grandes olas, les ofrezco una regla de sentido común: «La próxima gran novedad» muchas veces suele quedarse en «La última gran novedad».

Esta idea es, en realidad, una versión empresarial del famoso verso de Shakespeare en su obra *La Tempestad*: «Lo que es el pasado, es el prólogo.» En esencia, eso quiere decir que, en el mundo empresarial, los grandes adelantos rara vez caen del cielo sin previa noticia. Examinados a través de la lente apropiada, normalmente se comprueba que son una extensión de una innovación anterior. Por ejemplo, en el ámbito tecnológico, el microordenador de los años 70 fue una extensión de los grandes ordenadores centrales; y el ordenador personal de los 80 fue, de modo similar, una extensión del microordenador. Para comprender lo que va a ocurrir en el futuro, es necesario comprender lo que ocurrió en el pasado.

Cuando se escriba la historia de las empresas del futuro, la década de los 90 estará caracterizada por ser el momento en que los muros internos de la empresa empezaron a caer derribados. Ante el imperativo de mejorar su rendimiento, las empresas eliminaron sistemáticamente las fronteras que separaban a las unidades funcionales y geográficas internas. Tal como se ha expuesto en el capítulo 4, lo hicieron poniendo en marcha sistemas PRE (unos sistemas integrados de software) y a base de centrarse en los procesos empresariales de-principio-a-fin. Esas fronteras han sido la causa de muchos problemas de rendimiento que habían desafiado todos los anteriores intentos de mejora. Generaban gran cantidad de trabajo sin valor añadido, ya que cada departamento tenía que dedicar considerables recursos en el punto de contacto y para hacer interface con los otros departamentos a los que tenía que enviar, o de los que recibía, información. Comprobar, archivar, asignar, priorizar, programar, auditar y controlar, son sólo una muestra de las muchas actividades sin valor añadido generadas por la existencia de muros dentro de la empresa, unas actividades que exigían mucho tiempo. Entre las consecuencias de tantas actividades sin valor añadido, destacamos: retrasos importantes, elevado porcentaje de errores, costes excesivos, e incapacidad de responder a las verdaderas necesidades del cliente. Estos problemas persistieron impertérritos hasta que las empresas atacaron directamente las causas básicas. Afortunadamente, los concertados esfuerzos realizados en los años 90 para resolver estos problemas mediante el derribo de las barreras internas que las causaban, ofrecieron unos excelentes resultados. Al aplicar los sistemas de procesos, las empresas lograron asombrosas mejoras de rendimiento.

Por eso, *La última gran novedad* consistió en demoler los muros «interiores» de la empresa. *La próxima gran novedad*, que dominará el razonamiento económico durante la siguiente década será: la destrucción de los muros existentes «entre» las empresas. Sin embargo, por muy altos y problemáticos que sean los muros entre las unidades funcionales y geográficas, son unos enanos en comparación con los diques levantados entre unas empresas y otras; en especial, los que separan a una empresa de sus clientes y proveedores. El departamento de márketing y el de ingeniería puede que se consideren mutuamente como «el otro», pero su recíproca indiferencia es insignificante si la comparamos con la que existe entre un comprador y un vendedor. Aunque dos departamentos de una misma empresa pueden intentar optimizar unas actividades y unas ratios de rendimiento diferentes, están mucho más engranadas que la última línea de las cuentas de resultados de dos empresas distintas. Las cargas generales, derivadas de una solicitud que una unidad de la empresa hace a otra, son mínimas en comparación con el papeleo y el trabajo de nulo valor añadido que se produce en una transacción entre dos empresas. Si la comparamos con el rechazo a comunicar y compartir información con un proveedor o un cliente, la actitud reacia a comunicar información que adoptan dos partes de una empresa nos puede parecer hasta buena disposición.

Las perfectamente delimitadas fronteras dentro de las cuales trabaja la empresa y a través de las que se comunica, están tan profundamente grabadas en nuestras ideas y supuestos de partida acerca de lo que es la empresa, que apenas podemos darnos cuenta de ellas. Son la herencia de una época en que los directores tenían sus manos tan ocupadas en mantener el buen rumbo de su propia entidad, que no podían dedicar ningún interés a los otros buques que se balanceaban en el mar junto al suyo. La empresa tradicional consideraba a todo lo que estuviese en el exterior de su fortaleza, en el mejor de los casos, como un mal necesario: la fuente de un bien o servicio que necesitaba, o el medio para convertir la producción en ventas. Era como un mundo de Hobbes donde «todos luchaban contra todos».

Hemos sido ciegos a esos muros, y también nos hemos hecho inmunes a su elevado coste. Los diques de la empresa se cobran un gran arancel en forma de gastos generales que gravan todo lo que pasa por ellos. Las consecuencias problemáticas que se derivan de esa situación, son de la misma naturaleza que las que se dan en el contexto interno de la empresa: costes, retrasos, complejidad, excesivas existencias y todo el resto de la conocida letanía, sólo que mucho mayores.

La experiencia que ha vivido recientemente una empresa, servirá para revelar los desorbitados costes que generan los muros entre empresas. Geon, una gran empresa de productos químicos con sede en Avon Lake, Ohio, es el mayor productor mundial de compuestos de vinilo (PVC). Anteriormente, formaba parte de BF Goodrich, y en el momento de escribir estas líneas, Geon es una entidad independiente con unas ventas anuales de unos 1.300 millones de dólares. (Después se ha fusionado con M.A. Hanna en una entidad conjunta que se llama PolyOne.)

Inicialmente, Geon era una firma integrada verticalmente. Compraba cloro y etileno a sus proveedores y los empleaba para producir MCV (monómero de cloruro de vinilo), que es la materia prima básica de la empresa. El MCV era transformado en resina a la que, a su vez, se le añadían aceites y pigmentos, y se le aplicaban otras tareas de ingeniería, para convertirla en compuestos útiles. A mediados de la década de los 90, Geon empezó a realizar un esfuerzo para derribar los muros existentes dentro de la empresa, a fin de crear más valor para el cliente, reducir costes y mejorar el servicio al cliente. La empresa siguió un programa que, por ahora, nos resulta ya familiar: integrar y simplificar sus procesos empresariales de principio-a-fin, y poner en marcha un sistema PRE para ofrecerles soporte. Esta acción logró que la información y las transacciones fluyesen sin fisuras entre las diferentes partes de la empresa, lo que permitía a todas actuar coordinadamente. Como resultado, aumentó el porcentaje de pedidos entregados en la fecha prometida, las quejas de los clientes desaparecieron casi por completo, se redujo a la nada la necesidad de pagar tarifas extra de transporte debido a incumplimientos de la programación, los niveles de existencias se minimizaron, y la productividad se disparó hacia arriba. En términos financieros, se logró reducir los costes en decenas de millones de dólares, y el capital circulante pasó de representar el 16% de las ventas, a no superar el 14%. Se trata de unos resultados verdaderamente notables.

Luego, en 1999, Geon se dio cuenta de que no tenía el volumen de ventas necesario para producir MCV y resinas en las cantidades necesarias para lograr que su coste fuese competitivo; por lo tanto, cambió su estrategia de negocio. Decidió centrarse totalmente en la línea de compuestos del negocio, ya que ofrecía más valor añadido y, dependía menos de la escala, que de una ingeniería inteligente dirigida a satisfacer las necesidades concretas de los clientes. Para apoyar esta estrategia, Geon desinvirtió sus actividades de MCV y de resinas, para iniciar una operación de capital-riesgo con Occidental Chemicals, entidad que se llamó OxyVinyls y que se convirtió en el principal proveedor de materias primas.

Las acciones emprendidas por Geon eran estratégicamente razonables, pero operativamente resultaron desastrosas. En efecto, con esas operaciones la empresa había levantado un muro muy alto (entre las dos empresas), entre ella misma y OxyVinyl, en el idéntico lugar en que había logrado derribar un muro muy bajo (dentro de la empresa). La producción de MCV y de resinas acababa de ser integrada con la de los compuestos, y ahora volvían a disgregarse. Lo que hasta entonces habían sido simples departamentos separados, ahora se convertían en partes de empresas separadas. Ya no se compartía la información, volvieron a aparecer las cargas generales, y la sincronización degeneró en desconexión.

Cuando parte del proceso integrado de Geon para producción/cumplimentación de pedidos quedó oculto tras los muros de OxyVinyls, acabó su eficaz funcionamiento y fue sustituido por una actividad plagada de sobresaltos, imprevisiones y arrancadas-paradas. Ni Geon, ni su nuevo proveedor, conocían el nivel de existencias que tenía el otro. Cada uno de ellos no sabía los envíos que había realizado el otro, y ninguno de ambos comprendía mucho las exigencias de la otra parte. El horizonte de planificación de Geon, que antes era de seis a ocho semanas, tuvo que ser reducido a dos-cuatro semanas.

El aumento de las cargas generales y de las formalidades necesarias para realizar los negocios con una parte externa, provocó un incremento en el tiempo necesario para procesar los pedidos. Para gestionar los contactos y la interface entre Geon y OxyVinyls, fue necesario dedicar a esa tarea un buen número de expertos en envíos, en programación y en tareas administrativas; había que efectuar por duplicado gran parte del trabajo, una vez en cada lado del nuevo muro divisorio. No es sorprendente que este aumento del trabajo acarrease un incremento de costes. Los errores se multiplicaron al lanzarse la documentación de ida y vuelta entre unas y otras almenas. Ahora, había que introducir los datos dos veces: una en Geon y otra en OxyVinyls. El resultado fue un 8% de errores en los pedidos de Geon a OxyVinyls: números de pedido de compras equivocados, números de producto erróneos, precios mal calculados, casi todo equivocado.

Se perdieron prácticamente todas las ventajas obtenidas tras la penosa labor de integrar los procesos; en muchos aspectos, la situación llegó a ser peor que la existente antes de que Geon iniciase su integración interna. El resultado neto de la separación entre Geon y OxyVinyls se resume en un aumento del 15% en el nivel de existencias, una subida del 12% en el de capital circulante, y la triplicación del ciclo de tiempo para la cumplimentación de pedidos en Geon. Todo aquel que tiene alguna duda sobre los problemas que generan los muros entre empresas, debería examinar la experiencia de Geon.

Los años 90 nos enseñaron que los tabiques internos de la empresa están allí para ser derribados, y ahora estamos comprendiendo que lo mismo se debe decir acerca de los muros externos. Para las empresas, el nuevo mandamiento es: derribar sus fronteras, a fin de integrar, simplificar y rediseñar, los procesos entre distintas empresas. Eso implica reconocer que, del mismo modo que los departamentos de la empresa son componentes de un proceso global más amplio, la empresa es un componente de un proceso entre empresas mucho mayor. Implica comprender que, a pesar de que las cargas generales hayan sido extirpadas de los procesos internos de la empresa, sus equivalentes del mundo «entre empresas» están todavía plagados de esas cargas, y que la clave para lograr eliminarlas consiste en adoptar una visión holística, global, de principio-a-fin, acerca de esos procesos. Si se adopta ese punto de vista, será posible eliminar las fronteras entre las empresas y se podrán encontrar nuevas formas para eliminar, o al menos reducir, las cargas generales, el trabajo duplicado, los retrasos y el alto nivel de existencias. Todo ello implica reconocer que, parafraseando a John Donne: ninguna empresa es una isla. Una empresa no puede triunfar a base de derrotar a sus clientes y proveedores. En último término, lo que favorece al interés de todos, será favorable para el interés de cada uno.

La antigua máxima de Washington, «La política cesa en el límite de agua», significa que los partisanos en lucha deben quedar fuera del campo de la política extranjera. De modo similar, hasta ahora los procesos y los sistemas informáticos que los soportaban terminaban en el límite externo de la empresa. No iban más lejos. Ahora nos damos cuenta de que los lindes de la empresas son tan producto de la invención como los límites funcionales, y que los procesos también pueden pasar fácilmente por encima de ellos.

Tal como se ha señalado en el capítulo 4, casi todas las empresas disponen de un proceso de cumplimentación de pedidos que encarrila los pedidos hasta su entrega al cliente. Pero el proceso de cumplimentación de pedidos de una empresa proveedora es simplemente la parte inversa del proceso de aprovisionamiento de la empresa cliente, que ésta inicia cuando se da cuenta de que necesita los bienes o servicios de la entidad proveedora y termina cuando recibe esos bienes o servicios. Si se consideran y gestionan como dos procesos separados, en la frontera entre ambos se acumula una considerable cantidad de cargas generales y de duplicidades. La empresa cliente introduce la necesidad de una materia prima en su sistema informático, la imprime como pedido, y lo remite a la empresa proveedora, que debe introducir todos esos mismos datos en su sistema informático. El mismo proceso se repite cuando la empresa proveedora calcula la factura, la imprime y la manda al cliente, ya que ésta debe reintroducir todos los datos en su sistema informático a fin de emitir una orden de pago. Esto es absurdo. La solución para liberarse de esta incongruencia, y de las cargas generales que genera, empieza por el reconocimiento de que estos dos procesos deben ser realmente considerados, conjuntamente, como un solo proceso.

Esta nueva perspectiva se ha hecho posible gracias a la nueva tecnología, concretamente gracias a Internet. Del mismo modo que los sistemas PRE fueron la tecnología fundamental para integración de los procesos internos de una empresa, Internet será la tecnología fundamental para la integración de los procesos entre empresas. De hecho, esta capacidad es la que refleja la esencia y el verdadero significado de Internet, y ha sido y sigue siendo objeto de una gran cantidad de discusiones y de mucha falta de comprensión. Quizá no debamos sorprendernos de eso, ya que, en sus primeros días de vida, muchas de las nuevas tecnologías no son muy bien comprendidas. Cuando Thomas Alva Edison inventó el fonógrafo, creía que su finalidad iba a ser la de grabar los «deseos expresados en el lecho de muerte por los caballeros moribundos». Cuando Marconi inventó la radio, pensaba que su finalidad era la de sustituir al telégrafo, de ahí su nombre de «inalámbrico». Los hombres de empresa del futuro, cuando examinen nuestra actual obsesión por los portales y los minoristas punto-com, sin duda alguna se preguntarán: «¿En qué pensarían aquellos hombres?»

De hecho, la verdadera fuerza de Internet reside en su capacidad para integrar los procesos entre empresas y los sistemas informáticos que los soportan. Esa capacidad es como un ariete lanzado contra los muros que separan a las empresas unas de otras.

Durante las dos últimas décadas, se ha empleado una gran diversidad de herramientas para agilizar las comunicaciones por encima de las fronteras empresariales, desde el fax hasta el IED (intercambio electrónico de datos); pero todas esas tecnologías eran pesadas, caras y muy limitadas. Ahora, Internet, combinada con un conjunto de tecnologías relacionadas, como el XML y unos protocolos de nivel superior, como el RosettaNet, hace posible integrar los procesos de diferentes empresas para crear grandes unidades. Las fronteras entre empresas ya no serán como antes.

Geon, la empresa que hemos utilizado para mostrar los problemas que generan los diques entre empresas, se ha convertido en uno de los líderes en la demolición de esos muros. Ha empleado a Internet para conectar sus procesos y los sistemas informáticos que los soportan, con los sistemas y procesos equivalentes que existen en OxyVinyls y sus clientes. Ahora, el proceso de previsión de Geon funciona en colaboración con el de OxyVinyls; tan pronto como Geon, basándose en la información recogida de sus clientes, establece su futura demanda de compuestos, esa previsión es transmitida a OxyVinyls e incorporada a la programación de la producción de resinas y monómeros de esta última. Antes de veinticuatro horas desde la recepción del pedido de un cliente, Geon lo desglosa en los materiales que necesitará recibir de OxyVinyls y, automáticamente, le pasa el pedido; éste va directamente al sistema y proceso interno de cumplimentación de pedidos de OxyVinyls. De modo similar, Oxy-Vinyls envía automáticamente a Geon la confirmación de la recepción del pedido, las notificaciones sobre envíos anticipados y las facturas. Recientemente, Geon ha avanzado un paso más. Ha colocado sensores en los almacenes de algunos de sus principales clientes, de modo que ahora puede conocer el nivel de existencias de compuestos que tiene el cliente. Cuando ese nivel baja hasta una cantidad fijada previamente, Geon no espera a que el cliente le pase el pedido, sino que, automáticamente, reaprovisiona los almacenes del cliente. (Esto, naturalmente, es una versión de nuestro viejo conocido del capítulo 3: IGP, Inventario Gestionado por el Proveedor). En otras palabras, ahora los procesos de tres empresas —el de aprovisionamiento del cliente de Geon, el de cumplimentación de pedidos y el de aprovisionamiento de Geon, y el de cumplimentación de pedidos de OxyVinyls— han quedado totalmente integrados. Ya no son procesos distintos cuajados de fricción y cargas generales. Operan como una unidad ágil en la cual las fronteras de las tres empresas ya son del todo irrelevantes.

Los resultados demuestran la idoneidad de este sistema. Antes, el porcentaje de los pedidos con error era del 8%, ahora ha bajado al 0%; el tiempo del ciclo de la cumplimentación de pedidos ha logrado recuperar el anterior aumento del 200%; el nivel de existencias ha disminuido el 15%; se ha reducido el coste del personal al eliminar las tareas sin valor añadido; y los empleados, antes dedicados a despiezar conjuntamente el proceso, ahora realizan unas tareas de alto nivel en beneficio del cliente. En resumen: Geon ha hecho el viaje completo, primero al levantar un muro, luego derribándolo y, por último, volviendo a los altos niveles de rendimiento anteriores al inicio del viaje.

Algunos verán esta historia como una ilustración de los efectos que se obtienen al interconectar varios sistemas informáticos independientes mediante el empleo de Internet. Aunque esta descripción tecnológica es acertada, no recoge la fundamental cuestión subyacente. En la historia de Geon lo importante es que varios procesos separados, de empresas distintas, han sido conectados y combinados, y ahora funcionan como un solo proceso. Geon y OxyVinyls son realmente dos entidades empresariales distintas y separadas, pero trabajan conjuntamente con tanta precisión y tan poco esfuerzo como lo hacían cuando las unidades productivas de OxyVinyls formaban parte de Geon.

Como resultado de este proceso recientemente integrado, han cambiado muchas cosas. Por ejemplo, el trabajo del planificador de producción se ha transformado. En los viejos tiempos, el planificador de producción dedicaba una gran cantidad de tiempo a hablar por teléfono para intentar (muchas veces en vano) saber lo que estaba pasando en la otra empresa. Ahora, tiene esa información a su disposición, de modo que el planificador puede concentrarse en utilizar la capacidad productiva más eficazmente. Ahora dispone también de tiempo y de la información necesaria para afrontar cualquier situación compleja excepcional, que cada vez son menos excepcionales. Por ejemplo, el planificador de producción de Geon y el de OxyVinyls pueden colaborar para adaptarse al mercado de materias primas cuando éste se pone difícil; basta con reprogramar las series de producción y cambiar los planes de envío, de tal modo que sea favorable para ambas empresas; una parte puede aceptar recibir más tarde un envío, la otra puede reprogramar la capacidad de la planta. En otras palabras, el personal de las dos empresas trabaja conjuntamente para cubrir las necesidades de ambas partes, en lugar de esforzarse en el vacío por resolver sus estrechos problemas.

Al cambiar los trabajos y las responsabilidades, varían también las medidas y sistemas de evaluación. En el pasado, los agentes de compras de Geon eran evaluados principalmente en base al precio que lograban obtener de los proveedores, ya que ése era el único factor que podían controlar. Aunque el hecho de disponer de materia prima suficiente para evitar roturas de programación era un factor muy importante, a los agentes de compras no se les responsabilizaba de esa parte de su función, porque se suponía que esa labor estaba fuera de su control. Ahora que el proceso integrado ofrece al personal de Geon la posibilidad de conocer el programa de producción de sus proveedores, a los agentes de compras se les considera responsables, además de la cuestión del precio, de mantener siempre una disponibilidad de existencias suficientes.

Cuando los empleados trabajan en un proceso entre empresas integrado, adquieren también una mejor comprensión de lo que ocurre dentro de la otra empresa y el grado en que eso afecta a su rendimiento y, por lo tanto, al rendimiento del proceso en su conjunto. Ahora, el personal responsable de aprovisionamiento y planificación en Geon comprende que, cuando pasan pedidos de pequeño volumen, generan mayores costes de envío para OxyVinyls, y han cambiado su conducta en consecuencia; como resultado, los costes de OxyVinyls se han reducido, igual que ha bajado el precio que tiene que pagar Geon.

En todos estos cambios subyace una variación de cultura y de actitud, que es el que los ha hecho posibles. En el pasado, Geon y la mayoría de las empresas, consideraban a sus proveedores como adversarios en un juego de suma cero. Uno ganaba a costa del otro, ya se tratase de nivel de existencias, riesgo, o condiciones de precio. Ahora, ambas empresas reconocen que las dos están juntas en el mismo proceso y que el objetivo no es el de pasarse el coste y el riesgo del uno al otro, sino el de eliminarlos completamente del proceso. Esta nueva perspectiva queda plasmada en unos objetivos comunes y en unos principios establecidos de mutuo acuerdo para el reparto de los costes y los beneficios.

Geon y OxyVinyls no son los únicos que intentan derribar los muros que las separan. Alkali Chemicals, division de FMC (el mayor productor de polvo natural de sosa) ha establecido una colaboración con su cliente PQ Corporation (una empresa familiar dedicada a la producción de productos químicos inorgánicos) para integrar el proceso de aprovisionamiento de la una con el proceso de cumplimentación de pedidos de la otra. Adaptec, empresa con sede en Milpitas, California, ha hecho lo mismo. Adaptec es lo que se conoce como una empresa de semiconductores «sin fábrica», en el sentido de que no elabora sus productos. En lugar de hacerlos, Adaptec trabaja con los clientes para identificar los circuitos integrados que mejor encajarán en los productos del cliente y, luego, sus ingenieros diseñan esos circuitos. A continuación, envían los diseños y los pedidos a los proveedores de Asia. Los asociados asiáticos fabrican los chips, los montan, los embalan y los remiten a la empresa.

Esto parece muy sencillo, pero hasta 1997 era extremadamente difícil. Cuando se le considera como un único proceso, intervienen los siguientes elementos: la actividad californiana de Adaptec; el contratista de Taiwán, Taiwanese Semiconductor Manufacturing Corporation, conocida como TSMC, que fabricaba los semiconductores; otra empresa de Hong-Kong, que los embalaba; y las instalaciones de Adaptec en Singapur, donde se eleboraban los productos finales para su envío. Cada vez que un pedido pasaba de una empresa a la siguiente, también se transfería su información, que debía ser impresa en un sistema informático, transmitida, e introducida nuevamente en el sistema electrónico de la siguiente empresa. En la práctica, resultaba una pesadilla.

Simplemente, para recoger la información en un formato que pudiese ser enviado por fax desde Adaptec a TSMC, se tardaban de cuatro a seis días. Había que imprimir en grandes hojas de papel cada uno de los detallados planos que, luego, eran recortados en trozos de tamaño igual a las hojas de fax. Había que imprimir el cuaderno de especificaciones, compilarlo con los planos, e integrarlo todo en un pedido general de compra. En el otro extremo del proceso, se requería más tiempo aún. Cuando el fabricante recibía los faxes, los ingenieros tenían que examinarlos para comprobar la claridad de la transmisión, solicitar una nueva transmisión si había problemas, introducir los datos manualmente en su sistema informático, y también, escanear los dibujos.

Inevitablemente, en cada paso acechaban los errores, lo que obligaba a repetir el trabajo y causaba más retrasos. Si los ingenieros del fabricante tenían alguna sugerencia para lograr que el diseño fuese más fácil de fabricar, la totalidad de ese proceso había que repetirlo a la inversa. Lo normal era tardar más de treinta días sólo en completar el diseño de ingeniería para la producción.

Dada la naturaleza rápidamente cambiante del negocio de semiconductores, a veces los clientes insistían en variar el diseño del chip cuando ya estaba en producción. Entonces, todo se paralizaba, durante días o semanas, hasta que llegaban los nuevos planos. A veces, el fabricante no podía mantener el puesto de Adaptec en el turno de producción, y el proyecto pasaba al último lugar de la lista. Toda esta compilación de errores se repetía en cada fase sucesiva del proceso. Añadiendo insultos al dolor, todos esos problemas se veían ampliados por la diferencia de quince horas entre California y Taiwán.

Esos problemas eran insoportables. Los directores de Adaptec calcularon que el proceso total, desde que se pasaba el pedido hasta la recepción del producto, no debería tardar más de cincuenta y cinco días. En la práctica, estaba alcanzando ciento diez días.

En el mundo de los semiconductores, donde la necesidad de productos puede surgir en un cliente de la noche a la mañana y puede desaparecer con esa misma rapidez, duplicar el tiempo mínimo necesario para cumplimentar un pedido es una receta segura para el desastre. Las consecuencias financieras eran también graves. La repetición de la tarea de introducción de datos generaba costes extra, y el letárgico proceso creaba un embudo lleno de existencias en curso de fabricación que debía ser financiado por alguien.

Todos esos problemas los ha solucionado Adaptec mediante la integración de los procesos a lo largo de las fronteras de la empresa. Vía Internet, toda la información que era necesario imprimir, pegar y enviar por fax, ahora se tramita directamente desde los sistemas de Adaptec al sistema de producción del fabricante. Lo que antes se tardaba en cumplir de cuatro a seis días, ahora se hace en minutos. Los ingenieros del fabricante pueden revisar los diseños y recomendar a Adaptec las correcciones adecuadas, todo ello electrónicamente. Ahora, el tiempo total para finalizar un diseño es de diez días como máximo, lo que supone una mejora del 66%. La comunicación con las empresas montadoras y transportistas es igualmente rápida. En cada paso del proceso se están reduciendo los tiempos continuamente.

Las ventajas y beneficios han sido extraordinarios. Ahora, el tiempo total de fabricación se ha reducido en un 50%, situándose en 55 días; que era el objetivo inicial. Entre otras ventajas, el coste de mantener las existencias se ha reducido en 9 millones de dólares, y son la mitad de la media del sector. Además, Adaptec ya no tiene que distribuir su trabajo de fabricación entre numerosos proveedores para asegurarse que podrá atender cualquier rebrote imprevisto de la demanda. En lugar de mantener a seis proveedores en reserva, Adaptec sólo necesita dos. Mantener las relaciones con un proveedor cuesta cerca de 1 millón de dólares al año; de modo que al pasar de seis a dos, Adaptec ha logrado un ahorro inmediato de 4 millones de dólares. Todo ello como resultado de eliminar los muros que separaban a Adaptec de sus proveedores.

De modo similar, IBM ha integrado su proceso de contratación de personal con los procesos de las agencias de selección que utiliza. IBM se está convirtiendo, cada vez más, en una empresa de servicios y, como todas las organizaciones de servicios, se encuentra con que debe responder rápidamente a la solicitud de propuestas que le hacen los clientes. Con frecuencia, el cuaderno de especificaciones del cliente contiene detalles que sólo pueden ser realizados por personal con conocimientos muy específicos o en ciudades muy concretas, personal del que IBM puede no disponer; en los casos en que no se opta internamente de los conocimiento requeridos, la empresa acude a una agencia de selección para cubrir esa falta. En el pasado, IBM realizaba esa tarea cargando con un enorme papeleo: ofertas del puesto de trabajo, currículum vitae, y mucho más. Ahora, expone las ofertas de colaboración en un sitio web; las agencias de selección acceden al pupitre y exponen en el mismo los currículum que proponen, a fin de que IBM los examine; como resultado, un proceso que antes requería semanas, ahora muchas veces se completa en un día. Una vez más, Internet es la tecnología que lo ha hecho posible; pero la verdadera cuestión está en conectar las actividades realizadas en distintas empresas para integrarlas en un único proceso que pasa por encima de las barreras de las empresas.

Una vez que logramos identificar nuestros procesos entre empresas, podemos ponernos a trabajar para rediseñarlos y, de ese modo, mejorar su rendimiento. El rediseño más rudimentario es el del tipo que han efectuado Geon, FMC, IBM y Adaptec: agilizar la conexión entre las partes del proceso que se realizan en empresas distintas. Esta técnica ayuda a reducir los retrasos, eliminar las actividades duplicadas y disminuir los costes y los errores. Otra manera de rediseñar los procesos entre empresas, consiste en trasladar el trabajo a lo largo de las fronteras empresariales. Si una empresa está posicionada para efectuar alguna tarea mejor que la que antes lo hacía, puede ser razonable que empiece a realizarlo la primera; incluso, aunque «oficialmente» ese trabajo sea responsabilidad de la segunda. El mayor coste en que debe incurrir la primera empresa por realizar ese trabajo, será más que recuperado por los beneficios que genera la mejora del proceso en su conjunto, unos beneficios que se repartirán las dos empresas. (Si esto le parece familiar al lector, es porque se trata de una variante del tema del autoservicio del cliente que se expuso en el capítulo 2.)

Por ejemplo, IBM estimó que, en 1998, la labor de cumplimentar cada pedido que recibía de los clientes le costaba 233 dólares.

El 20% de ese importe se destinaba a «gestionar el pedido»: recibir el encargo, comprobar que se aplicaba el precio apropiado para ese cliente en concreto, responder a las consultas del cliente sobre condiciones de pago, y tareas similares. Gran parte de las cargas generales de la gestión de pedidos eran una invención de la época en que IBM se escondía tras un muro opaco, fuera de la vista de sus clientes. Por eso, todas las interacciones con el cliente debían ser supervisadas por un empleado de IBM, normalmente un vendedor. Ahora, al derribar los muros existentes entre la empresa y sus clientes, IBM ha integrado su proceso de cumplimentación de pedidos con los de aprovisionamiento de sus clientes y ha rediseñado esto proceso global. Ahora, los clientes pueden realizar por sí mismos gran parte del trabajo que antes IBM cumplía por ellos, y lo hacen con más comodidad y menor coste. Tal como se ha explicado en el capítulo 2, ahora los clientes pueden introducir sus pedidos por sí mismos, comprobar la situación de sus encargos y realizar otras actividades similares. IBM sale ganando, porque reduce los costes; los clientes salen beneficiados, porque logran que el trabajo se realice correctamente y en el momento apropiado, y se ven liberados de la carga de tener que interactuar con el personal de IBM. También hay otras ventajas y beneficios. Un importante grupo de clientes (los revendedores que ofrecen valor añadido) han sido capaces de reducir sus existencias de equipos de IBM en más del 30%. Como pueden introducir más rápidamente los pedidos en el proceso de IBM, y conocer exactamente la fecha en que recibirán sus pedidos, ahora pueden funcionar con muchas menos existencias en almacén. Esto les convierte en unos clientes más satisfechos que, tal como sabe IBM, son los más fieles.

Por otro lado, ahora IBM está conformando un trabajo que antes algunos clientes tenían que hacer por sí mismos. Normalmente, las grandes empresas clientes de IBM estandarizan los ordenadores que utilizan a todo lo largo de su organización. Todo el que hace un pedido de un PC, se supone que deseará esa configuración estándar. Pero en la práctica, muchos empleados no entienden bien las especificaciones o cometen algún otro tipo de error al redactar el pedido; no era raro para IBM encontrar una tasa de errores superior al 50% en los pedidos efectuados por las empresas cliente. En efecto, el proceso de pedido de los clientes era defectuoso (por no filtrar los pedidos incorrectos) e IBM tenía que compensar esas deficiencias. Ahora, IBM ha tomado sobre sí la tarea de vetar los pedidos de los clientes. El cliente proporciona a IBM una descripción completa de la configuración aprobada. Entonces, IBM presenta a los compradores de la empresa cliente la oportunidad de pedir sólo aquella configuración. Tanto el cliente como IBM salen ganando, ya que ambos deben dedicar menos tiempo a aclarar las circunstancias de los pedidos defectuosos.

La coordinación —permitir que dos empresas utilicen los mismos datos— es la tercera manera de mejorar el rendimiento de un proceso entre empresas. En las organizaciones tradicionales, la información nunca logra salir fuera de las puertas de la empresa. Esto se debe, en parte, a que las limitaciones de la tecnología hacen que sea muy difícil compartir la información, incluso para las empresas que desean considerarlo. Y, en parte, se debe a que nadie realmente desea hacerlo. La generalizada política de puertas cerradas de, «nosotros sabemos lo que sabemos, vosotros sabéis lo que sabéis, y los dos nunca se encuentran» son reflejo de la desconfianza mutua existente en las empresas. Pero la actitud de no compartir la información tiene graves consecuencias. Cuando sólo sabe lo referente a sí misma, y no conoce nada acerca de sus clientes y proveedores, la empresa toma todas las decisiones en base a una información inadecuada. No me refiero sólo a las grandes decisiones estratégicas, sino a las opciones tácticas y de funcionamiento cotidiano, que son las que determinarán la forma de trabajar de una empresa: ¿Qué cantidad debemos producir? ¿Qué cantidad de materia prima necesitamos? ¿Cómo debe trabajar el personal de las distintas plantas? ¿Cuánta capacidad de transporte necesitaremos?

Tomar bien esta clase de decisiones, es fundamental para el éxito de una empresa. Sin una información precisa acerca de la situación del mundo exterior a sus fronteras, una empresa nunca podrá lograr el éxito. En el pasado, normalmente las empresas hacían conjeturas acerca de la cantidad que sus proveedores podían entregarles, el nivel que podía alcanzar la demanda en el futuro, y el volumen de carga que le podían ofrecer los transportistas que, a su vez, sólo podían conjeturar el volumen exacto de los envíos de sus clientes.

El fruto de hacer conjeturas sobre los resultados, son unas malas decisiones que conducen a programas equivocados, materiales equivocados, y personal con conocimientos equivocados para el trabajo que se les asigna. Todo eso significa un enorme despilfarro:

suministros no utilizados, personal ocioso y productos acumulando moho en el almacén, porque nadie los pide.

Esta situación cambia cuando las empresas comparten información a través de sus fronteras, lo que ahora se puede hacer fácilmente. Pensemos en un mundo en el que nuestra empresa conoce la planificación de producción de sus proveedores y la cantidad de materiales de que disponen. Imaginemos, también, que conocemos el actual suministro de nuestros productos a nuestros clientes, así como la demanda de los mismos para esos productos. Supongamos que conocemos exactamente la capacidad total de nuestros transportistas en cualquier momento, y el punto exacto en que se encuentran en este momento —en cualquier parte del mundo— cada uno de nuestros envíos de entrada y salida. Lo verdaderamente sorprendente es que toda esa información ha existido siempre, y ha estado meticulosamente anotada por cada una de esas empresas. La recogida de esa información nunca ha sido difícil; lo difícil era compartirla y comunicarla a través de las fronteras de la empresa.

El poema «Dover Beach», de Matthew Arnold, ha captado la forma de operar de dos empresas que todavía no han descubierto la colaboración a base de compartir la información: «Y aquí estamos como en una llanura amenazante/ Aterrorizados por confusas alarmas de lucha y fuga/ Donde ejércitos inadvertidos chocan por la noche.»

Así era la oscuridad que envolvía a una gran empresa de bebidas y a uno de sus principales proveedores, un fabricante de envases y embalajes. Periódicamente, la empresa de bebidas hacía una previsión de las ventas esperadas, estimaba sus necesidades de embalaje y comunicaba esa información al proveedor, a fin de que cuando hiciese un pedido de material de embalaje estuviese en posición de atenderlo adecuadamente. El problema estaba en que, a menudo, el cliente cambiaba la previsión, y en que, a veces, el cliente no comunicaba hasta mucho después estos cambios al proveedor de embalajes. Por ejemplo, si el fabricante de bebidas se enteraba de que en Chicago se iba a celebrar una importante convención que, seguramente, iba a generar una punta de ventas en aquella ciudad, como reacción a esa noticia volvía a programar la producción. Lo más lógico es que informase de ese cambio al proveedor, a fin de que éste también pudiese reprogramar su trabajo. Pero eso es lo que no se hacía. Los muros entre las dos empresas eran tan altos que el planificador del fabricante de bebidas no sabía quién era el responsable de la empresa de embalaje con el que debía contactar. En resumen, la colaboración y la comunicación eran un gran problema.

Seguramente, el planificador de la producción haría un gesto de indiferencia y pensaría que el proveedor ya podría cumplir. Inevitablemente, al final el fabricante de bebidas pasaba al proveedor un pedido para el que éste no estaba preparado. Entonces, el proveedor tenía que organizar turnos extra, contratar más personal, o quitar a Pedro para dar a Pablo a base de desviar hacia Chicago el material de embalaje que estaba preparado para otros destinos, causando escasez en esas ciudades y una oleada de consecuencias a lo largo de todo el sistema.

Ya no ocurre eso. Ahora, las dos empresas utilizan Internet para comunicar información entre los procesos de planificación y producción. Tan pronto como el planificador de la producción del fabricante de bebidas tiene una nueva información, revisa las previsiones y la expone en un sitio web que está programado para enviar la nueva previsión al fabricante de embalaje. De ese modo, el planificador de la producción del proveedor puede estar preparado para atender un pico o un recorte en los pedidos. Si el proveedor de embalaje necesita desviar materiales de una ciudad a otra, esa información se expone también en el sitio web y el programa la transmite automáticamente a la empresa de bebidas. De ese modo, los planificadores de la empresa de bebidas están en posición de ajustar su programa de producción al nuevo previsto de entrega de embalajes. En realidad, al compartir esa información las dos empresas están realizando un único proceso de planificación entre empresas.

Ahora, ya es posible la visión de toda una cadena de aprovisionamiento funcionando sincronizada y en armonía. El proveedor de materias primas puede determinar la cantidad a producir de cada material, en base a las ventas de productos terminados generadas en las estanterías de los minoristas. Los fabricantes pueden determinar la cantidad de producto a enviar, en base al número de camiones de que dispone en este momento la agencia de transportes. Se trata de la visión de un entorno sin fricciones.

El término «cadena de aprovisionamiento», como muchos otros términos económicos, ha sido desvalorizado, reducido y equiparado a un eufemismo de «aprovisionamiento», de modo similar a como «recursos humanos» se ha convertido en el nombre políticamente correcto para «personal». Sin embargo, la cadena de aprovisionamiento de una empresa abarca realmente a todas las que contribuyen, en sentido ascendente o descendente de la cadena, a la creación del producto final que va a ser comprado por el cliente final. Posiblemente, la definición más gráfica de una cadena de aprovisionamiento nos la ofrece un gran fabricante de productos de papel, entre los que se incluye el papel higiénico. Esta empresa afirma que su cadena de aprovisionamiento se extiende «desde los cuernos a la grupa».

Cuanto más extensa es una cadena de aprovisionamiento, menos sabe un extremo de ella acerca de lo que pasa en el otro, y más transacciones se generan a medida que los productos son comprados y revendidos. Las consecuencias se resumen en enormes cantidades de existencias y grandes costes sin sentido. Hewlett-Packard está trabajando activamente para resolver estos problemas, intentando aplicar la fuerza de la colaboración para sincronizar el trabajo de una extensa cadena de aprovisionamiento para beneficio de todos sus miembros.

Un comprador normal de un monitor de ordenador de HP, probablemente no tiene ninguna idea del elevado número de empresas que intervienen para producirlo. HP, como la mayoría de los fabricantes de ordenadores, encarga su trabajo de producción en el exterior a contratistas de fabricación, como Solectron y Celestica. El contratista de fabricación compra la caja del monitor a una empresa de moldes de inyección que, a su vez, adquiere el material que va a emplear para hacer la caja a una empresa de compuestos plásticos (Geon, por ejemplo) que, a su turno, compra a un fabricante de resinas la materia con la que obtiene el compuesto. Esa cadena de aprovisionamiento es fácil de describir, pero casi imposible de gestionar.

Los proveedores de un extremo de la cadena de HP no tienen ni idea del número de monitores que realmente necesitará HP; puede que ni siquiera sepan que HP es el destino final de sus resinas o compuestos plásticos. Como consecuencia, cada uno debe mantener una gran cantidad de existencias «sólo por si acaso» un pedido de HP llega bajando atronadoramente por la cadena de aprovisionamiento. A la inversa (y, quizá, inevitablemente), los materiales que mantienen en existencias, a veces no son las que HP necesita en ese momento; por eso, cuando HP pide una clase especial de monitor, es posible que sus proveedores tengan en almacén cantidad de material no apto y nada del material adecuado. Como resultado, HP no dispondrá del producto que su cliente desea en el momento en que lo precisa y éste acudirá a otra empresa, lo que significa que todas las entidades de la cadena de aprovisionamiento pierden ventas. De modo similar, los problemas que surgen en las interacciones comerciales entre los proveedores ascendentes (tales, como disputas sobre las condiciones de venta o un retraso en el pago) pueden producir demoras en la entrega de material de un proveedor al siguiente en la cadena, lo que, a su vez, significa que HP no recibirá los monitores que necesita en el momento en que los espera.

La diferencia de escala entre los participantes en esta cadena de aprovisionamiento genera algunas peculiares consecuencias. HP y el proveedor de resinas son empresas gigantes, y los contratistas de fabricación tienen un volumen bastante considerable. Pero la mayoría de las empresas de compuestos y de moldes de inyección son fábricas pequeñas. Eso significa que los pedidos de HP para cajas de monitor serán repartidos entre muchos fabricantes de compuestos, cada uno de los cuales comprará la resina en cantidades relativamente pequeñas —y, por lo tanto, a precios relativamente altos— a los fabricantes de resinas. En realidad, HP está aislada de los proveedores de resinas y compuestos por la presencia de los contratistas de fabricación y las empresas de moldes de inyección. Y significa, también, que HP no tiene un cuadro general ascendente del rendimiento de sus proveedores, en lo referente a quienes son los que le ofrecen de modo continuo las mejores condiciones, calidad y puntualidad de entrega. (Y debemos señalar que esos datos no los conoce nadie.) HP tampoco se entera de las nuevas ideas que tienen esos proveedores y que podrían afectar al diseño y las especificaciones de los monitores de HP.

Por último, en una cadena larga y compleja como ésta, es inevitable que haya una gran cantidad de personas dedicadas a intentar mantenerla unida. En teoría, una vez que HP pasa un pedido, los proveedores deben estar preparados para actuar. Pero en realidad, nada se mantiene fijo durante mucho tiempo. De media, cada pedido de una remesa de monitores de ordenador varía cuatro veces antes de ser completado, normalmente como reacción a los cambios en la demanda del mercado. La cantidad, la fecha de entrega exigida, y el color, son una muestra de las cosas que se suelen cambiar. En otras palabras: la excepción es la norma. Los problemas pueden surgir también en la propia cadena de aprovisionamiento:

cuestiones que surgen en el proceso de producción, escasez de mano de obra, roturas de stocks de materiales; toda clase de sorpresas pueden arruinar el mejor de los planes. Tal como ocurría con el fabricante de bebidas, esos cambios no se comunican fácilmente de una empresa a otra. Un verdadero ejército de empleados se pone en acción intentando lograr que todos los participantes sigan un único plan, pero rara vez lo consiguen. Los sistemas de producción de los contratistas tendrán, inevitablemente, una información distinta de la que disponen los proveedores en lo referente a fechas de llegada, envíos y cantidades pedidas. El resultado será: esfuerzos inútiles, retrasos, montones de materiales no utilizados, y actividad frenética para lograr completar los envíos en el último minuto.

La cuestión fundamental subyacente en todos estos problemas, es que no había una persona encargada de gestionar el proceso de principio-a-fin que empieza en HP y termina en el fabricante de resinas. Un cúmulo de personas diseminadas en las distintas empresas y utilizando una serie de sistemas informáticos inconexos, estaba intentado mantener en marcha el proceso de modo circunstancial, con grandes costes y esfuerzos despilfarrados, pero no había una persona dedicada realmente a gestionarlo. En 1999, HP se lanzó a la brecha y decidió convertirse en el gestor activo de la totalidad del proceso. En lugar de delegar la responsabilidad en su cadena de aprovisionamiento y trasladar el riesgo a sus proveedores, ahora HP actúa como coordinador del proceso que enlaza la totalidad de la cadena de aprovisionamiento de plásticos. HP ha asumido la responsabilidad de lograr que todas las partes de la cadena de aprovisionamiento trabajen unidas, compartan la información y operen de tal manera que todas obtengan el menor coste y la máxima disponibilidad.

El elemento que ha hecho posible la reciente integración de este proceso es un sistema electrónico que HP ha preparado para que la información sea compartida entre todos los participantes en la cadena de aprovisionamiento. HP expone sus previsiones de demanda, así como cualquier cambio que se introduzca, para que todos los proveedores pueden utilizarlos para realizar sus propias previsiones. De modo similar, se especifican también los planes y los programas de los otros participantes. Si surge algún problema en la capacidad de la cadena de aprovisionamiento, de modo que no se van a poder cubrir las previsiones, HP se entera con antelación suficiente como para hacer otros planes. Cada parte utiliza este sistema para comunicarse sólo con sus vecinos adyacentes en la cadena; y las partes se envían electrónicamente pedidos, confirmaciones y facturas, unos a otros. De ese modo, los cambios en los pedidos de HP se propagan instantáneamente por la cadena de aprovisionamiento, lo que permite a todos reaccionar rápidamente.

Y, quizá lo más importante, ahora el fabricante de resinas recibe la previsión agregada de HP, que es la que se toma como base para fijar un precio contractual que se aplica a toda la resina que se vende a la cadena de aprovisionamiento de HP. Después de todo, HP es la parte que realmente compra la resina, el fabricante de compuestos es el primer eslabón de la cadena. Ahora, HP actúa como cliente del fabricante de resina, a pesar de que ese producto se entrega a los diversos fabricantes de compuestos. El fabricante de resina envía a HP una única factura por toda la resina. Este sistema es mucho mejor para el proveedor de resina, porque le proporciona la seguridad y la sencillez de negociar con un gran cliente, en lugar de tener que hacerlo con un considerable número de pequeños clientes; y está tan satisfecho que, a cambio, ofrece a HP una significativa reducción en el precio.

Ahora, el personal de aprovisionamiento de HP funciona como director de este proceso entre empresas. Ya no se centran estrechamente sobre los términos y condiciones de compra, su nueva tarea consiste en asegurar el perfecto funcionamiento del proceso. Supervisan el rendimiento de los proveedores en línea ascendente; intervienen para resolver los problemas relacionados con el flujo de fondos entre esos proveedores; contactan con la totalidad de la cadena de aprovisionamiento para evitar desajustes entre oferta y demanda y para minimizar el riesgo. Se trata de una labor muy distinta a la del papel tradicional del agente de compras.

Es una situación beneficiosa para todos, aunque HP se beneficie más que los demás. En las pruebas piloto de este proceso recientemente integrado, el precio que HP paga por las resinas se ha reducido entre el 2% y el 5%; el número de empleados necesarios para mantener en marcha la cadena de aprovisionamiento se ha reducido en un 50%; y el tiempo necesario para completar un pedido de monitores para ordenador ha bajado un 25%. Posiblemente, el mejor resultado de todos es que las ventas de las áreas en que se ha puesto en marcha este proceso han aumentado en un 2%, según estimaciones de HP. Se trata de ventas que antes HP perdía, por no disponer del producto adecuado en el momento adecuado. HP ya no tiene que cometer el pecado mortal de decir a los clientes que no les puede servir. Derribar los muros que existen entre las empresas produce efectos maravillosos.

HP y sus proveedores han rediseñado sus procesos entre empresas utilizando los tres mecanismos que he explicado anteriormente. Al realizar las transacciones electrónicamente, se ha agilizado la conexión entre compradores y vendedores; la tarea que antes tenía que realizar cada uno de los fabricantes de compuestos (la compra de resina) se ha trasladado a HP, atravesando las fronteras de las empresas; y todas las partes funcionan con una base de datos común que contiene toda la información sobre producción y demanda. Los muros que separan a estas empresas se han hecho tan delgados, que apenas pueden ser percibidos. HP colabora con su cadena de aprovisionamiento tan estrechamente y sin fisuras, como lo haría si esos proveedores formasen parte de HP, o mejor, quizá. Están funcionando en verdadera colaboración. La reingeniería de los procesos entre empresas para lograr una estrecha colaboración, es el mejor modo de completar la labor iniciada en la década de los 90 con la reingeniería de los procesos internos de la empresa: extirpar los últimos vestigios de trabajo improductivo en la entidad.

El sector de bienes de consumo envasados es uno de los más susceptibles de perder ventas, a causa de no disponer de producto; y en el pasado, esa situación se daba demasiadas veces. Tanto los fabricantes como los minoristas elaboraban previsiones de ventas para los productos del fabricante, pero como cada uno los realizaba independientemente, muchas veces las previsiones no eran coherentes y eso provocaba roturas de stocks en las tiendas, o existencias innecesarias en los almacenes. El fabricante podía planificar una nueva campaña publicitaria o el minorista podía programar una acción promocional, y en ambos casos, la otra parte no se enteraba de nada. El problema subyacente se debía a que el fabricante y el minorista realizaban por su parte su propio proceso de previsión, sin coordinarlo con el de la otra parte. Ahora, han empezado cada vez más a combinar esos dos procesos separados para crear un único proceso. Kimberley-Clark y Kmart han aplicado ese proceso único al papel Kleenex y han obtenido excelentes resultados: un aumento del 15% en el stock interno del minorista, un descenso del 20% en el nivel de existencias de éste y un aumento del 17% en los ingresos por ventas. Cuando las empresas funcionan sincronizadas, todos salen ganando.

La fuerza de la colaboración también se percibe en el área farmacéutica. En este sector, como en muchos otros que trabajan a través de distribuidores, los grandes clientes (por ejemplo, una organización con varios hospitales importantes) pueden negociar precios especiales con los fabricantes de medicamentos. Los pedidos de un hospital son cumplimentados por su distribuidor local, al que paga un precio especial que puede ser significativamente más bajo que el de la tarifa normal del distribuidor. Suele establecerse un acuerdo, llamado «reembolso», por el que el distribuidor factura al fabricante un importe previamente fijado para compensarle por la pérdida de margen que ha sufrido en ese pedido.

No hace falta ser un experto en productos farmacéuticos para comprender que esa situación puede provocar el caos. Cada parte puede disponer de información diferente acerca de los precios y, en concreto, sobre los de los productos que se han vendido. Puede que existan tres versiones distintas acerca de la cantidad de producto que se ha entregado al hospital; sobre el importe del reembolso que le corresponde al distribuidor; sobre lo que el hospital aceptó pagar; y sobre las condiciones que fueron acordadas entre el fabricante y el distribuidor. Incluso aunque todas las versiones sean coincidentes, el consenso terminará cuando el hospital renegocie su contrato con el fabricante y éste último modifique las condiciones de su acuerdo con el distribuidor.

Todo ello genera dos resultados negativos. Primero, esas discrepancias generan una gran cantidad de esfuerzo para reconciliar las cuentas (la mayoría de las veces, inútil) y, luego, más trabajo para reparar los inevitables sentimientos heridos. Cada empresa tiene empleados cuya única tarea consiste en contactar con sus colegas de las otras dos instituciones, aclarar los acuerdos y corregir los errores. Segundo, casi siempre alguien paga demasiado poco. O bien el hospital paga demasiado poco al distribuidor, o el distribuidor espera del fabricante un reembolso mayor del que recibe. Para mantener la relación y la buena disposición del hospital y del distribuidor, frecuentemente el fabricante es el que absorbe esos errores y debe soportar fuertes pérdidas de venta como coste necesario para seguir haciendo negocios con las otras dos partes. Es difícil juzgar cual de esos dos problemas es peor.

Ahora, se sabe que al menos una importante empresa farmacéutica, ha agilizado el proceso del cual esas entidades son sólo fracción. En un sitio web, que todas las partes pueden visitar, se expone una versión sencilla de la información sobre precios y entregas. Cuando se negocia un contrato, los datos se introducen en ese sitio web, donde también se anotan las entregas realmente efectuadas a los hospitales. De ese modo, el distribuidor sabe la cantidad que debe facturar al hospital, y el hospital sabe lo que debe pagar al distribuidor; el fabricante y el distribuidor también llegan a un acuerdo sobre el descuento a aplicar. Al compartir una única base de datos, se eliminan los costes y las imperfecciones que surgen inevitablemente en la estela de la reconciliación de cuentas.

Dos empresas petroleras han firmado un acuerdo similar de colaboración. Conscientes de que casi todas las gasolinas son indiferenciables, a pesar de lo que afirman en los anuncios, las empresas petrolíferas se compran y venden mutuamente gran cantidad de producto, con objeto de reducir costes de transporte y resolver las faltas momentáneas de gasolina. A final de mes, cada empresa petrolífera envía una factura a la otra y recibe el pago a vuelta de correo.

Dadas las miles de transacciones que se efectúan cada mes entre esas dos empresas, los errores son inevitables. Cada entidad tiene su versión de las transacciones que ha realizado con la otra, de manera que se debe dedicar mucho tiempo y energía para revisar todas las transacciones y determinar qué información es la correcta. En el pasado, esta tarea se realizaba manualmente y, aunque participaban muchos empleados, podía tardar dos meses en ser completada.

Ahora las empresas han evitado casi por completo la necesidad de reconciliar las cuentas. Las transacciones entre ellas se anotan inmediatamente en una base de datos compartida que reside en un sitio web donde cada empresa procesa sus transacciones financieras. Como resultado, más del 90% de la tarea de reconciliación de cuentas ha sido eliminada y la que aún se debe realizar se termina en unas horas, en lugar de meses. Ninguna de las empresas debe reservar liquidez para efectuar pagos inesperados a la otra al terminar el mes.

La mayoría de los ejemplos de colaboración que hemos presentado hasta ahora corresponden al área de gestión de la cadena de aprovisionamiento: lograr que un grupo de empresas trabajen conjuntamente para ofrecer lo que el cliente final ha pedido. No debe sorprender que los mayores progresos en la integración de procesos entre empresas se hayan producido en este campo. Del mismo modo que los primeros procesos internos, en donde la mayoría de las empresas efectuaron la reingeniería de procesos, fueron los de la cumplimentación de pedidos, el primero de los procesos entre empresas que han recibido similar atención ha sido el de la cadena de aprovisionamiento. Las patologías que afectan a esa cadena son claras y están en la superficie, y curarlas genera ventajas inmediatas en los aspectos de satisfacción del cliente y reducción de costes.

Ahora, están empezando a aparecer fabulosas oportunidades en otras áreas. La próxima gran ola será, probablemente, el desarrollo en colaboración de los productos. En ese área, una empresa, sus proveedores, e incluso sus clientes, comparten la información (basándose en la web) sobre un producto a medida que es creado. Los proveedores consiguen la ventaja de ser capaces de empezar a desarrollar las partes del producto que será de su responsabilidad, antes de que se complete el diseño total; un proveedor puede también ofrecer más pronto feedback acerca de su capacidad para fabricar su parte, dentro de las limitaciones de coste y tiempo que se han especificado. Los clientes pueden revisar el producto a medida que va surgiendo y aportar su granito de arena para asegurar que el resultado final cubrirá sus necesidades. Además, todas las partes interesadas tienen a su disposición inmediatamente información sobre los inevitables cambios en las necesidades del cliente, en las especificaciones del producto, y en el diseño de los componentes. Ya no existe ninguna razón para que algún participante quede fuera del círculo por semanas o meses, y que durante ese tiempo continúe utilizando una información que ya no es válida. El desarrollo de productos en colaboración entre empresas es el equivalente (en un entorno multiempresas) de la reingeniería concurrente, que en los últimos quince años ha transformado el desarrollo interno de productos.

Tras esta oleada de colaboración está surgiendo una ola, mayor aún, que extiende la integración de los procesos entre empresas hasta dimensiones no conocidas hasta ahora. Esa ola nos está forzando a encontrar nuevas palabras para describir unas relaciones empresariales que hasta ahora habían permanecido, en su mayor parte, invisibles para nosotros.

El vocabulario tradicional de las relaciones empresariales es muy pobre: si una empresa vende un producto a otra, ésta es cliente de aquélla y la primera es proveedora de la segunda; si alguien intenta vender ese producto a la segunda empresa, esa tercera es competidora de la primera. Eso es todo, porque esas eran las únicas relaciones que, para nosotros, marcaban la diferencia. Pero ¿qué ocurre cuando dos empresas están comprando el mismo producto o servicio al mismo proveedor? En el pasado, era muy poco probable que alguna de esas dos empresas llegasen a descubrir que mantenían esa relación: y, si lo descubrían, esa información hubiese tenido poco o nulo valor. Como consecuencia, no existía un término lingüístico para nombrarlo. De modo similar, ¿qué ocurre si dos empresas venden distintos productos, pero al mismo cliente? Esas dos empresas no son competidoras, pero ¿qué son? Hasta ahora a nadie le interesaba eso. Ahora nos importa.

General Mills, un gigante del sector de productos de consumo empaquetados, posee marcas que van desde Cheerios hasta Yoplait. En ese sector, a medida que los canales de distribución se consolidaban y los consumidores se hacían más selectivos, los márgenes fueron descendiendo continuamente. En la década de los 90, General Mills fue el líder del sector en la reducción de los costes en su cadena de aprovisionamiento. Merece señalar que en esa década, a base de aumentar la eficacia en las compras, mejorar la productividad de fabricación y la eficacia de la distribución, General Mills logró reducir en un 10% el coste de la caja de producto. Pero en el alborear de la nueva década, los directivos de la empresa se dieron cuenta de que, si querían encontrar nuevas oportunidades para ahorrar costes, tenían que tenían que ir más allá de los confines de su cadena lineal de aprovisionamiento. Del mismo modo que en la década de los 90 centraron su atención en la caja de producto, decidieron que en la década del 2000 debían pensar en el exterior de la cadena. Entre las primeras ideas, surgió un nuevo enfoque para la distribución de los productos refrigerados, como el yogurt.

La sección de productos refrigerados de un supermercado, es muy diferente del resto de las secciones en muchos más de los aspectos que resultan evidentes. En la categoría de productos envasados «secos», los siete principales fabricantes (General Mills y Kraft, entre ellos) representan en conjunto el 40% de las ventas de los supermercados. Eso significa que cada fabricante es lo suficientemente grande como para gestionar eficazmente su propia red de distribución (almacenes y camiones) que lleva sus productos desde las fábricas hasta los almacenes de los supermercados. Sin embargo, en la categoría de refrigerados los siete principales fabricantes representan menos del 15% de las ventas de los supermercados; y todos, menos uno, carecen de la escala necesaria para montar una red de distribución propia de alta eficacia. De todos modos, cada empresa dispone de una red de esa clase, pero no funciona tan bien como debería; lo que no debe sorprendernos.

Desafortunadamente, cuando un camión refrigerado cargado de Yoplait sale del almacén de General Mills para dirigirse a los diversos supermercados locales, casi siempre va con la carga incompleta. Con más frecuencia aún, el camión lleva yogurt destinado a varios supermercados, lo que significa que deberá hacer varias paradas a lo largo del viaje. Si el vehículo se retrasa a causa del tráfico o encuentra un embotellamiento en una de sus primeras paradas, puede que no llegue hasta el último supermercado de su ruta para ese día. Si ese supermercado acaba de colocar un anuncio en el periódico del domingo promocionando Yoplait, se verá las caras con unos clientes descontentos y General Mills tendrá que enfrentarse con un supermercado irritado.

General Mills se dio cuenta de que podía resolver esos problemas trabajando con otra empresa que anteriormente estaba fuera de su órbita: Land O'Lakes, el fabricante de mantequilla y margarina. En lugar de que cada empresa operase con un canal propio de distribución nada óptimo, las dos decidieron hacerlo en colaboración. Ahora, el yogurt de General Mills y la mantequilla de O'Lakes se cargan en los mismos almacenes y se transportan en los mismos camiones que se van a dirigir hacia los mismos supermercados. (Expresado en términos de proceso: han integrado sus separados procesos de cumplimentación de pedidos para crear un único proceso compartido.) Eso significa que los camiones van más llenos; y como cada uno entrega más producto en cada supermercado, tiene menos paradas en su ruta, por lo que hay más probabilidades de que efectúe a tiempo todas las entregas programadas. El resultado, para ambos fabricantes, se ha materializado en considerables ahorros de costes y la mejora en la satisfacción del cliente. Ahora, los dos fabricantes están trabajando para lograr que los supermercados hagan un pedido conjunto para los dos tipos de producto y para que acepten recibir una sola factura.

Esta historia nos trae el eco de lo explicado en el capítulo 2 sobre la importancia de presentar un solo rostro, un solo interlocutor, al cliente. Allí, el contexto era el de varias partes de una misma empresa; J&J y AlliedSignal AeroSpace, eran algunos de los ejemplos.

Aquí voy a extender el concepto al contexto de varias empresas. Como resultado de derribar los muros que les separaban y de operar en colaboración, General Mills y Land O'Lakes aparecen ante el supermercado como una única empresa. Es interesante conocer que uno de los principios de General Mills relativos a la colaboración es: que una empresa no puede cooperar con otras hasta que no pueda hacerlo internamente. El primer paso consiste en lograr que las distintas partes de la propia empresa trabajen conjuntamente; una vez logrado eso, ya se puede extender el concepto hacia el exterior.

General Mills y Land O'Lakes, dos empresas que antes no tenían ningún interés para la otra parte, ahora mantienen una relación profunda y de mutuo apoyo, pero carecen de un término para describirla. Yo propongo el neologismo «co-proveedor» (co, podría corresponder a «complementario» o «colaborador»). Son dos proveedores no competitivos que sirven a los mismos supermercados, y el hecho de encontrar nuevas formas de trabajar conjuntamente resulta beneficioso para ambos (y también para los supermercados).

Esa relación entre General Mills y Land O'Lakes ha existido siempre, pero era invisible. Lo novedoso es la capacidad de las empresas para aprovecharla. En el pasado, la coordinación manual de las entregas a través de una red compartida de distribución hubiese sido una pesadilla logística. Pero el catalizador destroza-fronteras de Internet está logrando de repente que, lo que desde hace tiempo era deseable, ahora sea posible.

«Co-cliente» sería el término lógicamente apropiado para referirse a las empresas que compran a un proveedor común. Internet facilita el encuentro mutuo de esas empresas y les permite negociar con un proveedor como si fuesen una única empresa más grande y con mayor poder de compra.

United Missouri Banks (UMB), un gran banco regional, se ha dado cuenta de la fuerza que le proporciona establecer relaciones con sus co-clientes. Gracias a su gran tamaño, UMB es capaz de negociar para obtener precios ventajosos de sus proveedores (para productos que van desde papel, hasta muebles). Entre sus clientes figuran muchos pequeños bancos locales de todo el Medio Oeste; UMB les suministra una diversidad de productos financieros, así como algunos servicios de arrendamiento y de apoyo administrativo. Estos pequeños bancos compran muchos productos a los mismos proveedores que UMB, pero a precios más altos. En otras palabras: son clientes de UMB, y también sus co-clientes. Ahora, el banco mayor colabora con los bancos pequeños para la compra de productos. Ha creado un sistema, basado en Internet, mediante el cual negocia con sus proveedores y permite que los pequeños bancos lo utilicen también para el mismo fin. Todos salen ganando, incluso los proveedores. Tienen asegurada una mayor cuota de mercado y ya no precisan emitir numerosas facturas directamente a los bancos pequeños. En lugar de eso, presentan una factura conjunta a UMB, que paga sus compras propias y las de los pequeños bancos. Luego, UMB engloba esos cargos junto con las otras facturas por sus servicios a los bancos pequeños, de modo muy parecido a como se hacía en la relación HP-fabricante de resinas. UMB se beneficia de varias formas: Recibe unos honorarios de liquidación por efectuar el pago correspondiente a los pequeños bancos; su volumen de compras aumenta y sus costes bajan; y mantiene más cerca aún a sus pequeños bancos clientes, ya que les proporciona unos servicios adicionales. Los pequeños bancos se benefician, obviamente, de unos precios más bajos y de un proceso de compra más simplificado. El siguiente paso consiste en ampliar esta colaboración para incluir también a los clientes de los pequeños bancos, minoristas y fabricantes menores que se aprovecharán de las mismas facilidades, y que generarán más beneficios para todos los participantes.

Algunos han descrito lo que hace UMB, como la creación de un mercado-e (e-marketplace) privado. A diferencia de los denominados mercados-e públicos que aceptan a todos los que quieren participar, sólo las empresas invitadas por UMB forman parte de ese sistema. Pero si el lector está interesado por esa idea y desea seguir los pasos de UMB, deberá tomar una precaución. Muchas empresas se han arruinado por hacer caso del canto de sirena referente a utilizar los mercados-e (públicos o privados) para obtener precios más bajos de los proveedores. La idea consistía en que los co-clientes utilizasen un mercado-e para unirse ante los proveedores: utilizar un sistema de «búsqueda de precio» para localizar al proveedor que ofrece el precio más bajo, luego emplear la «demanda acumulada» y los «precios dinámicos» (por ejemplo, las subastas inversas) para bajar más aún los precios. Los que han seguido este camino han quedado frustrados. Los fracasos de los mercados-e no han sido tan difundidos en los medios como el colapso de los minoristas-e de B2C, pero han sido igualmente devastadores. La razón fundamental se debe a que la mayoría de los proveedores no quieren hacer testamento: no están dispuestos a participar en un mercado-e cuyo principal objetivo es empujarles al borde de la quiebra. El hecho de que los proveedores de UMB se hayan beneficiado de este nuevo proceso no es pura coincidencia, es algo esencial. Sólo cuando todas las partes vean la oportunidad de obtener beneficios, empezarán a bajar la guardia y sus barreras. En Wall Street circula un viejo refrán: los osos (bajistas) ganan dinero, y los toros (alcistas) ganan dinero, pero los cerdos son sacrificados. Los que intentan apoderarse de todas las ganancias y no dejar nada para los demás, están pavimentando su propio camino hacia el matadero.

Cuantas más partes vean la oportunidad de obtener beneficio, más beneficios habrá a repartir. General Mills ha demostrado la verdad de esa idea, gestionando con los co-clientes y los co-proveedores en el campo de la logística en colaboración.

El sector de transporte por carretera de EE.UU. está muy fragmentado. Hay más de 450.000 agencias transportistas, cientos de miles de empresas que realizan envíos, y miles de millones de entregas al año. No es sorprendente que en un entorno de esa clase los camiones estén infrautilizados. Después de todo, si se contrata un vehículo para transportar mercancía desde A hasta B, hay muy pocas probabilidades de que el camionero encuentre otra carga en B. Por eso, el transportista tiene que llevar el camión vacío desde B hasta el siguiente destino donde se le necesite. Si multiplicamos ese viaje en vacío por varios millones, podemos hacernos idea del volumen del problema. Aproximadamente, el 20% de la capacidad de carga de los camiones se mueve vacía en todo momento. El resultado, naturalmente, es: mayor coste para todos.

General Mills fue el líder en la organización de un consorcio (en palabras nuestras: una colaboración) entre las empresas transportistas y las que realizan envíos, cuya finalidad era resolver este problema. Supongamos que General Mills necesita enviar mercancía desde Cedar Rapids, Iowa, hasta Wells, Maine, en una fecha determinada (o de modo regular). General Mills expondrá esta información en el sitio web del consorcio, para que otras empresas que realizan envíos puedan comprobar si las necesidades de General Mills son complementarias con las suyas. Supongamos que Fort James Paper tiene necesidad de hacer un envío desde Bangor, Maine,

Hasta Chicago, Illinois. Es un encaje casi perfecto. Este nuevo par de co-clientes colocan su necesidad de envío conjunto en ese sitio web, donde las empresas transportistas pueden comprobar si el deseo de esas dos empresas coincide con su programa de viajes y su disponibilidad de camiones. El consorcio ha establecido unas reglas relativas: a la clase de transportistas a los que se permite ver las necesidades de transporte de una determinada clase de empresas, a los transportistas que tienen prioridad para ofertar, y a la forma en que se va a repartir entre General Mills, Fort James Paper y el transportista, el ahorro que supone tener menos camiones vacíos. Los detalles son demasiado complejos como para explicarlos aquí, pero la naturaleza de esa colaboración está muy clara, tan precisa como sus ventajas. Los costes bajan, porque este proceso funciona a la perfección y hace que todos los participantes necesiten menos personal administrativo. Además, todos los recursos se utilizan más eficazmente, desde las mercancías a los camiones. El beneficio neto para General Mills, se resume en millones de dólares ahorrados. De hecho, la empresa ha calculado que la tasa de rentabilidad interna de su inversión en logística colaboradora coloca a este proyecto entre el 5% de los más rentables que General Mills ha emprendido en estos últimos cinco años.

He dicho tranquilamente que «Internet» es la tecnología que ha hecho posible la transformación de los procesos entre empresas, pero ese término es muy vago. Necesitamos una palabra más precisa para referirnos al sistema basado en Internet donde se efectúan las transacciones y se comparte la información entre las empresas implicadas, haciendo posible la colaboración y la integración de los procesos entre empresas. Uno de los términos que está ganando aceptación y empuje es el de «centro de colaboración (*collaborative hub*)». Dónde está situado ese centro, quién es su propietario, quién lo hace funcionar y en qué plataforma tecnológica se basa, son factores que varían según las circunstancias del contexto.

La colaboración entre empresas es territorio completamente desconocido para la mayoría de éstas. Aunque en los últimos años algunas empresas han efectuado varios amagos para «crear una asociación con los clientes y proveedores», en su mayoría han sido florituras retóricas o proyectos muy circunstanciales. La idea de que las empresas deben trabajar en colaboración con las demás, es una aspiración auténticamente revolucionaria.

A las empresas que intentan dar los primeros pasos por el desconocido territorio de la colaboración, les ofrezco unos principios orientadores:

—*El cliente (final) es el elemento prioritario.* Todos los miembros del centro de colaboración deben estar orientados a cubrir las necesidades del cliente y trabajar conjuntamente para atenderle. Cada uno de los participantes deberá asumir sus objetivos más precisos, a favor de esa finalidad principal. Los participantes en un centro de colaboración deben tener en cuenta que una empresa a la que siempre han considerado como cliente, en realidad, puede ser un colaborador en lo relativo a atender al cliente.

—*El proceso completo debe ser diseñado como una unidad.* Cualquier proceso en colaboración, ya sea para el desarrollo de producto, para la cadena de aprovisionamiento, o para otra tarea, debe ser analizado en términos holísticos, globales. Cada participante no debe diseñar y poner en marcha independientemente su propia parte del proceso global, sino que todos los integrantes deben diseñar conjuntamente el marco general.

—*Ninguna actividad debe realizarse más de una vez.* Eliminar la duplicidad de actividades a lo largo de las fronteras entre empresas es una de las oportunidades más claras para rediseñar el proceso entre ellas.

—*Cada trabajo debe ser realizado por la empresa que está mejor posicionada para ejecutarlo.* IBM aplica los estándares informáticos de sus clientes; HP compra resina para los proveedores de sus proveedores. Intentar ser autosuficiente va en contra de la finalidad de un centro de colaboración. Una empresa debe dedicarse a la tarea que mejor sabe hacer, y dejar que los demás actúen igual.

—*Todo el centro de colaboración debe operar con una única base de datos común.* Cuando todos los participantes comparten la misma versión de toda la información, es posible eliminar la reconciliación de cuentas y los activos se podrán aplicar con más precisión y eficacia.

Las empresas que forman un centro de colaboración deberán encontrar respuestas para cuestiones que hasta ahora nunca se habían planteado. ¿Qué empresas se elegirán para crear y pertenecer a un centro de colaboración? ¿Se permitirá a varios competidores la pertenencia al mismo centro de colaboración? ¿Cómo se efectuará el reparto de beneficios entre las empresas colaboradoras? ¿Cómo se coordinará la participación en varios centros de colaboración? ¿Cuál es el riesgo derivado del hecho de depender de las empresas colaboradoras, y cómo puede ser reducido? Hasta este momento, apenas hemos identificado estas cuestiones y todavía no hemos encontrado las respuestas.

Pero, desde ahora, se ve claramente que el cambio cultural hacia la colaboración entre empresas resultará difícil de introducir. A muchos directores les resultará difícil compartir su información con otras empresas, en especial con las que anteriormente eran consideradas como rivales. Los directores deberán frenar sus impulsos de aprovechar las oportunidades que proporcionan ventajas y beneficios a corto plazo, pero que ponen en peligro la viabilidad a largo plazo del conjunto. También dará que pensar a muchos directores la necesidad de confiar a otros la realización de tareas que, desde hace mucho tiempo, eran consideradas como parte de las obligaciones de su empresa. La colaboración exigirá eliminar algunas actitudes y prácticas muy arraigadas, muchas de las cuales definían la esencia de la empresa. Las ventajas de la colaboración son prodigiosas, pero también lo son sus retos y dificultades.

La colaboración entre empresas engloba varios de los temas sobre los que hemos tratado anteriormente en este libro: Se basa en la idea de centrarse en el cliente (capítulos 2 y 3); extiende los procesos más allá de los límites de la empresa (capítulo 4); reduce la autonomía de la empresa, de modo muy similar a la reducción de la de las unidades de negocio (capítulo 7); y el centro de colaboración que integra a fabricantes e intermediarios es, en realidad, una nueva comunidad de distribución (capítulo 8).

Y en esencia, el derribo de los muros de la empresa exige la redefinición de lo que significa ser una empresa. Cuando dos entidades integran sus procesos y operan con los mismos datos, están en realidad funcionando como una sola empresa.

Robert Frost escribió, en 1914, lo que se puede considerar el tratado definitivo sobre los límites de la empresa, en su poema «Mending Wall». Cita, con toda ironía, la opinión de su vecino de que «las buenas vallas hacen buenos vecinos», pero Frost, por su parte, es partidario de que: «Antes de levantar una valla, debo preguntarme para saber/ Lo que estoy encerrando y lo que estoy dejando fuera.» Frost tenía razón. Efectivamente, los buenos muros no hacen buenas empresas vecinas; generan una enorme cantidad de cargas generales. Las vallas encierran la información y dejan fuera la colaboración. Ha llegado el momento de dejar de reparar los muros y, en su lugar, empezar a derribarlos.

Sin embargo, las consecuencias de una acción de ese tipo son de muy largo alcance. Una vez que la empresa derriba sus muros externos y empieza a trabajar estrechamente con otras, puede llegar a poner en cuestión su propia identidad. ¿La existencia independiente tiene algún significado, cuando una empresa ya no tiene autonomía, cuando sólo puede hacer negocios si trabaja con otras? Con la fuerza que imparte la colaboración, ¿nuestra empresa es una empresa, o es parte de una entidad más amplia?

La respuesta a esta adivinanza metafísica será el tema del siguiente capítulo.

Principio 8 de La Agenda

Rediseñar y racionalizar los procesos entre empresas

— Arrancar las raíces de las cargas generales, de los costes elevados y del exceso de existencias, que perduran todavía, a base de rediseñar los procesos entre empresas.
— Racionalizar la conexión entre los procesos de la empresa y los procesos de los clientes y proveedores.
— Reasignar las tareas entre las empresas, a fin de que cada una realice las que mejor sabe hacer.
— Establecer la coordinación entre las empresas, a base de compartir abiertamente los datos.
— Aprovechar la oportunidad de colaborar con los co-clientes y los co-proveedores.
— Afrontar directamente los retos y dificultades del profundo cambio cultural que se requiere para compartir la información y para establecer la colaboración entre las empresas.

Capítulo 10

Extender la empresa

Integrar virtualmente, no verticalmente

Parece que he pasado una buena parte de mi vida profesional manteniendo una conversación unilateral con Henry Ford. Supongo que no me hubiese hecho mucho caso. Henry Ford tiene una frase famosa: «La historia es, más o menos, una tontería», y para ahora debería estar claro que en, mi opinión, la mejor forma de saber hacia donde vamos, es saber de donde venimos. Su opinión era que «nada es particularmente difícil si lo dividimos en pequeñas tareas», que es una forma especialmente clara de rechazar mi fe en los procesos. Sin embargo, su presencia se cierne de tal modo sobre el curso de las empresas en estos últimos cien años, que me encuentro siempre reaccionando a sus ideas y a su trabajo.

Después de todo, aunque la era industrial empezó en Inglaterra en el siglo XVIII, la empresa moderna maduró en la América del siglo XX. Y, aunque una larga lista de directivos de empresa de EE.UU., desde Alfred Sloan a Jack Welch, han ayudado a definir y modelar la empresa actual, ninguna de esas figuras he tenido tanto impacto sobre la forma de operar y organizar las empresas como Henry Ford. No es por casualidad que las revistas *Fortune* y *The Economist* le nominaran como hombre de empresa del siglo XX. Sus ideas han dominado en estos últimos cien años sobre la mentalidad de muchas personas acerca de la empresa.

Puede que Ford no fuese el inventor de la línea de montaje, pero fue el primero en aplicarla a gran escala. Su Modelo T es el símbolo evidente de la producción en masa. Su sistema de piezas intercambiables puso el clavo final sobre el ataúd del artesano preindustrial y creó al moderno trabajador de la línea de montaje. Su revolucionario sueldo de cinco dólares diarios, puso los cimientos para una sociedad en la que los trabajadores se incorporarían a la clase media y tendrían capacidad para comprar los bienes que ellos mismos producían. Muchas de sus afirmaciones de filosofía empresarial (por ejemplo, «Incluso cuando era joven, sospechaba que muchas cosas se podían hacer de una manera mejor» y «El empresario no es el que paga los sueldos; los sueldos los paga el producto») prefiguraron gran parte del pensamiento moderno. Pero posiblemente fue como partidario de la integración vertical, donde produjo un efecto más duradero sobre las ideas económicas.

En 1917, Henry Ford empezó a construir el gran complejo de River Rouge, cerca de Detroit. No se trataba simplemente de una línea de montaje de automóviles, sino de un gran complejo industrial que transformaba la materia prima en producto terminado. Los camiones y vagones de ferrocarril cargados de mineral de hierro, carbón y caucho procedente del Lejano Oriente, llegaban a River Rouge por un extremo, y por el otro extremo salían los nuevos Fords dispuestos para circular por las carreteras.

River Rouge era un sistema totalmente autosuficiente que fabricaba casi todo lo que se necesitaba para construir el automóvil que llevaba el nombre de Henry Ford. En el complejo se manufacturaba el acero para la carcasa y el chasis; los componentes, desde los motores a los frenos; y el vidrio para los parabrisas y ventanas. De los bosques de su propiedad procedía la madera que se utilizaba en los paneles de mando.

¿Por qué decidió Ford crear una autarquía de ese tipo, una empresa económica autosuficiente? Porque era un ferviente partidario de la fuerza de la integración vertical. Para Ford, verticalidad significaba victoria. Podemos recordar la escalera de mano de la que hablábamos en el capítulo 3, aquella en la que el cliente de la empresa está situado en lo alto y la materia prima en la parte más baja. Para subir desde abajo hasta arriba, es necesario realizar una gran cantidad de transformaciones. Hay que fabricar los componentes y montarlos; hay que transportar los productos terminados; hay que convencer al cliente para que compre los productos. Si existe inte-

gración vertical, toda esa escalera —es decir, toda la cadena de valor— está a cargo de una única empresa. En la primera mitad del
siglo XX, la integración vertical era el ideal al que aspiraba toda
empresa.

¿Por qué?

Por una razón: cuánto mayor sea la parte de la cadena de valor
que controla una empresa, más beneficio guardará para sí. ¿Por qué
comprar componentes a los fabricantes de éstos, que se quedarán con
su parte de beneficio? ¿Por qué no fabricar los componentes en la
empresa, para que ese beneficio quede en la propia entidad?

Y por otra razón: si otra empresa fabrica los componentes,
nuestros coches serán «rehenes» de esa empresa y de sus errores.
¿Por qué depender de otros que pueden fallarnos? Si el proveedor
nos vende componentes defectuosos, no podremos utilizarlos. Si la
empresa de transporte se retrasa, nuestros coches no llegarán a
tiempo al concesionario; y no se puede vender con la sala de exposición vacía. En opinión de Ford, depositar la confianza en una empresa que no fuese la suya propia generaba riesgos que no estaba
dispuesto a asumir. Actuaba siguiendo el refrán de: «Si quieres que
algo se haga bien, hazlo tú mismo.»

Si Ford hubiese vivido unos pocos años más, sin duda alguna
hubiese adoptado como himno propio una de las grandes canciones
de la película musical de Irving Berlin, *Annie Get Your Gun:* «Todo
lo que tú puedes hacer, yo lo puedo hacer mejor.» Ford creía positivamente que su empresa, verticalmente integrada, lo podía hacer
todo mejor que cualquier otra empresa.

A medida que avanzaba el siglo XX, el ideal platónico de una
integración vertical pura empezó a ser más difícil de alcanzar. En
algunos casos, intervinieron los funcionarios del gobierno encargados de supervisar los monopolios, ante el temor de que el completo
control sobre una cadena de valor por parte de una empresa podría conducir a una indebida concentración de poder sobre el mercado. Por ejemplo, los primeros estudios cinematográficos no sólo
producían películas, también eran propietarios de los cines en los que
se proyectaban sus films. En 1948, el Tribunal Supremo de los
EE.UU. terminó con esas prácticas.

Las realidades impuestas por la escasez de capital, también obs-
taculizaban los intentos de lograr una completa integración vertical. En épocas de crecimiento, una empresa puede verse forzada a
elegir entre utilizar sus limitados recursos para construir una nueva

planta, o en invertirlos para ampliar su flota de camiones. No tiene capacidad para ambas acciones y tendrá que basarse en otra empresa que realice lo que ella no puede hacer. De hecho, la mentalidad de la comunidad inversora respecto al rendimiento de una empresa ha cambiado, y ya no se centra en intentar captar, mediante la integración vertical, todo el margen obtenido en la cadena de valor. Hoy en día, a las empresas ya no se las evalúa por sus beneficios, sino por la rentabilidad de sus activos. Si, a fin de captar una cantidad mínima de beneficio en la cadena de valor, una empresa debe invertir una gran cantidad de capital (por ejemplo, para comprar otra empresa), sus acciones irán a la baja debido al enojo de los inversores.

De todos modos y debido a su poderoso atractivo, el ideal de la integración vertical ha perdurado hasta mucho después de que su práctica comenzase a declinar. Pero en la pasada década, ese concepto se ha batido en completa retirada. De hecho, ahora está siendo sustituido por su polo opuesto: por el concepto que yo llamo «integración virtual».

En lugar de efectuar todas las tareas necesarias para producir un bien o servicio, una empresa virtualmente integrada se centra sólo en determinadas tareas: las que realiza mejor que nadie más. Trabaja en estrecha colaboración con otras que también se centran en lo que mejor saben hacer y, de ese modo, proporcionan al cliente final el mejor resultado que un grupo de empresas colaboradoras puede obtener.

La integración virtual representa el desmembramiento de la empresa tradicional. Empieza por reconocer que la anticuada fórmula de Ford ya no es razonable económicamente. Ninguna empresa hace todo bien. Los que persisten en aplicar la integración vertical están condenados a mezclar lo que hacen bien con lo que hacen mal. Es preferible repartir: aprovechar el hecho de que otra empresa hace bien lo que nosotros hacemos mal, y viceversa. Al poner en común los puntos fuertes de ambas, cada una se hace más poderosa de lo que podía ser por separado.

En lo que seguramente es una de las mayores ironías de la empresa moderna, la propia entidad del viejo Ford está adoptando este enfoque para la fabricación de automóviles en el mismo emplazamiento colosal de River Rouge. Durante muchos años, los fabricantes de automóviles no han fabricado ni el acero, ni los neumáticos que necesitan; y durante la pasada década, también han producido cada vez menos componentes. Actualmente, un fabricante de automóviles en serie utiliza miles de proveedores que le suministran todo lo que necesita, desde las piezas pequeñas hasta frenos acabados y el montaje completo del volante.

Hasta hace poco, todos los productores de automóviles trataban a sus proveedores de un modo que hubiese recibido la aprobación de Henry. Compraban los componentes, pero lo hacían con cierta reluctancia. Consideraban a los proveedores como un mal necesario, como el resultado de un compromiso inevitable, pero en el fondo de su corazón, todavía sentían latente la nostalgia por los buenos tiempos de la integración vertical. Los fabricantes de automóviles recelaban de los proveedores y los toleraban a duras penas.

Ford diseñaba sus componentes al mismo tiempo que delineaba sus vehículos y, luego, decidía cuáles deseaba fabricar por sí mismo y cuáles no. Para estos últimos, la empresa establecía unas especificaciones muy rígidas. A los proveedores se les explicaba la forma exacta que debían dar a cada componente, los materiales que debían utilizar, y el importe que debían facturar por el componente terminado. Una vez recibidas las instrucciones, los proveedores fabricaban los componentes y los enviaban a Ford, donde los trabajadores los incorporaban a los vehículos de la marca.

Ahora todo eso ha cambiado. Ford se ha dado cuenta de que elaborando un documento inmodificable respecto al diseño de los componentes, no aprovecha bien los conocimientos y experiencia de los proveedores, que debían estar reflejados en el diseño de los componentes e, incluso, en el del vehículo en su totalidad. Después de todo, es poco razonable diseñar un automóvil con unos componentes difíciles de fabricar. Cuando los componentes eran más sencillos, Ford poseía la técnica y conocimientos necesarios para diseñarlos; pero ahora se han hecho mucho más complejos y Ford ya no puede pretender que sabe todo lo que se necesita conocer para dibujarlos correctamente.

En consecuencia, Ford está pasando a un sistema en donde elige un pequeño número de proveedores clave como asociados para el diseño y la fabricación de sus vehículos. A cada proveedor se le hace responsable de un componente clave del vehículo: el chasis, los asientos, el interior, el tren de conducción, y otros. (En la jerga del sector, estos reciben el nombre de proveedores de Nivel 5, para diferenciarlos de los de Nivel 1, que sirven los componentes principales. De los proveedores de Nivel 2, que suministran productos a los de Nivel 1, y así sucesivamente.) Se da por sentado que todos ellos, y Ford también, deben obtener un adecuado beneficio y la apropiada rentabilidad sobre sus inversiones.

Ford es responsable del diseño general del vehículo y de su posicionamiento en el mercado, pero cada socio-proveedor responde del plano real de un subsistema. Por ejemplo, en los viejos tiempos Ford proporcionaría a Johnson Controls, un proveedor de asientos, unos planos minuciosos detallados hasta el último tornillo. Con la nueva forma de trabajar, Ford simplemente explica a Johnson, como proveedor-asociado para elementos interiores, las características de sus clientes normales, así como los elementos (compartimentos bajo el asiento, apoya-cabezas y similares) que Ford desea incorporar a sus vehículos. Y Johnson Controls arranca desde aquí.

Johnson Controls trabaja en colaboración con otros proveedores para determinar el diseño y las especificaciones de cada uno de los aspectos del interior del coche. Negocia con otros proveedores, que deben responsabilizarse por un determinado elemento a un precio fijado. Ford coordina el diseño del interior con el de los subsistemas, para asegurarse de que todos ellos encajan bien y pueden llegar al coste final establecido.

En otras palabras: Ford orquesta el diseño detallado del vehículo, pero no lo realiza por sí mismo. Y la disminución de su papel no termina con eso. Todo el que visite sus nuevas plantas de montaje, organizadas siguiendo lo que se conoce como fabricación modular, encontrará muy pocos empleados de Ford.

En la fabricación modular, el «fabricante» (en este caso, Ford) alquila una sección de la planta a cada uno de los proveedores-asociados, en donde éstos montarán los subsistemas de los que son responsables. Sólo al final, cuando los diversos subsistemas están ya preparados para ser colocados en su lugar correspondiente, los empleados de Ford se ponen realmente manos a la obra. Hasta ese momento, su implicación consiste en coordinar las tareas y controlar la calidad.

¿Qué clase de empresa es Ford? Hasta hace poco, la respuesta más fácil hubiese sido: «Fabricante de automóviles»; pero esa etiqueta ya no encaja bien. Es más acertada la actual descripción como «diseñador y comercializador de automóviles». El principal valor añadido por Ford es su conocimiento de las necesidades del cliente y el posicionamiento de los productos para adaptarse a esas necesidades. Ford se concentra en identificar los segmentos de mercado y adaptar los vehículos para que encajen en ellos, y deja muchos detalles a cargo de sus proveedores-asociados. Todavía es necesario fabricar, pero no es Ford la empresa que lo hará.

La nueva Ford Motor Company, apenas se parece a la antigua. En cierta época, fue una de las tres estrellas que brillaban gloriosamente solitarias en el cielo. Ahora se ha convertido en parte de una constelación. Sin duda alguna, su rol es indispensable, pero también lo son las actuaciones de los otros miembros de la constelación.

Más asombroso aún es el cambio de estilo y de cultura. En los viejos tiempos, el estereotipo del fabricante de automóviles estaba marcado por un rasgo de arrogancia, incluso de narcisismo. Cualquiera que presenciaba una reunión de un gran fabricante de automóviles con sus proveedores, se quedaba inmediatamente pasmado, como me quedé yo, por la hostilidad y los recelos que imperaban en todo su desarrollo.

Hoy en día, Ford es consciente de que su éxito va íntimamente emparejado con el de sus proveedores, que ahora son sus asociados. En lugar de intentar controlarlos y rebajar los precios, se ha dado cuenta de que la colaboración y un alto grado de autonomía conducen a unos costes menores para todo el sistema y genera los suficientes beneficios como para que todos obtengan su parte.

En el pasado, la información sobre márgenes de beneficio, costes, capacidad productiva, nivel de existencias y variables similares, solía ser un arma de negociación que una parte utilizaba en su interminable lucha con la otra. Ahora, Ford y sus proveedores se intercambian una gran cantidad de datos relevantes. La información útil de una de las partes está abierta y disponible para todas las otras, en beneficio del sistema global más amplio.

Cuando este nuevo sistema esté en pleno funcionamiento, a una persona que acuda a una reunión de producto de Ford, o que visite una de sus plantas, le costará mucho diferenciar a un empleado de Ford de uno de los trabajadores de sus proveedores-asociados. Pero habrá un aspecto evidente: con independencia de la empresa que firme sus cheques de sueldo, se percibirá que todas esas personas están trabajando por una causa común. Así es como deben funcionar las cosas, exactamente, en el nuevo mundo de la integración virtual.

Mediante la integración virtual, los muros externos de las empresas que habían sido agrietados por la colaboración que hemos analizado en el capítulo 9, ahora se derrumban por completo. Mediante la integración virtual, las empresas dejan de ser unidades autónomas que producen bienes y servicios, y se convierten en elementos de un sistema más amplio.

La integración virtual representa la confluencia y la culminación de una amplia gama de temas referentes a la forma de funcionar de las empresas, algunos de los cuales ya han sido estudiados en este libro. El primero de ellos es el concepto de mayor valor añadido para el cliente, del que se trató en el capítulo 3. Cuánto más hace una empresa por sus clientes, cuánto más trabajo de los clientes corre a cargo de la empresa, más difícil será encontrar la línea que la separa de ellos. Las empresas que realizan una mayor cantidad del trabajo de sus clientes con objeto de diferenciarse de sus competidores y ganar un margen mayor, de hecho, se están integrando en las actividades de sus clientes.

La segunda tendencia, la integración de los procesos y la colaboración entre empresas, fue analizada en el capítulo anterior. Internet permite a las empresas transformar los procesos que les conectan con sus clientes, proveedores, y otras partes relevantes. Trabajar íntimamente con otras empresas, es sólo un primer pequeño paso para dejar de reconocer las diferencias respecto a ellas.

La integración virtual ha recibido también un fuerte impulso debido a la convergencia de la contratación en el exterior y las competencias fundamentales. La contratación en el exterior, que fue expuesta en el capítulo 7 como uno de los factores que conducen a crear empresas sin estructura, se inició cuando las entidades encargaron a otros contratistas las tareas que suponían una distracción para ellas. El sector de procesamiento de datos ofrece un buen ejemplo de esta situación. EDS es una de las muchas empresas que pueden atribuir su crecimiento al hecho de que los ejecutivos de otros sectores deseaban lavarse las manos y no tener que gestionar el complicado mundo de la informática, que parecía ofrecerles muy poco rendimiento por mucho que ellos se esforzasen.

Sin embargo, más tarde la contratación externa ha adquirido una nueva dimensión al quedar entremezclada con el concepto de «competencias fundamentales». Ese término se introdujo en el léxico de gestión en la década de los 90 y se refería a ese relativamente pequeño número de actividades que una empresa debe realizar superlativamente para alcanzar éxito. Inicialmente, este término intentaba ayudar a las empresas a elaborar estrategias de crecimiento mediante la identificación y aprovechamiento de las tareas que mejor realizaban. Por ejemplo, un buen número de empresas de oleoductos y de gas natural (entre otras, Williams y Enron) se dieron cuenta de que su competencia fundamental era, en realidad, la gestión de las redes: la capacidad de gestionar un conjunto de «tuberías» que trasladan cosas de un lugar a otro. Esas empresas han extendido sus capacidades y técnicas a nuevos campos, y ahora están ofreciendo servicios de gestión de redes en áreas que van desde las telecomunicaciones al transporte del agua. Pero el concepto de competencia fundamental encierra otro aspecto muy importante.

En cierta época, podía parecer plausible indicar que si una empresa obtenía un rendimiento extraordinario en sus competencias fundamentales, podía permitirse el lapsus de rendir sólo moderadamente en otras áreas. Ya no ocurre así. En un mercado donde domina la oferta de productos genéricos y una fuerte competencia, la empresa no puede permitirse el lujo de realizar una tarea con un rendimiento inferior al más alto posible. Cualquier parte de la empresa que añade costes innecesarios, tarda más de lo que debe, y ofrece unos niveles de calidad menos que extraordinarios, perjudicará al producto o servicio final que llega a su cliente. Está claro que, en el actual entorno empresarial, no hay sitio para la mediocridad. Ya no es aceptable ser bueno; ahora, hay que ser el mejor. Un rendimiento inferior-al-estelar, en cualquier área, al final hará que la empresa ya no sea competitiva. La famosa advertencia de Jack Welch acerca de que toda empresa de GE que no fuese la número uno o la número dos en su mercado sería cerrada o vendida, forma ahora parte de la tradición empresarial. Yo parafrasearía esta idea diciendo que: para sobrevivir hoy en día, toda empresa debe ser la mejor, o casi la mejor, en todo lo que hace. Los directores actuales están sometidos a una fuerte presión para contratar en el exterior todo, excepto sus competencias fundamentales.

La nueva realidad demográfica a la que se enfrentan las empresas, refuerza más aún esta situación. Durante una buena parte de las décadas de 1980 y 1990, muchas empresas se encontraron con el problema de unas nóminas muy elevadas. Pensando que tenían más personal que trabajo, muchas redujeron las plantillas. Pero incluso en este breve lapso de tiempo, el mundo ha cambiado drásticamente. La tasa de natalidad ha descendido en muchos de los países desarrollados; en muchos países europeos la población está descendiendo; en EE.UU., las nuevas tecnologías ya están aumentando la, ya amplia, diferencia entre personas con buena formación y personas con formación insuficiente; y los trabajos se han hecho cada vez más complejos. El resultado de esta situación es que, ahora, el personal capacitado es el recurso más escaso en muchas empresas. Sencillamente: no hay suficientes buenos empleados para todas las tareas que hay que realizar bien.

El emparejamiento de las competencias fundamentales y la contratación externa, permite a las empresas hacer más de aquello en que son las mejores y hacer menos en todo lo demás. Cuando una empresa abandona una tarea que no realiza óptimamente, otra se encarga de hacerlo; y, es de suponer, que deja de cumplir alguna otra tarea para la que no está perfectamente adaptada. El resultado es que las empresas ya no son empresas completas; sólo contienen las áreas en que su rendimiento es excelente. Si quieren realizar el trabajo de una empresa completa, necesitan integrarse virtualmente con otras complementarias.

Si se combina un mayor valor añadido para el cliente, la colaboración entre empresas y una contratación externa guiada por las competencias fundamentales, el resultado es una integración virtual: varias empresas que trabajan conjuntamente para obtener unos resultados que, normalmente, se esperan recibir de sólo una empresa. Desde el interior, todos pueden ver que hay varias empresas trabajando. Sin embargo, desde el punto de vista del cliente, todo ese conjunto está combinado sin fisuras y parece que sólo hay una entidad.

Para satisfacer las necesidades del cliente, toda empresa debe realizar una serie de procesos, desde el de desarrollo de productos y la cumplimentación de pedidos hasta mantenimiento de las instalaciones y desarrollo de personal. En una empresa tradicional todos esos procesos son llevados a cabo por los empleados de una sola empresa. Con la integración virtual, esas tareas pueden ser realizadas por distintas empresas, aunque su coordinación infalible da la impresión de que se trata de una única entidad empresarial. Con la integración virtual, las actividades de diferentes entidades están entremezcladas y entrelazadas, de tal modo que ninguna puede existir independientemente. Cada participante se concentra en los procesos que mejor realiza, y deja los otros a las demás empresas. La integración virtual logra las mismas ventajas de rendimiento que la integración vertical, sin necesidad de aportar capital para la compra de otras empresas.

Una de las más asombrosas ilustraciones de la integración virtual la encontramos en el sector de ordenadores personales; éste se vio forzado a adoptar ese enfoque radical como reacción ante Dell Computer, que es en sí misma uno de los mayores fenómenos empresariales de finales del siglo XX.

En la era anterior a Dell, cada protagonista del sector del PC tenía un papel bien definido. Los proveedores de componentes diseñaban y fabricaban los componentes que eran vendidos a los fabricantes de PCs, que los montaban y los entregaban a los distribuidores. Como en los viejos tiempos del sector del automóvil, cada parte permanecía separada de las demás. Puede que esta forma de trabajar sea clara y limpia, pero también causaba indeseables inconvenientes operativos.

Unos límites claramente definidos y una información guardada celosamente ayudaban a mejorar la eficacia interna, pero provocaban terribles ineficacias a lo largo de todo el sistema; especialmente, en lo referente a la gestión de existencias. El proveedor de componentes los fabricaba y guardaba en un almacén de productos terminados a la espera de que el fabricante de PCs los pidiese. A continuación, el fabricante de PCs pasaba el pedido, lo recibía y lo guardaba en un almacén de componentes. Periódicamente, el fabricante montaba los componentes para hacer PCs completos, que iban a un almacén de producto terminado en donde permanecían hasta que un distribuidor los pedía, los recibía y los guardaba en su almacén.

En total, normalmente solía haber flotando en ese sistema un nivel de existencias equivalente a la producción de catorce semanas; este volumen resultaría horrible para cualquier sector, debido a los altos costes que genera el mantenimiento de existencias, pero era fatal en el sector del PC, donde los productos y componentes quedan obsoletos casi el mismo día en que son fabricados. En un producto con un ciclo de vida inferior a un año, resulta desastroso mantener existencias equivalentes a más de tres meses de producción. El sector del PC probó varias estrategias para superar ese problema. Una de éstas, que se llamó «sistema de protección de precios», consistía en que el fabricante reembolsaba las pérdidas a todo distribuidor que no podía vender un PC a su precio total de tarifa, a causa de que un nuevo modelo le seguía sus talones.

Sin embargo, el problema no consistía sólo en que el sistema estaba nadando en stocks; las existencias, en sí mismas, eran en su mayor parte inútiles. Cuando una empresa cliente pasaba un pedido de un número considerable de un determinado modelo de PC, el 40% de las veces el distribuidor no tenía en existencias ese modelo en concreto y tenía que pedirlo al fabricante que, normalmente, lo servía al cabo de ocho semanas. Lo más probable era que el cliente no estuviese dispuesto a esperar todo ese tiempo, por lo cual compraba los PCs en otro sitio.

Ante esa pérdida de clientes, muchos distribuidores recurrieron a medidas desesperadas. Canibalizaron sus existencias, desmontando ordenadores para extraer de ellos los componentes que necesitaban para montarlos de nuevo en la configuración deseada por el cliente. No hay que insistir mucho en que esta actuación disparaba los costes y dejaba un montón de componentes rotos e inutilizados que había que devolver a los fabricantes.

Con un nivel de existencias tan elevado en todo el sistema, se podía suponer que los distribuidores serían capaces de ofrecer un servicio de alta calidad al cliente, con un alto porcentaje de pedidos cumplimentados. Pero no era así, la razón se debía a que existían demasiadas configuraciones. Aunque la mayoría de los PCs utilizan procesadores Intel y sistemas operativos de Microsoft, todavía persistían muchas variantes: con diferentes velocidades del procesador, tamaños de la memoria, discos duros, y software. Es muy corriente que un fabricante presente a la venta más de tres mil configuraciones de un PC supuestamente básico. Con tantos modelos resulta casi imposible prever con exactitud la demanda para cada modelo. Desafortunadamente, las empresas cliente suelen estandarizar sólo un modelo y no pueden aceptar ningún sustitutivo.

Este sistema, complejo y despilfarrador, sólo sobrevivió mientras no hubo ninguna otra opción. Pero entonces apareció Dell con su modelo de negocio fabricar-sobre-pedido.

Como todo el mundo sabe, Dell vende directamente al cliente final. Sólo fabrica ordenadores cuando recibe el pedido. Mantiene disponible sólo un pequeño volumen de existencias; normalmente, un stock inferior al consumo de una semana. Y es capaz de seguir funcionando con tan pocas existencias porque puede pedir rápidamente los componentes a sus proveedores y estos le sirven inmediatamente. Cuando se recibe un pedido de ordenadores, Dell los fabrica según las especificaciones del cliente y, casi siempre, al cabo de pocos días puede enviarlos a su destino.

Como resultado, el coste de Dell es el 15% inferior al que incurren los convencionales fabricantes de PCs. En el actual mercado casi-genérico de PCs, ese diferencial de costes no puede ser sostenido. A mediados de la década de los 90, los otros fabricantes de PCs encontraron un modo de sobrevivir mediante un método denominado «montaje en el canal».

Con el montaje en el canal, el papel del fabricante y del distribuidor se transforman de tal modo que resultan irreconocibles. El fabricante ya no monta los PCs. Después de todo, no sabe qué modelos va a pedir el cliente, de manera que cualquier combinación de modelos que monte será una estocada en la oscuridad. Por lo tanto, ahora el distribuidor es el que «fabrica» los PCs.

Con el montaje en el canal, una empresa cliente puede pedir al distribuidor un determinado número de PCs con una configuración concreta. Puede que el distribuidor no tenga todos esos PCs en existencias, ya que apenas tiene unos pocos en stock. Pero tiene a mano los componentes necesarios para montar cualquier configuración que deseen los clientes. (Con un pequeño número de componentes distintos, se puede ofrecer un gran número de configuraciones diferentes.) El distribuidor completa el pedido en cinco días, o menos, y entrega los PCs. Se elimina el problema de rotura de stocks y no es necesario efectuar ninguna canibalización.

El distribuidor sigue poniendo la marca del fabricante en los componentes que tiene en existencias y en la copia de los pedidos que recibe. El «fabricante», que en realidad puede que produzca poco o nada, determina los componentes que debe reaprovisionar al distribuidor y hace el pedido a su proveedor para que los envíen directamente al almacén del distribuidor.

Todos los componentes destinados a una pronta obsolescencia son enviados rápidamente, por lo general, en mensajería de avión con entrega al día siguiente. Los de vida más larga, tales como los chasis y los generadores eléctricos, pueden ser transportados por camión. El sistema, en su conjunto, funciona con un nivel de existencias equivalente a unos pocos días de consumo. Los componentes no utilizables no se devuelven al fabricante. Las necesidades del cliente no quedan sin satisfacer.

No debe sorprendernos que este sistema sea comparablemente mejor que el de Dell. De hecho, esencialmente se trata del mismo sistema de Dell, a excepción de que las dos empresas —el distribuidor para el montaje, y el fabricante para gestión de las existencias— efectúan el trabajo que Dell realiza por sí solo. Ni el fabricante, ni el distribuidor, fabrica por sí solo un PC; sino que, únicamente cuando se integran virtualmente se produce el PC. Juntos los dos, el fabricante (que no fabrica) y el distribuidor (que no realiza una distribución en el sentido convencional) forman una empresa virtual.

El montaje en la cadena de distribución despierta algunas cuestiones interesantes.

—¿Por qué el fabricante de PCs gestiona las existencias del distribuidor?
Respuesta: Porque realiza mejor esa tarea.
—¿Por qué, de repente, el distribuidor tiene capacidad para montar los PCs eficaz y fiablemente? ¿Cómo puede el fabricante confiar en que el distribuidor entregue al cliente un producto de calidad que, incluso, debe llevar el logotipo del fabricante?
Respuesta: El fabricante prepara el proceso de montaje, logra que el distribuidor lo aprenda bien, y supervisa con frecuencia para asegurarse de que lo lleva a cabo correctamente.
—¿Por qué se paga al fabricante nominal? ¿Qué valor añade al producto final?
Respuesta: Su valor añadido se resume en la realización de los procesos de diseño de producto, gestión de existencias, creación de marca y gestión de las relaciones con el cliente; unas tareas completamente indispensables.

Estamos ante una desmembración de la empresa, el fin de la clara definición de las fronteras de las empresas en base a los productos y servicios. En el sistema de montaje en la cadena de distribución, el desarrollo de productos, el aprovisionamiento y la gestión de existencias, las realiza el fabricante nominal. La obtención de pedidos, el montaje y la cumplimentación de pedidos, son efectuadas por la distribución. La creación de la demanda la conforman ambos trabajando en colaboración. Sólo cuando se integran los procesos de las dos empresas, se logra una entidad que se parece a una empresa completa.

Todos sabemos que Cisco Systems fabrica ruteadores, conmutadores, y todo el resto del cableado subyacente en Internet. Lo que no se conoce tanto es que eso no es verdad. De hecho, Cisco no fabrica casi ninguno de los componentes de sus equipos. Una buena parte de los pedidos llegan al cliente sin que nunca hayan sido tocados por un empleado de Cisco.

El término con que Cisco denomina a su integración vertical, es Single Enterprise Program, SEP (Programa de Empresa Única, PEU). Cisco inició este sistema al darse cuenta de que estaba trabajando en un sector que cambia de la noche a la mañana. Del 40 al 60% de sus ventas corresponden a productos que tienen menos de un año de vida. ¿Cómo puede Cisco mantenerse en el primer puesto de un entorno tan rápidamente cambiante, sin perder terreno ante unos ingeniosos nuevos competidores? La respuesta es: a base de centrarse en lo suyo. Los directores de la empresa han decidido que sólo se van a dedicar a dos cosas, y sólo a dos cosas: desarrollar productos avanzados y mantener una estrecha relación con sus clientes. Todo lo demás lo deja para sus asociados.

Jabil y Solectron son dos de los muchos fabricantes contratistas que Cisco utiliza para montar sus componentes. Un distribuidor, Hamilton Avnet, coordina el movimiento de los componentes necesarios para montar los productos y cumplimentar los pedidos. Avnet se debe asegurar de que los componentes de los distintos proveedores lleguen a tiempo a la planta del contratista fabricante y de que el producto terminado sea enviado al cliente de Cisco para la fecha prometida. Cisco comparte la información sobre la previsión de pedidos con los otros miembros del PEU, lo que les permite efectuar el aprovisionamiento de los recursos y las existencias necesarias para atender los pedidos recibidos.

El diseño del producto, la obtención del pedido y la facturación al cliente, resumen la totalidad de las responsabilidades de Cisco. Sólo funciona como una empresa completa cuando aúna su capacidad con la de sus contratistas fabricantes y con la de sus distribuidores.

Cisco se dio cuenta claramente de la fuerza que otorga la integración virtual y decidió aplicar esa estrategia como política de la empresa (bajo el nombre de «Empresa Única»). Hay algunas otras empresas que lo han hecho también, entre ellas, Dell. Cada una da un nombre distinto a su iniciativa; probablemente, el más corriente es «Empresa Extendida».

Sin embargo, lo más frecuente es que la integración virtual sea una consecuencia inesperada que encuentran unas empresas que estaban persiguiendo otro objetivo distinto. Para reducir costes y simplificar sus tareas, una empresa puede contratar a un proveedor del exterior para algunos de sus procesos clave. Ese proveedor, con objeto de obtener más ventas a base de ofrecer más valor añadido, o para aprovechar unas oportunidades de reducir costes mediante la colaboración, se incrustará más y más en el dominio del cliente, ofreciéndole más servicios y absorbiendo cada vez más actividades del cliente. Al mismo tiempo, el cliente comprueba que puede reducir el coste de su proveedor (y, de ese modo, el suyo también) si se hace cargo de algunas de las tareas que hasta ahora eran responsabilidad del proveedor. Al cabo de poco tiempo, las dos empresas se encuentran inextricablemente entrelazadas y deciden que es mejor dejar a los «pensadores» la labor de determinar dónde empieza una y dónde termina la otra.

Por ejemplo, Navistar, el fabricante de camiones, ha contratado con Goodyear la gestión de su almacén de neumáticos. Goodyear mantiene actualizadas las existencias y entrega los neumáticos adecuados, en la secuencia adecuada, a la planta de fabricación de Navistar. Goodyear le proporciona este servicio no sólo en lo relacionado con sus propios neumáticos, sino también para los proporcionados por sus competidores: Bridgestone/Firestone y Michelín.

Este acuerdo permite a Navistar centrarse en sus competencias fundamentales —diseño, fabricación y venta de camiones—, sin preocuparse de la gestión de las existencias. Como Goodyear realiza excelentemente esta tarea, Navistar recibe un mejor servicio de neumáticos a un coste inferior al que incurría cuando cumplía esa tarea por su cuenta.

El interés inicial de Goodyear para firmar este acuerdo se centraba en ofrecer mayor valor a uno de sus clientes clave (tal como se indicó en el capítulo 3). Goodyear se benefició también de la factura que Navistar pagaba por estos servicios, y además obtenía acceso a una extraordinariamente valiosa mina de datos. Ahora Goodyear sabe el número de neumáticos que hay en el almacén de Navistar, y con esos datos puede ajustar su producción para minimizar sus propias existencias y reducir sus costes de fabricación. También obtiene datos de primera mano sobre la forma en que se desenvuelven sus competidores.

Este fue sólo el inicio del viaje conjunto de Goodyear y Navistar por el camino de la integración virtual. Goodyear ha tomado también a su cargo la tarea de montar los neumáticos en las llantas.

En una operación de capital-riesgo con Accuride, un proveedor de llantas, Goodyear y su socio suministran a Navistar un flujo estable de ruedas con sus neumáticos ya montados y equilibrados. Navistar sólo tiene que atornillar las ruedas a los camiones.

Goodyear y Accuride están haciendo más de aquellas tareas que mejor realizan, a fin de que Navistar pueda hacer más de las otras que realiza mejor. Para el mundo externo, no hay forma de distinguir a esas tres empresas y diferenciarlas de una única bien gestionada. Quizá no sea una casualidad que las compras de Navistar a Goodyear se hayan duplicado desde que esta acción de integración virtual se inició.

El sector de contratistas fabricantes de electrónica también ofrece una muestra del carácter evolutivo de la integración virtual. Las empresas Solectron y Jabil nacieron en la década de 1970, inicialmente para ayudar a los fabricantes electrónicos a eliminar las puntas de carga en su programa de producción. En los períodos de demanda inusualmente elevada, los fabricantes, en lugar de construir plantas y contratar personal, encargaban a otras empresas parte de las tareas de montaje, enviándoles cajas llenas de componentes junto con instrucciones detalladas para su montaje. Al poco tiempo, se comprobó que los fabricantes no eran realmente muy buenos en sus tareas; las cajas y las instrucciones que enviaban a los contratistas, y las que ellos mismos como fabricantes usaban en sus plantas, muchas veces solían estar incompletas.

En consecuencia, algunas empresas, como HP y Nortel, decidieron que era mejor aplicar su capital y su energía en el desarrollo de productos y el servicio al cliente, y no en la fabricación. Por eso, encargaron cada vez más porcentaje de su producción a los contratistas que, por su parte, se centraban en desarrollar una capacidad productiva de nivel mundial. (Es interesante señalar que Celestica, uno de los líderes de este sector, se formó cuando IBM se desprendió de sus plantas de fabricación canadienses.) El resultado fue un crecimiento meteórico; por ejemplo, las ventas de Solectron aumentaron pasando de los 400 millones de dólares en 1992, a más de 10.000 millones el año 2000. En la fecha que escribo esto, aproximadamente el 30% de la fabricación de productos electrónicos se contrata en el exterior y el sector de contratistas fabricantes está creciendo al ritmo del 30% anual. Últimamente, más del 75% de la fabricación corre a cargo de estos especialistas.

Las Solectron y Celesticas del mundo no se sienten satisfechas con verse reducidas a realizar fabricaciones de relativamente poco valor añadido para sus clientes. Por eso, intentan ofrecer dinámicamente más servicios con objeto de integrarse más profundamente en las actividades de sus clientes. Uno de esos servicios es la integración de sistemas. El moderno sector de la electrónica es complejo y avanza rápidamente: los productos tienen una vida útil muy corta y sus especificaciones cambian rápidamente, incluso en esos períodos tan breves; la demanda para un producto puede aparecer repentinamente y, luego, desaparecer de la noche a la mañana; mantener existencias disponibles es casi un pecado mortal; y hay docenas de empresas que suministran las piezas y componentes para fabricar un producto. En ese entorno, la empresa debe asegurarse de que todos los proveedores y los proveedores de sus proveedores estén coordinados en todo momento: a medida que se desarrolla el producto, a medida que se reciben los pedidos, y a medida que el producto se va modificando en su corto período de vida. Alguien debe encargarse de coordinar a todos los demás, para asegurar que todas las partes tienen las mismas especificaciones de producto, y saben lo que deben hacer y el momento en que deben hacerlo. Este rol es muy distinto al de montar los componentes de acuerdo con unas instrucciones escritas, pero los contratistas fabricantes se han ocupado de liberar a sus clientes de esta responsabilidad tan compleja.

Los contratistas fabricantes ofrecen también servicios de aprovisionamiento; pueden englobar todas las compras de sus clientes y obtener un precio conjunto mucho mejor, incluso, que el que pueden lograr sus clientes más grandes. Otro servicio que ofrecen es la asistencia de producto: El contratista fabricante es el que realiza realmente el producto, por lo que está mejor posicionado para ayudar a sus clientes a resolver los problemas que encuentran en sus productos.

La aparición de RosettaNet está acelerando la integración virtual en el sector de la electrónica. RosettaNet es un conjunto de estándares de comunicación; en realidad: una serie de definiciones estándar de los puntos de contacto y las interfaces de los procesos. Las empresas que adoptan los estándares de RosettaNet presentan a las otras empresas una interface conocida por todos y que todos pueden utilizar para el aprovisionamiento y cumplimentación de pedidos, lo que permite a esas empresas combinar perfectamente sus procesos y establecer una clara comunicación entre ellas.

El sector del transporte es otro en el que las empresas se muestran especialmente bien dispuestas a integrar su actividad con la de sus clientes. Si no lo hacen, condenarán a los transportistas a guerras de precios, pérdida de beneficios, y a todos los problemas derivados de dedicarse a la venta de productos genéricos.

Como muchas otras empresas, Nike ha creado un sitio web (nike.com) que ofrece a sus clientes un nuevo canal para pasar pedidos de sus productos. Pero Nike sabe que servirá mejor a sus clientes si se concentra más en el diseño del producto y en la creación de la marca, y lo menos posible en el resto de tareas. Por eso, al recibir un pedido en su sitio web, Nike lo transmite inmediatamente a UPS, que es la encargada de gestionar el centro de distribución que cumplimenta esos pedidos.

UPS ya no desempeña simplemente el papel de una agencia de transporte y entrega que espera pasivamente a que alguien le llame, pasa a recoger su paquete y lo entrega al cliente. Ahora, UPS también prepara el paquete que hay que entregar. En el caso de Nike, UPS recibe el pedido, extrae los productos de la estantería, los embala y los envía al cliente. Todas esas tareas las realiza en un centro de distribución que gestiona por cuenta de Nike y que está ubicado cerca de las propias instalaciones de manejo y embalaje de UPS. Esto permite a UPS ofrecer entrega, al día siguiente, para pedidos recibidos hasta las 8 de la tarde. Pero aquí no termina la historia. UPS también procesa por cuenta de Nike las devoluciones de producto. Si un cliente decide devolver un par de zapatillas, UPS las recoge en el domicilio del cliente, las devuelve al centro de distribución y anota la entrada de esas zapatillas en existencias. Como no existe un traspaso de la mercancía entre Nike y UPS, las devoluciones se gestionan más fácilmente y los productos no se quedan en algún rincón perdido, volviéndose obsoletos, a la espera de que alguien los incluya de nuevo en el inventario activo. UPS se encarga también de gestionar los centros de llamadas de Nike. Cuando un cliente llama a Nike para hacer una consulta acerca de un producto o de un envío, la llamada es realmente atendida por un empleado de UPS; aunque, probablemente el cliente no lo sepa. Los pedidos del cliente son cumplimentados, y cumplimentados muy bien, por una combinación de Nike y UPS. Resulta difícil definir, dónde empieza una empresa y dónde termina la otra.

UPS ofrece esos servicios, y varios similares, a una amplia gama de otras empresas, desde entidades de alta tecnología a fabricantes de automóviles. Tradicionalmente, UPS dedicaba su capacidad al transporte de pequeña paquetería; ahora ha ampliado esa capacidad al campo de la gestión de complejas redes de distribución. Como se basa en unas capacidades muy relacionadas, UPS puede realizar esas tareas mejor que las empresas cuyo punto fuerte está en otros campos. Por ejemplo, ahora UPS gestiona la entrega de 4,5 millones de coches al año, desde 21 plantas de Ford a los 6.300 concesionarios de Ford, utilizando una combinación de transporte por ferrocarril y por camión. En el año que lleva haciendo esa labor, Ford ha logrado reducir en un tercio el tiempo que se tarda en trasladar un vehículo desde una fábrica de Ford hasta las instalaciones del concesionario. UPS ha logrado también racionalizar las tres redes de distribución de componentes que Compaq debía gestionar por su cuenta anteriormente (una red para los propios productos de Compaq y dos para los productos fabricados por DEC y Tandem, que compraba Compaq) y al hacerlo, ha reducido el número de almacenes intermedios en un 60%.

Para algunos de sus clientes, UPS hace incluso más que eso; realiza, desde actividades puramente logísticas hasta otras actividades que, por su posicionamiento, puede cumplir mejor que el propio cliente. UPS gestiona plantas de reparaciones a cuenta de clientes de alta tecnología; y no se dedica sólo a recoger los componentes averiados y a enviar repuestos, sino que efectúa también las tareas reales de reparación. Como UPS se encarga ya de manejar los componentes, es más razonable que también los repare, en lugar de enviarlos al fabricante para su reparación. UPS se encarga de realizar también el proceso financiero de algunos clientes. Hace tiempo que la empresa ofrecía ya un servicio en el que se encargaba de recibir el pago del producto entregado y, luego, de enviar un cheque por ese importe a la empresa vendedora. Ahora, UPS deposita el importe que ha cobrado en su propia cuenta y al día siguiente realiza un depósito electrónico en la cuenta de la empresa vendedora. De ese modo, proporciona al cliente una mejor disponibilidad de fondos y le libera de la necesidad de procesar un alto número de recibos. La gestión de cobros no es el único servicio financiero que ofrece UPS. Por ejemplo, para un fabricante italiano de corbatas, UPS se encarga de financiar la compra de materiales en China, de proporcionarle financiación por carta de crédito y partidas de exportación a cobrar, así como del cobro de facturas en EE.UU. Por una parte, todo esto se aleja mucho de la actividad tradicional de UPS; por otra, representa una evolución natural hacia la integración virtual y hacia el objetivo de ofrecer más valor añadido.

En muchas zonas de los EE.UU., las fotocopiadoras Xerox son entregadas e instaladas por personal que, realmente, son empleados de Ryder Transportation Services, y también adiestran al cliente sobre su funcionamiento. Como UPS, Ryder está haciendo más por sus clientes y, al lograrlo, cada vez resulta más difícil diferenciarla de ellos.

Bose, el fabricante de equipos audio de alta calidad, utiliza a Roadway Express para la entrega de los productos a sus clientes y para recibir las piezas de sus proveedores de componentes. A cada una de las plantas principales de Bose se asigna un empleado de Roadway, que conocido como el «representante en planta de Roadway», tiene la consideración de miembro de pleno derecho del equipo de logística de Bose. El representante en planta de Broadway ayuda a planificar los envíos, a hacer seguimiento de su situación, a resolver las emergencias, a gestionar las existencias y a resolver otras situaciones problemáticas. Esta función se puede describir mejor diciendo: que es un empleado que trabaja para Bose, pero recibe el sueldo de Roadway.

La integración virtual, como la política, hace extraños compañeros de cama. En el capítulo 7 se explicó que, a medida que cada unidad empezaba a aprovechar las capacidades de las otras, las unidades de negocio independientesse estaban convirtiendo en cosa del pasado. La integración virtual funciona de modo similar, sólo que a nivel de la totalidad de varias empresas, en lugar de sólo a nivel de unidad de negocio. En la economía de cliente las empresas deben aprender a olvidar su tradicional concepto de autonomía, del mismo modo que ya lo han olvidado sus unidades internas de negocio.

La introducción de la empresa virtual tiene unas implicaciones sorprendentes. Como es lo opuesto a la integración vertical defendida por Henry Ford, echa por tierra muchos de los supuestos de partida fundamentales acerca de la empresa. Fuerza a los directores a tomar decisiones esenciales, que no tienen precedentes, acerca de las tareas que debe realizar la empresa. ¿Cuál de nuestros procesos define a nuestra empresa, y a nosotros como directores? ¿Dónde debemos colocar nuestras apuestas? ¿Qué tareas debemos elegir hacer por nosotros, y qué tareas no? ¿Qué procesos debemos abandonar, y qué nuevos procesos debemos adquirir?

UPS se está extendiendo más allá de la entrega de paquetería, ahora está adquiriendo nuevas capacidades para la gestión de existencias y para ofrecer servicios financieros. Los fabricantes de automóviles y electrónica están dejando a un lado su rol de montadores y, al mismo tiempo, están mejorando su capacidad como gestores de marca y expertos en márketing.

No hay duda de que abandonar algunos procesos, en especial si se trata de procesos empresariales clave fundamentales para satisfacer las necesidades del cliente, encierra fuertes riesgos. Una empresa puede llegar a depender de otra, de tal modo, que puede verse cautiva de las capacidades de la otra y no ser ya capaz de marcar su propio rumbo. Pero aferrarse a determinados procesos y no abandonarlos, encierra también sus propios riesgos. Si esos procesos se hacen muy genéricos, comunes, obsoletos, o aparecen otros competidores que los realizan mejor, ya no quedará nada de negocio para la empresa.

Estratégicamente, lo más razonable es mantener dentro de la empresa los procesos que añaden más valor al producto final. Pero puede ser muy complicado determinar cuáles son los procesos que proporcionan «más valor».

¿Qué es más valioso: diseñar el producto, fabricarlo, o entregarlo al cliente? Esta pregunta es absurda. Está claro que todos esos procesos son esenciales. Si sólo se realizan uno o dos, de los tres, no habrá valor para el cliente final. En el pasado, el valor relativo de esos tres procesos era una simple discusión retórica, ya que cada empresa realizaba los tres pasos y obtenía todo el beneficio. Pero ahora pueden participar tres empresas y habrá que repartir el beneficio entre ellas, de modo que la cuestión de cuál de las tres empresas está haciendo más por el cliente constituye una discusión con una gran repercusión práctica. Habrá que encontrar la respuesta caso por caso, ya que todavía no existe una fórmula general para resolver la cuestión.

A medida que se vaya implantando la integración virtual, las empresas tendrán que adquirir una nueva competencia: la de coordinarse sin fisuras con los clientes, proveedores, co-clientes y co-proveedores. Los estándares de cada sector (de los que RosettaNet es el primero) desempeñarán un gran papel para definir la forma en que las empresas efectuarán la interface unas con otras. Pero todavía quedará el gran reto de poner en marcha las capacidades que ofrece esa intercomunicación.

Es difícil imaginar un conjunto de cambios tan profundos como los provocados por la implantación de la integración virtual. En lugar de los tradicionales valores de orgullo altanero y de sospecha ante todos los extraños, ahora la empresa deberá saber apreciar la confianza, la colaboración y el asociacionismo. Deberá compartir y proporcionar información a las otras empresas, no con reluctancia, sino con entusiasmo. Deberá estar dispuesta a sacrificar las ganancias a corto plazo, para luego beneficiarse de la más amplia empresa virtual de la que formará parte. Deberá ser consciente de que en una empresa virtual el éxito se debe repartir entre todos los participantes, o no habrá ningún beneficio para nadie en absoluto. Esto representa un importante cambio para las empresas que siempre han encontrado entre sus mejores aliadas a las víctimas más fáciles, ahogando a los proveedores o reteniendo a los clientes con el único objeto de lograr que las cifras de un trimestre tengan mejor aspecto. El viejo refrán de Benjamín Franklin, «Debemos mantenernos unidos, sino lo más seguro es que nos cuelguen por separado», deberá convertirse en la consigna de todas las empresas.

De todas las ideas y principios que se exponen en este libro, la más radical es la de la integración virtual. Esta idea, no sólo pone en entredicho la forma en que funcionan y están organizadas y gestionadas las empresas; sino que representa un cambio fundamental respecto a nuestros más básicos conceptos sobre lo que es una empresa. Al principio, tuve algunas dudas sobre la conveniencia de incluir este concepto en el libro. Pero luego, recordé una conversación que recientemente mantuve con un médico. Me preguntó mi opinión acerca de cómo iba a quedar estructurado el sistema de sanidad americano dentro de cinco años. Aproveché la oportunidad para descargar mi mente de algunas de las ideas más extremistas que había estado desarrollando. Al cabo de unos minutos me sentí apenado por él, y le pedí disculpas diciendo: «Puede que lo que le estoy indicando le parezca a usted una locura.» El médico me respondió: «¿Por qué? Lo que tenemos ahora, hace sólo dos años me hubiese parecido una locura mayor.» En los tiempos en que vivimos, incluso las ideas más extremas tienen una preocupante tendencia a transformarse en realidad al poco tiempo.

Principio 9 de La Agenda

Adoptar la visión radical de la integración virtual

—Considerar a nuestra empresa no como una entidad autónoma, sino como formando parte de un amplio conjunto de empresas que trabajan juntas para crear valor para el cliente.

—Definir a nuestra empresa en términos de los procesos que realiza, y no en términos de los productos o servicios que ofrece.

—Identificar los procesos clave que la empresa realiza excelentemente y fortalecerlos.

—Todos los demás procesos, contratarlos en el exterior a alguien que esté mejor equipado para realizarlos.

—Aprender a trabajar estrechamente con otras empresas, en lugar de trabajar sólo por nuestra propia cuenta.

—Estar preparados para volver a analizar, de modo fundamental, la estrategia e identidad de la empresa.

Capítulo 11

Hacerla realidad

Transformar La Agenda en acción

En los nueve capítulos anteriores he establecido una agenda de lo que las empresas deben hacer para prosperar en la economía de cliente. Ahora la presento en forma resumida:

1. *Hacer de nuestra empresa, una empresa con la que es fácil trabajar.* Las mayores quejas de los clientes de la empresa, no se relacionan con los productos o servicios en sí; más bien, se centran en que pedir, recibir y pagar esos productos supone un verdadero suplicio. Habrá que analizar a fondo y objetivamente nuestra empresa, desde el punto de vista de los clientes; y, luego, rediseñar la forma de trabajar de la empresa para ahorrarles tiempo, dinero y frustración.
2. *Ofrecer más valor añadido al cliente.* Para evitar que la empresa caiga en la trampa de tener productos genéricos, lo que obliga a luchar por un margen mínimo contra una horda de competidores de igual-aspecto, necesita hacer más por sus clientes. No dejar el producto o servicio a la puerta del cliente. Atravesar la puerta, ver lo que el cliente hace a continuación, y hacerlo por él.
3. *Obsesionarse por los procesos.* A los clientes les interesan sólo los resultados, y los resultados se obtienen sólo con

procesos de principio-a-fin. Gestionar los procesos, mejorarlos, asignar poseedores de proceso, y lograr que todos los miembros de la empresa los conozcan. Es la única manera de alcanzar el rendimiento que exigen los clientes.

4. *Transformar el trabajo creativo en trabajo de proceso.* La innovación no tiene por qué ser caótica. Habrá que introducir la fuerza de la disciplina y la estructura en la venta, en el desarrollo de productos y en otros trabajos creativos. Habrá que hacer que el éxito en esos campos sea fruto del diseño y de la gestión, no de la suerte; la suerte tiene la mala costumbre de abandonarnos cuando más la necesitamos.

5. *Utilizar las medidas y los sistemas de evaluación para mejorar, no para contabilizar.* La mayoría de las medidas y sistemas de evaluación no valen para nada; nos dicen lo que ha pasado (o algo parecido), pero no ofrecen ninguna pista sobre lo que hay que hacer en el futuro. Habrá que crear un modelo de negocio que establezca la conexión entre los objetivos generales y los factores que se pueden controlar; habrá que medir y evaluar los aspectos que marcan realmente la diferencia; e incorporar las medidas y sistemas de evaluación en un programa serio de mejora dirigida.

6. *Relajar la estructura de la organización.* Los días del director orgullosamente independiente dirigiendo una unidad de negocio claramente definida, pertenecen al pasado. Ahora, la colaboración y el trabajo en equipo son tan necesarios en la sala del consejo de dirección como entre los empleados de base. Habrá que enseñar a los directores a trabajar unidos para el bien de la empresa, en lugar de apuñalarse mutuamente por la espalda por lograr una estrecha ganancia.

7. *Vender a través de los canales de distribución, no a los canales de distribución.* No permitir que los canales de distribución nos separen de nuestro cliente final, del que paga los sueldos de todos nosotros. Cambiar la distribución, para que deje de ser una serie de revendedores y se transforme en una comunidad que trabaja unida para servir al cliente final. Estar preparados para redefinir el papel de todos los participantes, con objeto de alcanzar ese fin.

8. *Rebasar las fronteras de nuestra empresa para conseguir más eficacia.* Los últimos vestigios de cargas generales no se ocultan en lo profundo de la empresa, sino en su límite

exterior. Habrá que aprovechar la verdadera fuerza de Internet para racionalizar los procesos que conectan a la empresa con sus clientes y proveedores. Y habrá que colaborar con todos los que sea posible, con el fin de eliminar costes y cargas generales.

9. *Perder la identidad propia para fundirla con la de una empresa más amplia.* Hay que abandonar la idea de una empresa autónoma que ofrece un producto completo. Habrá que acostumbrarse a la idea de que la empresa sólo puede alcanzar algún objetivo cuando se integra virtualmente con otras. Habrá que centrarse en las tareas que realiza mejor, y animar a las demás empresas a hacer lo mismo.

MUY BIEN. La empresa ya sabe lo que debe hacer. Lo único que queda es hacerlo, y esa es la parte más fácil, ¿no es verdad?

Puede que no.

Hace poco tiempo, estaba conversando sobre las capacidades de la empresa con una mujer que ocupaba un alto cargo ejecutivo de una importante institución de servicios financieros: «Somos muy buenos en saber lo que debemos hacer», me indicó. «Nuestro problema es lograr hacerlo realmente.»

Esa señora y su empresa no son un caso aislado. Durante la pasada década, he tenido la oportunidad de observar a varias grandes empresas que emprendían importantes proyectos de transformación de un tipo u otro, desde la reingeniería o la puesta en marcha de un sistema PRE, hasta la implantación de un sistema de evaluación con tarjetas de puntuación compensada, o la construcción de una instalación de aprovisionamiento. Todas esas empresas sabían lo que deseaban conseguir, pero algunas lo lograron y otras no; y para las que al final lo obtuvieron, no fue una experiencia sin complicaciones.

De ese tipo fue la experiencia de DTE Energy a mediados de la década de los 90. DTE Energy, la entidad matriz de Detroit Edison, es una empresa diversificada de suministro de gas y electricidad con una cifra ventas anuales de 6.000 millones de dólares. En 1994, emprendió la tarea de transformarse en una empresa de procesos. Esta acción se culminó con éxito y proporcionó importantes mejoras de rendimiento operativo, pero implantar ese cambio fue muy difícil y penoso. Los empleados no comprendían aquella acción, o la razón por la que era necesaria, y muchos se sintieron molestos.

Aquel complejo problema no siempre fue gestionado de modo coherente. Como consecuencia, la puesta en marcha tardó más tiempo del previsto y dejó cicatrices que tardaron años en curar. Las consecuencias del cambio consumieron a la organización durante un año, y la recuperación completa exigió varios años. Y eso que la transición se centraba sólo en unos pocos de los principios de la agenda que hemos expuesto en los anteriores capítulos. Se podrían mencionar similares experiencias penosas de cientos de otras empresas.

El hecho de que DTE y muchas otras empresas hayan encontrado tan difícil la aplicación práctica de la agenda, no es nada sorprendente; esa experiencia es casi totalmente desconocida para ellos. Las empresas saben cómo hacer muchas cosas: saben encontrar nuevos clientes, saben desarrollar e introducir nuevos productos y saben cómo abrir nuevas plantas. Saben cómo hacer todas esas cosas, porque las han realizado antes. Pero las tareas de redifinirse a sí mismas en términos de clientes y no en términos de producto, de preparar una nueva generación de sistemas de evaluación, y de transformar un canal de distribución en una comunidad, no se incluyen entre las cosas que las empresas saben cómo hacer porque nunca han realizado, hasta ahora, nada de ese tipo. Cuando las empresas inician acciones de esa clase tienen que actuar sin red de seguridad. El destino no está totalmente claro para ellas, y el camino para llegar hasta allí no está bien marcado ni iluminado. Por eso, se ven forzadas a improvisar, a pensar las cosas a medida que van avanzando. No debe sorprendernos que cometan errores, ya que emplean técnicas que no funcionan y no tienen en cuenta varias cuestiones fundamentales. Algunos de esos errores pueden resultar fatales; e incluso las empresas que sobreviven a la transición —como las que hemos citado a lo largo de este libro— quedan con cicatrices duraderas.

La agenda que he establecido para las empresas no es corta, ni fácil. Llevarla a la realidad puede ser un reto muy difícil. De hecho, la simple perspectiva de introducir todos esos cambios, está, probablemente, poniendo nerviosos a muchos directores. ¿Podremos llevarlos a cabo realmente? ¿Es una apuesta muy importante? ¿Qué probabilidades de éxito tenemos?

Hacen bien en estar preocupados. Poner en práctica la agenda va en contra de la esencia de todos los aspectos de su empresa. Tal como lo he afirmado una y otra vez, la gran mayoría de las empresas, grandes o pequeñas, están organizadas y gestionadas de un modo que está totalmente en oposición con los principios de esta agenda. El cliente queda en segundo plano, los procesos no son responsabilidad de un empleado concreto, y la defensa de su territorio es el primer instinto de todos. No se trata de temas abstractos. Están grabados en todos y en cada uno de los aspectos de la empresa, desde la manera en que los empleados se perciben a sí mismos y a sus trabajos, hasta la forma en que se les adiestra y remunera, y la forma en que está organizada y gestionada la empresa. Poner en práctica uno de los principios de la agenda, y no digamos nada si se quieren poner en acción todos, significa cambiar casi todos los aspectos de la empresa y reestructurar la totalidad de la vida profesional de los empleados.

Vamos a centrarnos en sólo uno de los componentes, de uno sólo de los principios: transformar los procesos entre empresas, con objeto de mejorar el rendimiento de todo el sistema (de esto hemos tratado en el capítulo 9). En vez de minimizar sólo los niveles de existencias de nuestra empresa y reducir el precio que pagamos a nuestros proveedores, ahora nos centramos sobre la totalidad de las existencias mantenidas a lo largo de toda la cadena de valor y en el coste total para el cliente final.

¿Qué implicaciones tendrá esa acción para los agentes de compra y para los vendedores de la empresa? Los agentes de compra tendrán que pensar en otros aspectos, además del de extraer el precio más bajo a los proveedores; y tendrán que ayudar a esos proveedores a encontrar modos de mejorar su actividad; por su parte, los vendedores tendrán que hacer algo similar con sus clientes. Esto hará que todo su mundo se ponga cabeza abajo. Tradicionalmente, los agentes de compra eran evaluados y remunerados por el grado en que obtenían de los proveedores unas mejores condiciones de precio, mientras que los vendedores se centraban exclusivamente en lograr que los clientes comprasen más productos. Reducir el nivel de existencias y el coste de los envíos podía ser positivo para todos, incluso para la empresa, pero en el sistema de evaluación del agente de compras ese aspecto no tenía cabida, ni era remunerado. Con aquel sistema, los beneficios de un menor coste de los envíos serían atribuidos al departamento de envíos, la mejora de la rotación de existencias sería atribuida al almacén y, posiblemente, al agente de compras se le recompensaría por haber obtenido esas ganancias. Además, incluso aunque se pueda convencer a los agentes de compras para que trabajen de este nueva manera, puede que no estén preparados para hacerlo; eso se debe a que se les adiestró, como máximo, para actuar como negociadores de precios, y no como expertos en reingeniería de procesos empresariales. Al vendedor le esperan cambios similares.

En otras palabras: casi todos los principios de la agenda implican unos cambios de todo el sistema, no sólo unas pequeñas variantes de corto alcance. Y gestionar ese gran cambio resulta terriblemente complejo. Y en el caso del director, tampoco tendrá la suerte de que todos le animen en su labor. La cruda realidad es que, todo cambio importante crea inevitablemente muchos perdedores en la organización, al menos a corto plazo. La segunda ley de la termodinámica nos dice que, en el mundo de la física, no se puede sacar algo de la nada. Una regla similar se aplica en el mundo de la empresa. Algunas personas, siempre se benefician de la situación tal cual es, y no sólo financieramente; para esas personas, el progreso significa pérdida. Si se eleva la consideración y la importancia de los procesos empresariales, inevitablemente los directores de departamento perderán parte de su poder. Si se derriban los muros que separan unas de otras a las distintas unidades de negocio, los ejecutivos deberán sacrificar parte de su autonomía. Si se gestionan las ventas como una acción orientada al equipo, los vendedores perderán parte de su status de héroes. A largo plazo, es posible que estos cambios resulten beneficiosos para todos; pero a corto plazo, es muy probable que sean percibidos como amenazantes. Las formas establecidas de asignación del poder y del control en la empresa, provocan inevitablemente resistencia y mala disposición.

¿Se siente abrumado? Debe estarlo, pero no tiene más opción que la de seguir adelante. En épocas de cambio fundamental, la estrategia de mayor riesgo consiste en no actuar con determinación, y seguir con los métodos antiguos. Esa actitud conduce con toda seguridad al fracaso. Si se actúa, hay alguna oportunidad de triunfar. Además, la dificultad de adoptar la agenda es lo que hace que sea tan importante. Si fuese una tarea sencilla, todas las empresas lo habrían hecho ya. Los que tienen el valor para superar los obstáculos existentes y hacer realidad la agenda, obtendrán una extraordinaria recompensa. Pero decidir poner en práctica la agenda es sólo el primer paso en el camino hacia la superación de los competidores. Es necesario también perseverar en esa decisión.

He conducido al lector hasta las Ciénagas del Desánimo, y ahora debe permitirme que le muestre un camino para salir de ellas. Tal como he señalado, ni las empresas que han logrado poner en práctica con todo éxito algunas partes de la agenda lo han considerado una experiencia agradable. Se enfrentaron a retos desconocidos e intimidatorios, porque no disponían de un juego de herramientas adecuado para esa puesta en práctica Sin embargo, esas empresas lograron estar a la altura de la situación. Prepararon sobre la marcha el juego de herramientas que necesitaban, e idearon técnicas de justo-a-tiempo para la puesta en práctica. Seguro que cometieron algunos errores, pero también hicieron muchas cosas correctamente. Es de señalar que, al analizar la experiencia de docenas y docenas de esas empresas, he comprobado que la mayoría de ellas prepararon y emplearon un juego de herramientas casi idéntico. Tanto si la cuestión concreta consistía en implantar una nueva clase de sistema informático, o efectuar la reingeniería de un proceso empresarial, o transformar la distribución, y tanto si la empresa era un fabricante de electrónica, una compañía de seguros o de electricidad, habían empleado siempre el mismo juego de herramientas, que contenía seis principios tácticos. Este hecho destacable debería animar y dar esperanzas a los directores. Si ese conjunto de técnicas dio buenos resultados a esas empresas, también puede dar buen resultado en otras.

Durante muchas décadas, el Santo Grial de la física ha consistido en descubrir una teoría unificada general capaz de explicar todos los fenómenos físicos. Yo afirmo que los principios y orientaciones que esas empresas han descubierto, constituyen el inicio de una teoría unificada general de la implantación del cambio: un conjunto de técnicas que empresas, como la del lector, podrán aplicar para poner en práctica la agenda. En las páginas siguientes voy a ofrecer un resumen de esas seis claves para el éxito.

1. Integrar y centrar los esfuerzos de la empresa

En este libro se han expuesto nueve principios que constituyen el núcleo de la agenda que debe aplicar una empresa para adaptarse a la economía de cliente. Pero sería un error catastrófico convertir esos nueve principios en una serie de nueve proyectos independientes y sin relación entre sí; el primero para establecer un nuevo sistema de evaluación, otro para reestructurar el sistema de distribución, un tercero para enseñar a los directores a trabajar unidos y en colaboración, y así sucesivamente. Un enfoque de múltiples ramas estará condenado al fracaso, porque las organizaciones tienen una capacidad muy limitada para aceptar iniciativas de cambio.

Todo estudiante de lógica aprende el principio conocido como la Cuchilla de Occam, por el nombre del filósofo medieval William de Occam, que dice: la explicación más simple de un fenómeno, es la mejor. Expuesto de un modo más técnico, la Cuchilla de Occam nos recomienda «evitar aumentar las entidades». El mismo principio se puede aplicar a los programas de cambio: cuántos más programas emprende una empresa, menos probabilidades hay de que alguno tenga éxito. Cuando una empresa persigue varias iniciativas, el personal se muestra escéptico. Concluye (a veces, acertadamente) que la dirección está buscando cantidad, en lugar de calidad; creen que la multiplicidad de los programas, indica que sus directivos no se toman en serio ninguno de ellos; y que, en lugar de esforzarse por obtener el éxito en un determinado plan, los ejecutivos de la empresa han decidido extender el abanico de apuestas con la vaga esperanza de que alguna salga bien por arte de magia. Cuando se les presentan numerosos programas de cambio, los empleados se sienten inevitablemente confusos acerca de la relación y la diferencia entre las distintas alternativas. Por eso, y reaccionando ante esa situación, los directores necesitan dedicar una gran cantidad de tiempo a fijar la prioridad relativa de las iniciativas, a resolver los conflictos y a moderar la actitud de los equipos de puesta en práctica que competirán para obtener los recursos necesarios y la atención de los ejecutivos.

Pero no debe ser así. Los directivos de la empresa deben crear una especie de paraguas que abarque a todas las acciones relacionadas con la adaptación a la economía de cliente: un único tema que englobe a todos esos proyectos. No se trata de elegir un eslogan adecuado y estimulante o un nombre de proyecto; sino de identificar un problema o cuestión atrayente con la que todos los empleados de la empresa pueden sentirse identificados, y que justifique todos y cada uno de los aspectos de la agenda. Por ejemplo, una empresa de bienes de consumo ha establecido el objetivo en lograr «un liderazgo indiscutible en el sector de la alimentación», y utiliza esa motivación para poner en marcha una agenda de amplio espectro, desde para derribar las fronteras entre divisiones hasta para reducir el nivel de existencias de un producto terminado; un gran banco logra un objetivo similar bajo el lema de: generar crecimiento, a base de obtener una mayor cuota de las «operaciones» totales de sus actuales clientes.

La mayoría de las empresas sufren ya de una plétora de iniciativas de cambio en marcha, desde «el equipo de trabajo para la satisfacción del cliente» hasta el comité de innovación. Todos esos programas existentes deben ser agrupados inmediatamente, o recogidos bajo un lema integrador. Si no se hace eso, el resultado será: despilfarro de recursos y continuas distracciones y desviaciones.

Los directivos de la empresa deben actuar infatigablemente en su labor de convencer a los empleados de que ese paraguas de la acción no es la clásica técnica de moda en el campo de la gestión que, seguramente, pronto cederá paso a otro «programa del día». Deben explicarles, de modo convincente, las razones que hacen necesario el cambio, y la forma en que cada uno de los aspectos de ese plan responde a esa razón impulsora. Su objetivo debe consistir en que todos los empleados de la empresa comprendan exactamente lo que está ocurriendo, y las razones existentes para que ocurra. Cuando los empleados comprenden las verdaderas e inevitables motivaciones que han impulsado un programa de cambio, hay más probabilidades de que lo tomen en serio. Para lograr convencerles, será necesario actuar con un grado sin precedentes de apertura y sinceridad, tanto acerca de la posición financiera y competitiva de la empresa, como acerca de los errores que la dirección haya podido cometer anteriormente. La mayoría de los programas de comunicación de las empresas, expresan más entusiasmo que una ardilla a la que se ha inyectado una sobredosis de adrenalina. Una fuerte dosis de sinceridad, mezclada con una dosis de *mea culpa*, obrará maravillas para obtener la credibilidad necesaria de los empleados de base, así como su buena disposición.

Para gestionar con éxito esa iniciativa unificada, se requieren grandes conocimientos y dominio de la técnica de gestión de programas: el arte de coordinar un amplio número de proyectos. En esencia, la gestión de programas implica manejar la complejidad. Numerosas empresas poseen experiencia en la puesta en práctica de uno o dos proyecto a la vez; pero a excepción de las grandes entidades aeroespaciales y de construcción, son muy pocas las que saben cómo gestionar simultáneamente un gran número de proyectos. Todas las empresas deben lograr que la gestión de programas se convierta en una de sus competencias fundamentales, y aplicar esa competencia para poner en marcha el cambio. Si no lo hacen así, la puesta en práctica de la agenda degenerará en caos.

2. Prestar más atención a las cuestiones de personal, que la que se piensa que necesitan

Hace muchos años, cuando yo era profesor de ingeniería en el MIT, un colega de una facultad de empresariales me advirtió: «Los problemas técnicos son los más sencillos.» Al principio, el ingeniero que llevo en mi interior no estaba muy seguro de lo que la frase significaba; luego, he llegado a valorar en mucho aquella advertencia. Las cuestiones que realmente determinan el éxito o el fracaso de cualquier acción importante, casi nunca son de carácter técnico, sino que se suele tratar de cuestiones de personal y de cultura. Por ejemplo, la preparación de un nuevo sistema de medidas y sistemas de evaluación plantea una serie de difíciles problemas técnicos: identificar la variable que debe ser supervisada, elaborar un conjunto de medidas que sean útiles y utilizables, poner en marcha los mecanismos más apropiados para recoger los datos relevantes, y otros similares. Pero esos no son los principales problemas; el principal, es lograr que los empleados olviden las medidas a las que están acostumbrados, enseñarles a basar sus decisiones en datos cuantitativos, y crear una cultura que valore mucho más los datos obtenidos con esas medidas, que sus opiniones, instinto, e intuición personal. Lo mismo se puede decir acerca de los otros principios de la agenda. Incluso, aunque sea capaz de resolver todos los problemas técnicos a base de concentrar toda su atención en ellos, el director tropezará con los resbaladizos y elusivos problemas de personal.

Desafortunadamente, lo más corriente es que los ejecutivos concedan poca importancia a las cuestiones de personal y que elaboren planes de puesta en marcha, sólo para resolver las cuestiones «difíciles». Quizá, y como en un segundo plano políticamente correcto, puede que añadan a esos planes algunas actividades dirigidas a resolver cuestiones de carácter organizativo o humano. Inevitablemente, a esas actividades se les concede muy poca prioridad, suelen carecer de financiación y son las primeras que se eliminan cuando existen dificultades presupuestarias. Luego, cuando sus valiosas acciones de cambio fracasan, los ejecutivos se sorprenden. Una y otra vez he visto ocurrir eso: en el contexto de la puesta en marcha del PRE, de las iniciativas de negocios-e, de los programas de rediseño de procesos, y de otras muchas acciones.

Una de las mejores vacunas contra ese tóxico, consiste en seguir la siguiente regla empírica: dedicar un tercio del presupuesto al diseño y la puesta en marcha del cambio en sí, un tercio a la tecnología que lo soporta, y un tercio a las cuestiones de personal que indudablemente surgirán. Está claro que un reparto tan burdo rara vez será el más exacto y preciso, pero sirve para establecer una línea general básica en todo lo relacionado con el gasto a presupuestar. Sirve para resaltar que las cuestiones de personal no son un aspecto colateral o secundario, sino que son tan importantes como cualquier otra faceta del plan y tan merecedoras de recibir una atención y una inversión de primera clase. Si los planes de su empresa exigen dedicar menos de un tercio del presupuesto a las cuestiones de personal, el director deberá estar preparado para explicar la razón. La formación, el adiestramiento, la comunicación y la gestión del cambio, son los principales elementos que deben incluirse en el apartado de personal de todo presupuesto de puesta en marcha; y es mucho más seguro pecar por exceso que por defecto. El director que rebaje ese porcentaje, lo hará a costa de correr un peligro mortal.

3. Gestionar de modo distinto a los diferentes grupos de personal

No todos los empleados de una empresa reaccionan del mismo modo ante un importante programa de cambio. De hecho, he descubierto una fórmula muy útil a la que he dado el nombre de «regla de 20/60/20».

Cuando se anuncia una importante iniciativa empresarial, el 20% del colectivo de empleados la recibe con entusiasmo. A menudo, los ejecutivos se quedan sorprendidos de que la reacción de esa significativa minoría no sea de hostilidad o confusión, sino más bien de: «¿Por qué han tardado tanto?» Normalmente, entre un 20% y un 33% del colectivo se mostrará muy bien predispuesto a llevar a cabo la innovación propuesta. (De hecho, muchas veces el mismo grupo de empleados es el que se muestra positivo ante cualquier innovación.) Normalmente, se trata de un grupo más cercano a los clientes y a los empleados de base, y que conoce de primera mano los problemas que padecen la empresa y sus clientes como consecuencia de su forma tradicional de hacer las cosas. Perciben intuitivamente la fuerza de los nuevos métodos, y se sienten frustrados cuando los directores que tienen poder para cambiar esas cosas, no las cambian. Cuando, por fin, se anuncia un programa para el cambio, ese grupo nota que le han hecho justicia, y se siente hasta liberado.

El ímpetu de ese grupo deberá ser conducido. Es necesario convertir a esos entusiastas, en emisarios y evangelistas del cambio propuesto. Habrá que identificarlos y ofrecerles estímulo. Habrá que asegurarse de que se mantienen al día de los avances y animarles a contagiar a los otros su actitud positiva. Habrá otros que estarán propalando ideas negativas, por lo que unos empleados de base con actitud positiva podrán contrarrestarlas mejor que unos mensajes procedentes de unos remotos directivos. Pero este 20% de entusiastas también pueden suponer un riesgo. En caso de que la dirección se retracte del cambio propuesto, este grupo de partidarios se sentirá no sólo desengañado, sino también traicionado. Su entusiasmo se transformará en actitud cínica, y la dirección comprobará que ha echado a perder unos valiosos recursos. Si no poseen un incansable optimismo, tipo Charlie Brown, al final este grupo dejará de creer que Lucy va a detener el partido de fútbol por ellos. Y sacarán la conclusión de que la dirección no se toma en serio la posibilidad de hacer las cosas de un modo diferente, y pensarán que la compañía no tiene esperanzas y no merece la pena trabajar por ella. Entonces, transferirán su deseo de cambio a otra parte. Una empresa que purga de ese modo a su grupo más partidario del cambio, comprobará que le resultará más difícil introducir los cambios.

Y será más difícil, porque existirá otro 20%, aproximadamente, que se opondrá firmemente a ese cambio y, de hecho, a cualquier variación. En algunos casos, se tratará de empleados cuyos bueyes están siendo corneados por la innovación propuesta; bien porque sus puestos de trabajo van a cambiar, o incluso a desaparecer; o porque verán reducida su autoridad, o porque tendrán que cambiar su estilo personal. Sin embargo, en muchos otros casos los empleados que más ferviente oposición mostrarán, no tendrán ninguna razón «racional» para oponerse. En realidad y desde un puesto de vista «objetivo», parecerá que salen beneficiados por el cambio. Su trabajo será más fácil, tendrán nuevas oportunidades de ganar más dinero, y su futuro aparecerá más brillante. No importa. Han internalizado tan profundamente el antiguo modo de hacer las cosas que no pueden imaginarse trabajando o actuando de manera diferente.

Lo más particularmente preocupante, es que muchas veces este 20% suele concentrarse en las filas de la alta dirección; en esas esferas, la fidelidad a los convencionalismos ha sido más intensamente reforzada mediante, entre otros factores, los aumentos de sueldo y de autoridad que han acompañado a sus miembros mientras iban ascendiendo por la escalera jerárquica de la empresa. Por eso, los directores están bien posicionados para trabajar en contra de un cambio que perciben como perjudicial para sus intereses, o como una intolerable intrusión en sus bien ordenadas vidas. Pueden hablar mal de la idea, plantear objeciones, aparentemente bien intencionadas, cuya única finalidad es retrasar su avance, no cumplir su compromiso de apoyar la acción o de aportar su esfuerzo a ella o, de cualquier otro modo, obstaculizar el progreso de la innovación de maneras sólo limitadas por su imaginación.

Algunos directivos se creen capaces de conseguir que todos los empleados les acompañen en su viaje hacia el futuro. Aunque esa actitud es admirablemente optimista e integradora, he comprobado que no es más que una vana esperanza. Ese aproximadamente 20% del colectivo, es realmente incorregible: se oponen tan profundamente a las nuevas maneras de hacer las cosas que no se les puede traer de nuevo al redil. Pero si se intenta hacer algo respecto a ellos, podemos encontrar dos retos difíciles. Primero, no es fácil identificarles. Algunos mantendrán oculta su oposición, por el momento. Otros parecerán iguales al resto de los empleados que plantean objeciones, no para impedir el cambio, sino con el fin de resolver algunas cuestiones fundamentales para que tenga más éxito. Segundo, apartarles de la empresa puede resultar caro y traumático.

La mejor forma de manejarlos consiste en inducirles a identificarse, lo que harán si se les expone claramente todo lo que va a acarrear el cambio. Es decir: la dirección debe afirmar, de forma inflexible y explícitamente clara, que se va a introducir el cambio, y de lo que va a implicar para la empresa y sus empleados. Las palabras amigables serán veneno y las abstracciones inútiles. En lugar de eso, la dirección debe exponer concreta y crudamente los detalles del cambio que se va a producir en los aspectos más concretos de la empresa: el trabajo de los vendedores, la autoridad de los ejecutivos, la estructura del sistema de remuneración, y todo lo demás. Se deben exponer nítidamente las repercusiones exactas de la nueva forma de hacer los negocios. Al final, el incorregible 20% comprenderá que el cambio va a ser real y que, tras su implantación, ya no se sentirán muy satisfechos. Muchos se marcharán de la empresa antes de tener que enfrentarse realmente al cambio. La dirección debe estar preparada y aceptar favorablemente la marcha de esos empleados, pero puede encontrarse con algunas sorpresas. Algunos de los que se marchan serán los empleados con mejor rendimiento de la empresa; los mejores, según el antiguo modo de trabajar. No hay que inmutarse por eso. Es preferible dejar que surja una nueva generación de estrellas, que no conservar a las antiguas generaciones a costa de poner en peligro el éxito de la agenda para el cambio.

El 60% intermedio representa el campo en que se ganará o perderá la batalla. Este colectivo es el que deberá ser adiestrado en todo el arsenal de técnicas de gestión del cambio: comunicación, incentivos, participación y todas las demás. Lo irónico, y lo más equivocado, es que muchos ejecutivos concentran su esfuerzo en los otros dos segmentos del 20%, porque piensan que en ellos es donde se necesita aplicar el máximo esfuerzo, o donde más éxito se puede obtener. Están en un error. El 20% favorable no necesita ser convencido, y el 20% opositor no puede ser convencido. Habrá que ahorrar las energías para aplicarlas en el punto más importante.

4. Los ejecutivos deben mostrar un liderazgo comprometido con el cambio

Es lógico que los cambios importantes requieran el liderazgo comprometido de los ejecutivos. Desafortunadamente, no siempre está muy claro lo que significa esa frase. Por mi parte, soy partidario de lo que se puede llamar la escuela de Forrest Gump: Liderazgo es lo que hacen los líderes. Hay cinco acciones concretas y específicas que sirven para demostrar la existencia de un serio compromiso de los ejecutivos por un programa de cambio fundamental.

El primer paso que deben dar los líderes, es apostar públicamente su propia credibilidad por el éxito del cambio. Un programa de transformación tendrá más probabilidades de éxito cuando los líderes aportan su reputación a ese programa. Deben comprometerse, directa y públicamente, a alcanzar unos objetivos concretos, garantizando unos resultados operativos y financieros que, posiblemente, no podrían lograrse sin continuar avanzando en la acción de cambio. También deberán ajustar los sistemas de remuneración y recompensas, e incluir ventajas financieras concretas para aquellos empleados que trabajen tal como exige la nueva estrategia, o para los que contribuyen a hacerla realidad. Los responsables no pueden dudar, quedarse a un lado, o usar frases huecas. Una muestra de debilidad, expresada en forma de una financiación inadecuada, una terminología equívoca, o cierta reluctancia a eliminar a los que obstaculizan el camino, será inmediatamente percibida y propalada a lo largo de toda la organización. Cuando los líderes cogen un resfriado, los seguidores enferman de pulmonía, y la iniciativa de cambio se hunde rápidamente.

La segunda acción consiste en asignar los recursos requeridos y mantenerlos como un compromiso sacrosanto, a pesar de la depredación que afecte al proceso presupuestario. La puesta en práctica de la agenda no es, relativamente, más costosa que otras muchas acciones que toman las empresas, ya que construir nuevas plantas o introducir nuevos productos tampoco es gratis. La empresa debe aportar la totalidad de los fondos necesarios para iniciar el programa. No invertir la totalidad de los fondos necesarios para una iniciativa importante de cambio, priva a la actuación de los recursos imprescindibles, y transmite por toda la empresa el mensaje de que la dirección, por su parte, sólo está dispuesta a hacer unos gestos simbólicos. Asignar todos los fondos necesarios para la inversión y negarse a reducirlos incluso ante las presiones presupuestarias, es demostración de todo lo opuesto.

En ese mismo sentido, es vital que la dirección asigne a la acción de cambio a los empleados «mejores y más brillantes» de la empresa. Una de las lecciones que he aprendido innumerables veces es que asignar empleados competentes, pero no del todo excelentes, o asignar empleados de máximo nivel, pero no a plena dedicación, son dos recetas para asegurar el fracaso. Diseñar y poner en práctica nuevas formas de hacer las cosas, es una tarea extraordinariamente difícil y merece que se dediquen a ella los mejores talentos de la empresa. Todos los empleados son conscientes de ello y todos se darán cuenta también de que, si la dirección no asigna esa clase de personas al proyecto, es que no se ha tomado en serio el cambio. Intentar repartir el tiempo de los empleados de alto nivel entre hacer negocios y cambiar los negocios, también resultará inútil. Esa actitud dispersará su energía, les someterá a conflictos internos, les ahogará con cargas generales para cambiar el contexto, y transmitirá a la organización el mensaje de que el cambio no es realmente importante.

La tercera manera que tienen los ejecutivos de demostrar su compromiso consiste en interesarse personalmente por el cambio y continuar interesados. La empresa posee una fina sensibilidad a los mensajes implícitos que los directivos transmiten mediante su propia conducta como, por ejemplo, su forma de repartir el tiempo. Cuando los altos directivos dedican su horario a un determinado programa, todo el mundo se entera; y eso comunica el deseado y apropiado mensaje de que ese proyecto es fundamental. A la inversa, si la dirección pronuncia discursos apasionados, pero luego delega todas las responsabilidades y se mantiene sólo vagamente informado, la empresa llegará a una conclusión muy distinta.

Cuarto, la dirección debe expresar su pasión por el cambio. La palabra «pasión» no se emplea en la empresa tan a menudo como debería serlo. Los argumentos racionales sobre la mejora del rendimiento operativo, el aumento del rendimiento financiero, y la mejora de la calidad de vida en el trabajo, están muy bien, pero no van lo bastante lejos. Un director general me explicó que si verdaderamente se desea el cambio, es necesario «calar hondo en el corazón de los empleados». Se observa que se refería al «corazón», y no a la «cabeza». Los empleados tienen que creer que un gran cambio es de importancia trascendental, y que no se trata simplemente de un objetivo económicamente racional. No se puede esperar que los empleados de base se muestren más entusiastas o interesados que sus directivos por una iniciativa de cambio. El director, no sólo debe creer que lo que está haciendo es una buena idea, debe creer en ello desde lo más profundo de sus entrañas. El director debe mostrarse tan intensamente apasionado, que los que estén a su lado no puedan evitar verse contagiados por su entusiasmo.

Por último, el director comprometido, no pide, sino que exige un interés y participación generalizada para lograr hacer realidad el cambio, y hace a los directores jerárquicos responsables en obtener los resultados deseados. El personal debe comprender que contribuir al cambio es obligatorio y que no se admitirá ninguna excusa. Es fundamental actuar rápidamente y eliminar a todos los miembros del equipo de alta dirección que no aceptan el cambio, y a aquellos que en la empresa se sabe que no le prestan su apoyo, esta medida convertirá en creyentes, incluso a los más cínicos y escépticos.

5. Comunicar con eficacia

Para crear una empresa centrada en el cliente, todos los empleados deberán trabajar más duro aún, adquirir nuevos conocimientos y capacidades, afrontar problemas poco conocidos y, en general, estar a la altura de las circunstancias. Si los empleados no comprenden, no creen, o no se interesan, por lo que se está haciendo, no harán nada de eso. La mejor forma de hacerles comprender, creer, o de avivar su interés, es comunicarse con ellos. Pero la mayoría de las empresas son pasmosamente incompetentes en lo que respecta a comunicación interna. Dominan el arte de moldear los deseos de sus clientes, pero parecen incapaces de establecer una verdadera relación con sus empleados. Muchas veces, sus esfuerzos por llegar a ellos resultan pegajosos y simplistas. Algunos suponen que pueden ganarse la mente y el corazón de sus empleados con sólo ordenar que todos vean el vídeo donde el director lee un discurso plagado de clichés, desde un podio mal iluminado, o con distribuir entre ellos varias tazas de café esmaltadas donde figura algún eslogan persuasivo. Esa clase de idioteces sólo sirven para poner en contra a los empleados, y para reforzar el cinismo y el escepticismo a lo largo de toda la empresa.

Se podría, y debería, escribir todo un libro acerca de la importancia de una eficaz comunicación interna, como herramienta de apoyo para llevar a cabo un cambio importante. Pero, por ahora, voy a resaltar sólo cinco principios clave.

No existe lo que se podría calificar como «exceso de comunicación»

Son demasiados los altos directivos que creen que cuando pronuncian una frase, toda la audiencia ha escuchado y entendido el mensaje. Nada más lejos de la realidad. Los empleados de las empresas se ven bombardeados con tanta información que, instintivamente, se desconectan de la mayoría de esos mensajes. Si se quieren atravesar las barreras defensivas de la audiencia, un mensaje debe ser repetido infinidad de veces.

Preparar una comunicación brillante

¿La dirección espera realmente que los empleados concentrarán toda su atención cuando reciben otro aburrido informe de una página acerca de una iniciativa «valiente» más? Su propio aspecto confirma su mínima importancia, e irá directamente al archivo de circulares, sin haber sido examinado ni leído, seguramente. Los empleados de las empresas están abrumados por pesados comunicados. Por eso, es necesario lograr que nuestros comunicados internos sean atrayentes, divertidos, polémicos y memorables. Hay que conseguir que capten la atención de los ojos, provoquen sonrisas y movilicen las lenguas. Se utilizarán colores vivos, chistes, tiras de comics, anécdotas y versos de ciego; todo lo que ayude a captar la atención. Tener en cuenta que el medio es fundamental para el mensaje. Si la empresa puede redactar textos memorables para su márketing, seguro que aprenderá a vender el cambio a los empleados

No mentir nunca

Nunca. Ni una vez. Ni siquiera un poco. Resulta terriblemente tentador oscurecer la verdad para lograr que las noticias sean más fáciles de tragar, o más fáciles de comunicar. Las cuestiones sensibles, como el impacto de un programa de cambio sobre los puestos de trabajo y sobre su sueldo, rara vez, si alguna, se exponen en toda su realidad. Pero los empleados casi siempre se dan cuenta de que se les está mintiendo, y reaccionan en consecuencia. Las mentiras de omisión son tan perjudiciales como las de comisión; la actitud de evitar algún aspecto penoso, sólo sirve para que todos concentren más su atención sobre dicho aspecto. Hay que afrontar directamente las cuestiones sensibles, y nunca inmutarse cuando hay que decir sinceramente: «No lo sé.»

LOGRAR QUE LA ALTA DIRECCIÓN PARTICIPE EN LA COMUNICACIÓN

Un alto directivo ejecutivo ha definido acertadamente su trabajo, como el de «agente director del cambio». Los altos directivos tienen la responsabilidad de transmitir personalmente el mensaje de cambio a todo lo largo de la empresa. Sólo poniendo toda su credibilidad en la comunicación, y ejerciendo su especial poder, pueden estar seguros de que el mensaje será tomado en serio.

LOGRAR QUE LA COMUNICACIÓN SEA EN LOS DOS SENTIDOS

Los empleados empiezan a interiorizar un mensaje en el momento en que tienen que afrontar un problema relacionado con él. La comunicación en un solo sentido resulta ineficaz. A nadie le gusta que se dirijan a él como si se tratase de un mueble; por eso, hay que plantearse el objetivo de iniciar la conversación y solicitar ideas. Entre otros medios para lograr despertar el interés de los empleados, están las discusiones, las sesiones de feedback y las encuestas y votaciones. Será conveniente preguntarles si están recibiendo bien el mensaje. Sus respuestas permitirán saber el grado en que el mensaje está siendo comprendido.

6. Dar una serie de pasos

Tal como he señalado anteriormente, las empresas saben cómo realizar cierta clase de nuevas tareas: introducir nuevos productos, abrir nuevas plantas, expandirse por nuevos mercados y similares. Su método para realizar esas tareas se basa en una meticulosa planificación. Identifican todo lo que es necesario hacer para lograr el objetivo; elaboran una lista de elementos dependientes y recursos necesarios; y, luego, preparan un detallado programa de trabajo con unos hitos intermedios concretos, de los que se puede hacer seguimiento a medida que se avanza. Las empresas se sienten justificadamente orgullosas de su capacidad para lograr realizar nuevas tareas con esas técnicas. Pero si utilizan este método para poner en práctica la agenda de este libro, es casi seguro que experimentarán un fracaso catastrófico.

La razón se debe a que las «nuevas» tareas para las que las empresas utilizan esa metodología de puesta en práctica, en realidad sólo son semi-nuevas. Es decir: el producto o la fábrica puede ser nueva, pero la experiencia de su introducción o construcción no lo es. Cuando emprenden una acción de ese tipo, los directores saben exactamente lo que están haciendo, tienen una idea muy clara de su destino y pueden planificar en consecuencia.

Nada de eso se puede decir de la puesta en marcha de comunidades de distribución, de la creación de nuevas formas de valor para el cliente, o de transformar a los directores en colaboradores. Esas tareas, como las derivadas de los otros principios de la agenda, son verdaderamente nuevas. La empresa no posee experiencia en ninguna de ellas y, por lo tanto, carece de base para elaborar planes fiables para lograr realizarlas. No es posible captar por anticipado la plena naturaleza de esos cambios; surgirán inevitablemente problemas inesperados; y se comprobará que es imposible estimar los plazos de tiempo. Ante tanta incertidumbre, una estrategia tradicional de puesta en marcha seguro que se descarría.

Dado lo mucho que está en juego, las consecuencias del fracaso en la puesta en práctica son particularmente severas. Después de todo, no se trata de iniciativas rutinarias. Se trata de cambios estratégicos, multidimensionales, de máximo nivel, que moldearán el futuro de la empresa y afectarán a todos sus empleados. Su anuncio suele provocar angustia en la organización, y genera un alto potencial de resistencia generalizada. Si no se logra alcanzar con éxito algunos de los hitos intermedios de un plan poco realista, ese fracaso será interpretado en toda la empresa como una prueba de que el programa está fallando.

Además, en la puesta en práctica tradicional, los resultados no se obtienen hasta llegar al final. Una vez instalado un sistema informático y puesto en funcionamiento, o cuando una planta queda terminada y se pone en marcha, empiezan aparecer los beneficios de la inversión. Pero cuando se están introduciendo los cambios que exige la agenda, no nos podemos permitir esperar todo ese tiempo.

Las presiones de la economía de cliente y la angustia de la organización, exigen unos beneficios tempranos y un rápido acondicionamiento, a fin de que todos sepan que la empresa va por buen camino.

Esas circunstancias hacen que sea necesario un nuevo método de puesta en práctica, un método muy diferente al tradicional y bien conocido por la mayoría de las empresas: el del «big bang», en el que todo se logra con un gran paso. Por contra, la puesta en práctica debe avanzar a base de una serie de pequeños pasos, cada uno de los cuales supone un progreso hacia el destino final. Cada uno de esos pasos hay que darlo relativamente rápido y debe proporcionar algún beneficio concreto (aunque sea inferior al que proporcionará el destino final). Por ejemplo, en lugar de intentar transformar completamente el canal de distribución en un solo acto, la empresa puede empezar a ofrecer a sus intermediarios un pequeño conjunto de servicios basados en Internet, unos servicios relativamente fáciles de desarrollar e instalar. Una vez que estos servicios están bien implantados y en funcionamiento, la empresa puede seguir con otra serie de servicios y, luego, con otra. (Éste es, precisamente, el método que adoptó Motorola para la tarea que se expuso en el capítulo 8.) Al final, cuando se despliegue todo el conjunto de servicios y capacidades, la relación general entre el fabricante y sus intermediarios habrá quedado totalmente transformada. La tarea de alcanzar ese punto se ha organizado como un pequeño número de pasos más asequibles, en lugar de consistir en una zancada enorme capaz de paralizar a toda la empresa.

Estos son los seis ingredientes fundamentales para poner en práctica la agenda con todo éxito: centrar todas las acciones bajo el abanico de un único tema; concentrarse en las cuestiones de personal; ser conscientes de que los diferentes grupos de empleados reaccionarán de modo desigual y de que, por lo tanto, es necesario manejarlos de formas distintas; mostrar el liderazgo comprometido de los ejecutivos; aprender a comunicar con eficacia; y estructurar la puesta en práctica, de tal manera, que ofrezca beneficios tempranos. Si la empresa sigue esos pasos diligentemente, el éxito no estará garantizado, pero hay muchas probabilidades de lograrlo. La empresa estará siguiendo las huellas de muchas otras que aprendieron, con su esfuerzo, que esos pasos conducen al éxito. Antes me he referido a estos seis elementos como el juego de herramientas para el cambio. En realidad hay otra palabra que los describe mejor, una palabra que para nosotros debe ser ya muy familiar: «Proceso.» Si la empresa consigue transformar la puesta en práctica del cambio para evitar que sea la serie de manotadas al aire que es ahora, y convertirla en un proceso sistemático basado en esa media docena de elementos, estará ya camino del éxito.

Al llegar a este punto, se puede perdonar que el paciente lector piense que ya no hay más que decir. He repasado la cuestión de reinventar las empresas para la economía de cliente, he presentado los elementos de la agenda necesarios para lograrlo, y he expuesto un proceso para poner en práctica esa agenda. Pero si echamos una mirada al índice de contenidos, veremos que todavía falta un capítulo. ¿Qué es lo que puede quedar? El lector debe permitirme que le asegure que, poner en práctica la agenda, no es el fin de la historia; ni mucho menos. En muchos sentidos, es sólo el principio. Para resolver este acertijo, le invito a seguir leyendo.

Capítulo 12

Prepararse para un futuro
que no se puede predecir

Institucionalizar una capacidad para el cambio

En un seminario de dirección de empresas que impartí a principios del año 2000, pedí a los participantes que hiciesen una lista de
los mayores quebraderos de cabeza que habían torturado a su empresa durante los doce meses anteriores. A continuación, presento,
sin ningún orden especial, siete de las crisis más frecuentemente
mencionadas a las que aquellas empresas se habían enfrentado durante el año 1999:

—*El Euro:* La nueva moneda común europea había tenido
enormes implicaciones sobre la forma en que aquellas empresas tenían organizada su actividad en Europa, y no digamos
nada sobre su impacto en los sistemas de contabilidad.
—*La crisis económica de Asia:* Muchos exportadores de EE.UU.
quedaron devastados por el colapso económico del Borde del
Pacífico, que se produjo a principios de 1999.
—*Las grandes fusiones y adquisiciones de empresas:* Un sector
tras otro, se vieron sacudidos por la fusión de sus principales
protagonistas: DaimlerChrysler, Exxon-Mobil, y AOL-Time
Warner, por nombrar unos pocos.

—*La liberalización:* Para las empresas acostumbradas a operar bajo leyes protectoras y, en gran parte, sin apenas competencia, resultó desestabilizador (por decir lo mínimo) el cambio hacia un entorno más competitivo.

—*La puesta en práctica del sistema PRE:* El sistema PRE ofrece un gran potencial para integrar las actividades y procesos de la empresa, pero su puesta en práctica plantea también enormes dificultades.

—*La integración de la cadena de aprovisionamiento.* La necesidad de trabajar estrechamente con los clientes y proveedores, con objeto de reducir los costes y el nivel de existencias a todo lo largo de la cadena de aprovisionamiento, exigió importantes ajustes por parte de todos.

—*Internet:* La mayoría de las empresas y los sectores han tenido grandes dificultades para determinar lo que esa nueva tecnología radical les ofrecía, y lo que representaba para ellas.

Una vez que el grupo hubo identificado sus problemas, cambié de tema y empecé a hablar sobre planificación estratégica: el conocido mecanismo con el que las empresas se preparan para el futuro. Normalmente, el plan estratégico de una empresa suele abarcar un horizonte de tiempo de cinco años, como mínimo.

En tono inocente, pregunté a los asistentes al seminario si en 1994 los planificadores estratégicos de sus empresas habían identificado alguna de las cuestiones clave de 1999, cuando todavía faltaban cinco años. No se levantó ni una sola mano. Había planteado esta pregunta a muchos grupos, y nunca se había levantado una mano. En otras palabras: cada año, cientos de empresas elaboran unos planes estratégicos a largo plazo que son unos simples ejercicios vacíos de contenido; en realidad, son un fracaso total en lo referente a señalar las cuestiones fundamentales del futuro y en preparar a la empresa para afrontarlos.

Este cuadro, por perturbador que sea, puede llegar a ser peor. A finales de 1999, un alto ejecutivo de American Express expuso las iniciativas más importantes que su empresa había emprendido aquel año. Entre ellas estaban innovaciones, como la Blue Card, una tarjeta de crédito que contenía un chip de 8K que podía ser utilizada en Internet, y un programa titulado American Express@Work, que facilitaba a todas las empresas la utilización online de sus tarjetas corporativas de crédito American Express.

Estas innovaciones estaban entre los avances más fundamentales que American Express llevó a cabo en 1999; sin embargo, no habían sido incluidas en el plan de la empresa para 1999, un plan que se había preparado justo el año anterior. En otras palabras, estos programas habían sido concebidos y lanzados dentro del mismo año del calendario. Hasta 1999 no se reconoció la necesidad de esas iniciativas, y en aquel momento, la empresa tuvo que ponerse a trabajar sobre ellas inmediatamente. Habrá que olvidarse de hacer previsiones de futuro a cinco años vista, ya que el hecho de saber lo que nos encontraremos dentro de doce meses parece superior a la capacidad de cualquier experto.

Lo anterior no intenta ser un comentario sobre la poca idoneidad de la planificación estratégica o de American Express. Más bien, refleja el hecho de que estamos viviendo una época muy poco corriente, donde el horizonte de tiempo hay que colocarlo muy cerca y los plazos se han contraído enormemnte. La frase «rapidez del cambio», el tema de innumerables libros, artículos y conferencias sobre la empresa ha sido tan usado y abusado últimamente que ha sido privado de todo su contenido. Sin embargo, el cambio no es una abstracción, y su aceleración no es sólo un tópico de los gurús que hablan con pose pontifical.

Analicemos la cuestión de la difusión de la tecnología: el plazo de tiempo que tarda una nueva tecnología en llegar hasta una masa crítica de usuarios, por ejemplo, a 10 millones de usuarios. En el campo de los buscapersonas, desde su introducción en el mercado hasta llegar a los 10 millones de usuarios, se tardaron 45 años. Las máquinas de fax tardaron 22 años, 9 los VCRs, 7 los aparatos CD, 6 el ordenador personal, y sólo 10 meses los navegadores web. A Napster le costó menos tiempo. La cuestión está en que las nuevas tecnologías ya no tienen largos períodos de gestación, durante los cuales las empresas y los consumidores pueden pensar sobre ellas y adaptarse a sus implicaciones. Pasan de la novedad a la rutina, prácticamente, de un día para otro.

Cuando hace 35 años —a mediados de la década de los 60— empecé a interesarme por la tecnología informática, la vida útil esperada para un nuevo producto informático era de 7-10 años. El fabricante podía esperar que durante ese plazo el producto se mantendría viable en el mercado. Ahora, el período de viabilidad ha quedado reducido a 18 meses; aunque lo más normal es que no supere los 6-9 meses. En otras palabras: tan pronto como se anuncia un producto, está casi obsoleto.

La tecnología no es el único campo donde impera el cambio a velocidad de vértigo. El contexto de la empresa está también cambiando continuamente. La situación social, jurídica, legislativa y política, influye sobre lo que las empresas pueden hacer, o no; las restricciones jurídicas son impuestas, o levantadas, de repente; las fronteras nacionales se derrumban, y las economías explotan o se hunden; todo ello sin ninguna advertencia previa.

Pertenezco a una lista de distribución por e-mail que, cada dos semanas, me envía un informe sobre los principales peligros que acechan a las empresas. Una cierta semana, el tema trataba sobre el rápido aumento en el número de mujeres que toman las decisiones de inversión de la familia; otra semana, era el rápido ascenso del interés de los consumidores por comprar a empresas que son socialmente conscientes de los problemas del medio ambiente y del trabajo en el tercer mundo. Otro informe ofrecía un resumen del dramático descenso de la implantación de los precios fijos, debido al surgimiento de subastas como las de eBay y Yahoo!. Todo eso es como para marear la sesera. Nada puede considerarse garantizado, más allá de la tarde. El dicho de Heráclito, «Todo es movimiento», se está convirtiendo en el mayor de los eufemismos de nuestra época.

En mis seminarios, suelo presentar algunos titulares actuales de la prensa de los negocios.

—AOL adquiere Time Warner.
—La Casa Blanca estima un superávit mayor.
—Nokia domina el mercado de teléfonos móviles.
—Los Hackers paralizan a eBay.

Tras revisar estos titulares, suelo pedir a los directores que imaginen cómo hubiesen reaccionado si los hubiesen leído hace cinco años. La contestación suele ser, que la mayoría de esos titulares les hubiesen parecido ridículos; y el resto, simplemente, incomprensibles. Muchos de los hechos que tanto preocupan actualmente a los ejecutivos, hace cinco años ni siquiera dejaban un destello fugaz en la pantalla de sus radares.

A continuación, suelo pedir a los participantes en mis seminarios que nombren a las empresas consideran más potentes e invencibles. Suelen nombrar a las más previsibles: Intel, General Electric, Microsoft, Procter & Gamble, y similares; los chips más azules de entre los chips azules.

Luego, divido el grupo en varios equipos pequeños y a cada uno le asigno una de esas empresas y la siguiente tarea: Elaborar un escenario plausible donde, en cinco años, la empresa asignada se ve conducida al borde de la quiebra. La palabra clave es «pausible». No se permite aducir alguna fuerza extraordinaria, tal como un milagro científico, o una intervención inverosímil, federal o divina.

A pesar de esas limitaciones, ningún equipo tiene dificultad para completar su tarea. Analicemos a Microsoft. Se necesita poca imaginación para trazar las líneas de un hundimiento fatal del poderoso rey de la colina del software. Ahora, el sistema operativo alternativo llamado Linux está recibiendo el apoyo, mediante código de fuente libre, de miles de programadores de todo el mundo. Si Linux se impone un poco más, el resultado puede ser una explosión de nuevas aplicaciones de software que derribaría a Windows de su pedestal dominante. O quizá, dentro de pocos años, seamos testigos de una proliferación de los denominados PCs finos: ordenadores muy baratos, con poca memoria o capacidad de proceso, que sirven principalmente para conectar a los usuarios con Internet. El potente Windows de Microsoft no está diseñado para actuar en unas plataformas tan finas y la empresa podría perder su posición dominante ante alguna nueva entidad que ofrezca el producto adecuado en el momento adecuado.

Eso no significa que Microsoft, o cualquiera de las otras grandes empresas, vaya a encontrarse en alguno de esos escenarios imaginados. La cuestión está en que existe esa posibilidad. (Y según las noticias publicadas, el presidente de Microsoft, Bill Gates, dedica muchas horas a interesarse por esas posibilidades).

La cuestión está en que si esos y otros escenarios similares, llegan a producirse realmente, el hundimiento de esas empresas de altos vuelos será causado, no por la incompetencia, sino por el cambio: cambios en la tecnología, en los competidores, en las preferencias de los clientes, o en cualquier otro aspecto del entorno empresarial en que operan y compiten.

Es interesante señalar que, cuando a mediados de los 1990 empecé a efectuar este ejercicio con los directores, algunas de las empresas que entonces eran nombradas más frecuentemente (Coca-Cola, Motorola, y Nike) al cabo de pocos años fueron desbancadas de la cumbre de alguna manera muy similar a la que se había supuesto en los escenarios. También es interesante señalar que, algunas de ellas, han empezado a recuperarse y vuelven a aparecer en el «mapa de las estrellas» que elaboran los asistentes a mis seminarios.

No resulta difícil descubrir las razones de este ritmo de cambio sin precedentes. La primera es la explosión del conocimiento; una frase muy manoseada asegura que, el 90% de los científicos e ingenieros que han existido a lo largo de toda la historia de la humanidad, están en activo hoy en día. Como todos los avances científicos y tecnológicos se basan en algún elemento precedente, tenemos la garantía de que dentro de unos años aparecerá una corriente aún más amplia de innovaciones tecnológicas que, inevitablemente, acarrearán nuevos cambios en las empresas. La segunda razón está en la actual estructura de las telecomunicaciones. Durante mucho tiempo, las nuevas ideas y técnicas se difundían muy lentamente. Las innovaciones sólo se podían propagar a la velocidad del caballo o del tren. En la actualidad, las innovaciones y las ideas se propagan a la velocidad de la luz. Lo que esta mañana era novedad, para la tarde se ha hecho familiar, y para la noche está ya obsoleto. La tercera de las razones está en una cultura de innovación que acepta y acoge bien el cambio. Hasta hace muy poco, la cultura americana valoraba más lo que estaba demostrado como cierto, lo que más pruebas y tests había superado, lo conocido desde hace mucho tiempo. Ya no es así. Ahora, la gente desea lo más nuevo, lo último, lo más actualizado. Antes, lo «novedoso» denotaba poca fiabilidad y cuestionable calidad, ahora lo «tradicional» despierta sospecha y hasta menosprecio.

En resumen, el mundo gira más rápido que nunca; el cambio se está produciendo en varios frentes simultáneamente y a un ritmo abrumadoramente rápido; y esa clase de cambio puede resultar muy peligroso para la salud de la empresa. Las implicaciones son serias. He iniciado el libro asegurando que los días felices de finales de la década de 1990 ya forman parte del pasado y que el mundo de los negocios ha vuelto a su situación «normal» de complejidad y dificultad. En realidad, es peor que todo eso. En la década de los 2000, los negocios no son sólo tan duros como siempre, son más duros aún. El inevitable ritmo del cambio añade un nuevo nivel de complejidad a la ya difícil tarea de crear y sostener una empresa ganadora.

Para mí sería muy tentador afirmar, y para el lector creer, que todo lo que hace falta para que la empresa tenga éxito en el futuro, es poner en práctica los nueve principios de la agenda. Sería tentador, pero también un error. Como el mundo cambia a un ritmo mareante, la agenda no es algo fijo y cerrado, sino que está abierta a todo. Antes de que termine esta década, muchas empresas se enfrentarán a unos imperativos que ninguno de nosotros puede ahora prever. Surgirán nuevas tecnologías que harán posibles formas, que no tienen precedentes, de trabajar y de crear valor para el cliente. Las necesidades del cliente cambiarán de modo totalmente imprevisible. El clima sociopolítico impondrá nuevas exigencias o restricciones. En resumen, nunca podremos completar la agenda. Los tiempos cambiantes añadirán nuevos principios a la agenda, a medida que se vayan eliminando otros. La aplicación de la agenda no es una acción a realizar una vez para siempre, sino una responsabilidad continuada.

Ahora, la pregunta es: ¿Cómo cumplir esa responsabilidad?

La sabiduría tradicional nos dirá que debemos planificar mejor; es decir, trabajar más duro en recoger datos para predecir el futuro y para permitirnos identificar por anticipado los nuevos principios de la agenda, a fin de poder prepararnos para ponerlos en práctica. Pero ése es precisamente el enfoque que han seguido cientos de empresas sin obtener ningún resultado. Incluso los más prometedores métodos para efectuar pronósticos, tales como el de la planificación de escenarios que ha sido popularizado por Royal Dutch Shell, sólo tienen una aplicación muy limitada. ¿Cómo se puede planificar y prepararse para un nuevo fenómeno tan explosivo como el del comercio-e? Para cuando se hace lo bastante tangible como para idear escenarios, ya es demasiado tarde. Se mueve demasiado rápido como para mantenerse a su altura, y mucho menos para anticiparse.

La solución consiste en cambiar la definición de planificación. La planificación tradicional parte del supuesto de que: primero se puede predecir el futuro y, luego, como reacción a lo que revelan las predicciones, elaborar unos planes detallados que podrán ser fiablemente ejecutados. Esto ya no es razonable.

Hoy en día, la planificación debe partir del supuesto de que no es posible predecir el futuro; de que sólo podemos prepararnos para el futuro. Esto parece imposible, pero si la empresa tiene capacidad para identificar los cambios que la afectan y para reaccionar instantáneamente ante ellos, será posible hacerlo.

En otras palabras: la mejor manera de hacer frente al cambio rápido consiste en crear una organización con gran capacidad de adaptación, a fin de anular las distancias de tiempo. Una organización que nunca mira al futuro. Una organización que opera por completo en el presente, sólo en el «ahora». Una organización que detecta todo cambio significativo y que reacciona de modo práctico en el siguiente instante. Una organización que no necesita prever los nuevos principios que deberá añadir a su agenda; que, en lugar de eso, los gestionará cuando aparezcan.

Aunque esta idea parece ser una de esas incomprensibles abstracciones que sólo adoran los consultores, en la realidad es posible crear ese tipo de empresa. Para que la empresa sea capaz de reaccionar y resistir al cambio continuo, debe dar tres pasos concretos:

1. Preparar un sistema de alarma rápida para detectar los cambios a los que debe reaccionar rápidamente.
2. Adquirir experiencia en el rápido diseño e implantación de las nuevas formas de trabajar que exigen esos cambios externos.
3. Crear una infraestructura organizativa que ofrezca apoyo a los dos pasos anteriores.

Vamos a examinar cada uno de esos pasos.

1. Preparar un sistema de alarma rápida

Tal como he señalado, una de las principales razones por la que las empresas están desprevenidas ante los cambios, se debe a que no los perciben ni siquiera aunque los tengan delante de los ojos. Puede que algunos empleados despiertos noten lo que está ocurriendo, pero la organización, en su conjunto, parece que no reconoce el peligro, ni muestra ninguna urgencia por reaccionar ante él de modo rápido y sistemático. Para las personas externas a la empresa, tal despreocupación resulta incomprensible. ¿Cómo permitió Montgomery Ward que Sears le arrebatase los suburbios, y cómo Sears posteriormente permitió que Wal-Mart le hiciese lo mismo? ¿Las librerías más consolidadas no se dieron cuenta de la audiencia que les estaba arrebatando Amazon.como ante sus propios ojos? ¿No percibieron la estruendosa llegada del comercio electrónico? Todas esas asombradas preguntas tienen una respuesta muy sencilla: es cierto, no se dieron cuenta.

En la mayoría de las empresas el cambio es considerado como algo anormal, un hecho excepcional. Ninguno de los sistemas sensoriales de la empresa ha sido diseñado para observar y vigilar el cambio. En todas las actividades de la mayoría de las empresas está inherente la confianza en que, al final, la estabilidad y la continuidad prevalecerán; y esa confianza, las hace deliberadamente ciegas a todo lo que ocurre a su alrededor.

En muchas empresas, los primeros que ven lo escrito sobre el muro carecen de autoridad para hacer algo al respecto; y los que tienen capacidad para hacer algo, no lo ven. Los ejecutivos arrobados en el profundo esplendor de sus despachos del piso setenta, rara vez son los primeros en reconocer los cambios externos. Los cambios fundamentales que realmente tienen importancia ocurren mucho más abajo, a nivel del suelo de un mundo real; el cambio repentino en las preferencias del cliente, una nueva oferta de los competidores que es superior a la nuestra, o una reacción inesperada ante un nuevo producto, son cuestiones que la mayoría de los altos ejecutivos sólo conocerán de tercera mano. Aislados del mundo cotidiano, padecen la enfermedad laboral de los altos ejecutivos: la ignorancia producida por una continua dieta de información aséptica y virtualmente inútil. Tal como aseguró un directivo de una empresa: «Sólo sé lo que me dejan que sepa. La información que recibo me llega resumida, privada de todo detalle importante. Es una información muy limitada que se centra principalmente en cuestiones financieras. Y llega a mí peligrosamente tarde. La mayoría expone los hechos ocurridos el trimestre anterior, lo que tiene tanta utilidad como explicarme lo que pasó el siglo anterior.»

Los primeros en percibir el cambio son los empleados de la línea del frente; los representantes de servicio al cliente que escuchan la misma pregunta en boca de varios clientes muy distintos, o los vendedores que chocan una y otra vez con el mismo proveedor, o el ingeniero que leyendo su revista profesional se entera de los detalles sobre una nueva tecnología. Estos hechos deben ser considerados como avisos del cambio, pero nunca se hace caso de ellos. Las pistas detectadas, rara vez pasan más allá de algunos cubículos individuales. Es un problema con siglos de antigüedad: Los generales que dirigen la guerra, son los que están más lejos del frente y los que menos saben acerca de la lucha. En casi todas las empresas, los que carecen de poder saben más que los poderosos. En los períodos de cambio intenso, esta paradoja puede resultar fatal.

En la mayoría de las empresas, los cambios pasan desapercibidos, porque todo el mundo está muy atareado en conservar su situación actual. Para las empresas, la rutina es una bendición y una maldición. Por una parte, hace posible llevar a cabo los planes y alcanzar los objetivos de rendimiento; por otra, su comodidad impide a los empleados perderse por senderos no planificados o poner en entredicho las previsiones color rosa de la oficina de la primera línea.

Estoy hablando de mucho más que de resistencia al cambio. Me estoy refiriendo a la realidad de que, todo aquel que vigila para detectar señales de cambio, casi seguro que es culpable de no mantener su mente centrada en el trabajo formal; una distracción no apreciada en las superatareadas empresas con recursos limitados y clientes exigentes. Si la tarea del vendedor es vender, y la del ingeniero es terminar a tiempo el proyecto que tiene entre manos, ninguno de los dos tendrá tiempo para darse cuenta y para afirmar que los actuales métodos para hacer las cosas deben ser sustituidos por otros totalmente distintos. A menudo, las empresas que menos se acuerdan de cambiar son las que están rindiendo tan bien en esos momentos que nadie tiene tiempo de pensar en ello.

La tarea de detectar el cambio no está incluida en ninguna descripción de puestos de trabajo de la mayoría de las empresas. Puede que figuren en el campo formal de los planificadores estratégicos de la empresa, pero casi siempre están implicadas en un ritual automático centrado en los cálculos presupuestarios. Incluso cuando los planificadores realmente planean estrategias, normalmente se proyectan tanto hacia un imprevisible futuro, que es lo más parecido a una adivinanza con bola de cristal.

En resumen: La manera en que están estructuradas y operan muchas empresas tiende a anular la inclinación natural que los empleados pueden tener para hacer sonar la alarma del cambio. En muchos casos, los que las hacen sonar son considerados como alarmistas y «no jugadores de equipo». Incluso, para los empleados que perciben perfectamente el cambio que tienen delante de sus ojos, les resulta más fácil enterrar de nuevo la cabeza en la arena, lugar en donde sus directores la han guardado ya con toda comodidad.

La información que tienen y que utilizan la mayoría de las empresas hace muy poco por estimularles a cambiar. La información más ampliamente utilizada es de tipo histórico y está centrada en el interior de la empresa; y por su propia naturaleza orientada al interior, hay pocas probabilidades de que refleje lo que ocurre en el exterior. Disponemos de una gran cantidad de datos sobre el coste de nuestra producción el trimestre anterior, pero ninguno acerca del coste del mes siguiente si pensamos implantar nuevas tecnologías. Sabemos las ventas que hemos hecho, pero no las que ha obtenido una nueva empresa que compite con nosotros en un mercado similar. Aunque la mayoría de los cambios importantes siempre surgen en donde menos espera la empresa, todo su sistema de información se centra sobre lo conocido y lo esperado.

La única manera de salir de este callejón sin salida, consiste en instituir la vigilancia del cambio como una actividad explícita y formal dentro de la empresa. En otras palabras: convertirla en un proceso. En lugar de hablar como cotorras sobre los habituales tópicos acerca del cambio, las empresas deben diseñar y poner en marcha un proceso riguroso con el que se pueda detectar prontamente el cambio e informar inmediatamente a la alta dirección. Tres de los elementos de un proceso de ese tipo son:

ADQUIRIR UN PROFUNDO CONOCIMIENTO ACERCA DE LOS CLIENTES

En este libro se ha resaltado varias veces la necesidad que tiene la empresa de pensar primero en sus clientes, y en segundo lugar sobre la propia empresa. Pero ni siquiera las empresas que han convertido en fetiche su actitud de «escuchar» a sus clientes, logran captar sus mensajes; la razón está en que esas empresas escuchan sólo una frecuencia de onda: la de su propio interés. Para detectar todo cambio naciente, la empresa debe dejar a un lado su propio punto de vista y adoptar la perspectiva del cliente. Ponerse en su lugar; experimentar su vida. No mirarles a través de las lentes de la necesidad que tiene la empresa de aumentar las ventas. Comprender sus necesidades no expresadas y no cubiertas, y conocer sus problemas, tanto si están relacionados con el producto que vende la empresa como si no es así. Con las encuestas formales sobre satisfacción del cliente, nunca se logra conocer sus problemas. La empresa necesita estar junto a sus clientes en su vida y en su trabajo cotidiano, mantener con ellos una conversación abierta sobre una amplia gama de temas, introducirse en su mundo. El objetivo de la empresa debe ser: ver el mundo a través de los ojos de los clientes y llegar a conocerles mejor que lo que ellos se conocen a sí mismos.

ESTUDIAR A LOS COMPETIDORES ACTUALES Y TAMBIÉN A LOS POTENCIALES

A medida que van cayendo las tradicionales barreras que separan a los sectores industriales, y lo más corriente (no lo raro) es encontrarse continuamente con nuevas empresas, es necesario prestar una atención seria a los nacientes competidores. Los que hoy no son una amenaza, pueden serlo mañana. Carl von Clausewitz, el experto militar prusiano, escribió que hay que juzgar al enemigo por sus capacidades, no por sus intenciones. La empresa debe observar continuamente el horizonte, intentando detectar a las que poseen el potencial para ofrecer productos y servicios competitivos. La empresa debe invitar a sus clientes a convertirse en los analista de la competencia; preguntarles qué es lo interesante y novedoso, qué otras empresas están intentando ganarse su favor, qué empresa creen que se va a imponer. Examinar las noticias sobre operaciones financieras de capital-riesgo. Investigar los sectores complementarios y similares. Acudir a sus reuniones y convenciones, conocer a sus actuales clientes, colocarse en el lugar de esos clientes. Y, sobre todo, seguir el consejo de Andi Grove: «Sólo los paranoicos sobreviven.»

DETECTAR EN EL PRESENTE LAS SEMILLAS DEL FUTURO

Incluso los cambios más repentinos suelen venir precedidos por algunas señales que sólo son visibles para los que saben cómo y dónde buscarlas. Por ejemplo, Internet tardó años en ser creada. Evolucionó a partir de la Arpanet fundada por el gobierno, que llevaba funcionando desde la década de los 70. El comercio-e no cayó del cielo en 1998. Varios precursores, entre otros la red Sabre de reserva de billetes de avión de American Airlines y el sistema ASAP de introducción de pedidos de American Hospital Supply, habían plantado sus semillas varios años antes. A este respecto, la clave consiste en examinar muchas semillas con objeto de descubrir las pocas que darán fruto. Eso requiere tiempo y dinero; y también requiere creatividad para evitar engañarse y ver lo que es nuevo sólo en términos de lo opuesto a lo que es viejo. No hay que caer en el error de buscar las semillas del mañana en los campos del ayer. No pedir consejo sobre el próximo gran adelanto a las personas o empresas cuya experiencia y conocimientos se centran en el último gran adelanto. Su interés en la situación del presente hace que sean menos receptivas a los indicadores de que su «último adelanto» va a ser sustituido por otro nuevo.

El sistema inmunológico del cuerpo es una analogía biológica de la capacidad de una empresa para reconocer el cambio. El sistema inmunológico no constituye un órgano en concreto, ni está localizado en una determinada parte del cuerpo. Está distribuido por todo el organismo y, cuando detecta cualquier antígeno —un elemento extraño—, pone en marcha su reacción.

Toda empresa necesita su propio sistema inmunológico; un proceso disciplinado para identificar, recoger, interpretar, difundir y comunicar la información ante la que puede ser necesario ofrecer una reacción importante. Para dar buen resultado, este proceso debe ser estudiado minuciosa y explícitamente; las improvisaciones fortuitas no sirven. Requiere nombrar a un poseedor de proceso que se encargará de supervisar todo su diseño y ejecución; si la tarea de detectar el cambio es responsabilidad de todos, no será de nadie. Al mismo tiempo, ese proceso no puede ser llevado a cabo por una parte de la empresa dedicada exclusivamente a ello. Cada uno de los empleados, con independencia de su nivel o área, debe sentirse responsable de dos tareas: primera, su trabajo cotidiano; segunda, mantenerse alerta para detectar toda señal de cambios importantes. Por último, ese proceso deberá ser medido y evaluado de modo disciplinado, se deberán establecer unos objetivos de rendimiento concretos, y la evaluación y remuneración de los empleados debe estar vinculada al logro de dichos objetivos. De otro modo, el proceso no tendrá garra.

Hoy en día, son muy pocas las empresas que han puesto en marcha un proceso formal para detectar el cambio, por una razón: porque no son conscientes del grado en que necesitan un proceso de ese tipo y lo mucho que les puede beneficiar. Entre las empresas que han visto la luz y se han apresurado a lanzar las primeras versiones de este proceso, destacan Wal-Mart y America Online. Wal-Mart domina su sector, en gran parte, por su capacidad para adaptarse rápidamente el cambio. El fallecido Sam Walton, el fundador de Wal-Mart, atribuye el éxito de su empresa no a su poder de compra o a su dominio de la logística, sino a «su capacidad para cambiar más rápido que los otros». Esa capacidad no es fruto de la casualidad, sino de unas acciones concretas que tomó la empresa y que todavía sigue tomando. Todos los sábados por la mañana, los directivos de Wal-Mart procedentes de todo el país se reúnen en la sede central de Bentonville, Arkansas, para repasar lo que ha ocurrido durante esa semana y, en particular, para comunicar y compartir nuevas ideas y observaciones. ¿Qué es lo que funciona bien? ¿Qué es lo que ha funcionado mal? ¿Qué intentan los competidores? ¿Qué cambios se han detectado en la conducta de compra de los clientes? Se discuten esas cuestiones, se elaboran planes y se diseña la reacción adecuada.

America Online actúa de modo similar. Es difícil imaginar una empresa que haya superado tantas turbulencias como AOL. Sin embargo, ha logrado encajar los golpes y mantenerse en la cima de un sector en continuo cambio. Uno de los secretos de AOL está en la reunión semanal de su equipo de alta dirección, que se inicia revisando las medidas y las cifras del sistema de evaluación de la empresa para compararlas con las previsiones. ¿Las suscripciones han aumentado, o disminuido? ¿Las ventas han subido, o han bajado? ¿La conectividad ha mejorado, o ha empeorado? ¿La cifra de publicidad ha subido, o ha bajado? ¿Qué aspectos son sorprendentes, y qué aspectos son novedad? En base a las respuestas, se introducen cambios en el plan empresarial. El plan de AOL no es ni sacrosanto, ni queda grabado en cemento para todo el año. Es una guía viva y cambiante, una guía para la acción.

Además, en todo AOL es norma y acto de fe que las cuestiones y cambios que no son resueltos adecuadamente en los niveles inferiores, deben ser elevados rápidamente a la consideración del equipo de alta dirección. En muchas empresas se castiga a los empleados que actúan de esa manera, en AOL se les alaba.

Los directivos de AOL dedican gran parte de su tiempo libre a detectar posibles amenazas por parte de sus competidores y a descubrir las novedades que se dan en el mercado. En muchas empresas los empleados deben convencer a los ejecutivos de que el cambio se ha producido; en AOL, los ejecutivos son los que primero descubren el cambio. El equipo directivo de AOL considera que su tarea consiste en reconducir a la empresa, no en supervisarla. Tal como lo explica un alto ejecutivo de AOL: «Para noso-

tros, gestionar el cambio es labor de la dirección. Hay empresas
en las que los directores creen que su trabajo consiste en mantener las cosas como están y mejorarlas. Nuestros directores consideran que su trabajo consiste en impulsar el cambio a todo lo
largo de la empresa, porque ellos están continuamente expuestos
a ese cambio.»

2. Adquirir optimidad en reaccionar al cambio

Tal como afirmó Will Rogers: «Incluso aunque vayas por el
buen camino, te pasarán por encima si te quedas quieto.» Detectar
el cambio es bueno; hacer algo al respecto al cambio, es mejor.
Pero eso no es tan fácil como parece.

Como las empresas actuales se han movido en un entorno sin
cambios amplios y profundos, no han preparado mecanismos para
superarlos. Las empresas, si alguna vez han pensado en ello, consideran el cambio como un acontecimiento ocasional y traumático
que hay que soportar y que, después de que pase, volverá a reinar
la estabilidad una vez más. Ya no es así; hoy en día, el cambio es el
estado normal de los negocios: una situación constante, y no un
acontecimiento raro. Ya no nos encontramos con largos períodos de
equilibrio interrumpidos por breves intervalos de cambio, sino que
los períodos de equilibrio se van haciendo cada vez menores. Por
ejemplo, a principios de la década de 1990, IBM emprendió la tarea de efectuar la reingeniería de su forma de hacer negocios con
objeto de adaptarse al entonces nuevo entorno informático de
cliente-servidor. Apenas acabado ese proyecto, la empresa tuvo que
embarcarse en otro programa de cambio fundamental para adaptarse al mundo de los negocios-e.

Por lo tanto, no basta con aprender a gestionar el cambio; también hay que recordar lo que se ha aprendido. A mediados de la década de los 90, muchas empresas que se enfrentaban a una fuerte
competencia emprendieron importantes acciones de reingeniería
para reducir costes, disminuir los ciclos de tiempo y minimizar los
errores. Muchas de aquellas empresas tenían poca o ninguna experiencia en llevar a la práctica cambios tan importantes. Mediante
ejercicios de prueba y error, además de mucho aprendizaje en la escuela de la dura realidad, lograron acumular las técnicas y conoci-

mientos requeridos. Organizaron equipos de diseño y de puesta en práctica, elaboraron estrategias para gestionar la transición, aprendieron a desplegar la tecnología con más rapidez, y otras muchas cosas. Y cuando terminaron todos aquellos proyectos de reingeniería, todas se apresuraron a volver a su trabajo regular y olvidaron lo que habían aprendido. Ahora que el cambio acecha de nuevo, esas empresas descubren que no pueden sacar provecho de sus anteriores experiencias porque no institucionalizaron las nuevas ideas, técnicas y conocimientos que habían adquirido.

El primer paso para realizar esa institucionalización, consiste en organizar un cuadro permanente de empleados que ayudarán a reconducir la empresa. Hay que detenerse en la palabra «ayudarán»; lo peor que puede hacer una empresa, es establecer un «departamento del cambio», porque eso implica que todos los demás departamentos pueden hacer caso omiso de ese tema, ya que el departamento especializado se encargará de ello. Este nuevo cuadro de expertos hará posible el cambio y lo facilitará, pero no pueden hacerlo todo. Desempeñarán un rol fundamental en el diseño y la coordinación de los programas de cambio, pero sería un error muy peligroso posicionarlos como los únicos empleados que deben intervenir en todo lo referente al cambio.

El segundo paso consiste en preparar un proceso disciplinado para reaccionar al cambio, análogo al proceso preparado para detectarlo. Si el cambio importante fuese un hecho que se da una vez en la vida, no haría falta este proceso. Pero como el intervalo entre dos cambios importantes se está reduciendo a la nada, es necesario sistematizar la capacidad de la empresa para enfrentarse a ellos.

Ya he presentado las líneas generales de un proceso de este tipo. En el capítulo 11 señalé los elementos básicos para un proceso que se puede utilizar para poner en práctica los principios que están ya incluidos en la agenda; ese proceso se puede utilizar también para los nuevos principios de la agenda que aparecerán en el futuro y cuyo significado nadie puede percibir todavía.

DTE Energy ha preparado e institucionalizado con excelentes resultados un proceso para poner en marcha el cambio. Recordemos que, a mediados de la década de 1990, DTE Energy encontró serias dificultades para efectuar la transición y convertirse en una empresa de procesos. Cuando logró superarlas, en lugar de respirar aliviados, los directivos de DTE Energy se analizaron rigurosamente a sí mismos y se dieron cuenta de que el problema subyacente consistía en que la empresa no tenía capacidad para gestionar los grandes cambios. También tuvieron la clarividencia de comprender que esa transformación iba a ser sólo la primera de una larga serie de transformaciones que deberían llevar a cabo. En consecuencia, diseñaron y prepararon un proceso muy riguroso para reinventar su empresa.

El proceso de cambio de DTE Energy se compone de cuatro fases principales. La primera se centra en preparar a todos los miembros de la empresa, a base de lograr que todos comprendan la necesidad del cambio y se comprometan a aportar el esfuerzo que les corresponde, y a base de asegurar que tanto la acción de cambio y la empresa en sí dispongan de los recursos que necesitan. La comunicación se realiza desde el principio del proyecto, mostrando a todo el personal de la empresa los argumentos y las razones por las que es necesario el cambio, y no se interrumpe hasta su culminación. La segunda fase es de planificación, que consiste en identificar las acciones concretas que deben ser tomadas para llevar a cabo los cambios necesarios y para analizar su impacto. La fase siguiente es la ejecución del plan: lograr que todas las partes del proyecto se llevan a cabo de modo integrado. Para asegurar que su amplia gama de proyectos se interrelacionan coordinadamente, cada una de las iniciativas de transformación cuenta con una estructura de gobierno y una oficina para control del programa. La fase final es de aprendizaje y en ella se incorporan al proceso las lecciones que se han aprendido al llevar a cabo el cambio, a fin de que, la próxima vez, se pueda efectuar con mejor rendimiento.

La primera aplicación de este riguroso proyecto se llevó a la práctica en 1999, cuando fue utilizado para gestionar la reacción de DTE Energy ante el problema Y2K. Se obtuvieron tan buenos resultados que sus clientes y competidores lo utilizaron como patrón de referencia (benchmark) con el que comparar sus propios programas. Ahora, la empresa está aplicando ese mismo proceso para llevar adelante varias innovaciones, entre las que destaca una importante fusión. Debido a la eficacia de este proceso, la integración posterior a la fusión está cubriendo ampliamente todos los ambiciosos hitos intermedios de control fijados; además, se ha evitado el descenso de actividad que normalmente suele producirse con posterioridad a un emparejamiento de empresas. DTE Energy está también esforzándose por aplicar este proceso de puesta en práctica del cambio a diversos programas, desde los de liberación del sector hasta los de su introducción en nuevos sectores. Una empresa, que antaño quedó casi paralizada por lo nuevo, ahora trabaja con ello de modo rutinario.

3. Crear una infraestructura organizativa de apoyo

Para que los procesos de reconocimiento y puesta en práctica del cambio ofrezcan buenos resultados, deben quedar enraizados en una estructura y cultura empresarial que lo acepte positivamente, en lugar de resistirse a ellos. Integrando en una empresa dogmática todos los conocimientos y técnicas de cambio existentes en el mundo, no se conseguirá nada más que la misma empresa dogmática que ahora podrá discursear más acerca de las banalidades sobre el cambio que todos conocemos.

Una estructura jerárquica tradicional, con su fragmentada red de unidades especializadas, impide tanto el reconocimiento del cambio como su puesta en práctica. En vez de intentar llevar adelante el programa, los directores de las organizaciones tradicionales dedicarán su tiempo a defender su territorio, a pasar el muerto a otro, o a asegurar que todo está bien tal como está.

Un grupo partidario del cambio, en una importante empresa de Fortune 100 que estaba emprendiendo un esfuerzo de transformación, preparó un manifiesto censurando la ausencia de progreso. Incluía el siguiente párrafo:

> Cada función está intentando hacer el mínimo cambio posible, a fin de mantener la función y la empresa como siempre. Los departamentos aseguran, «Nosotros controlamos estos datos», o «Nosotros no lo hacemos de esa manera», o «En el organigrama no hay sitio para esto». Grupos circunstanciales están creando nuevos entornos de trabajo. Parece que estamos sustituyendo un conjunto de procedimientos complejos por otro más complejo. Los directores temen el cambio y están intentando defender su territorio. Los nuevos procesos corren peligro debido a la resistencia de algunos empleados. La alta dirección se muestra reticente y no se decide a tomar acciones decisivas. No insiste en que hay que obtener progresos reales, y parece que eso no les in-

teresa. Dan su aprobación a las partes más familiares, pero las menos familiares son las más importantes. Nos duele el poco éxito de este programa.

Por contra, la clase de empresa que se describe en este libro, una empresa gestionada por procesos, pero no encorsetada en una rígida estructura organizativa, es precisamente la clase de empresa capaz de nadar contra la corriente, y dispuesta a avanzar en cualquiera de las direcciones que exijan las circunstancias. En una empresa de esa clase, el poseedor de procesos es responsable de asegurar que los procesos sigan funcionando bien, cualquiera que sea la circunstancia. En consecuencia, miran hacia el exterior para detectar las situaciones cambiantes, no hacia el politiqueo interior de las oficinas. Por necesidad, deben mantenerse en sintonía con la evolución de las necesidades del cliente. Su incentivo es muy claro: Si hacen caso omiso de los cambios externos, pronto sus procesos y su propio rendimiento irán a la baja.

Los directores con otros intereses, tales como los responsables de determinados segmentos de clientes o de líneas de producto, se ven igualmente forzados a detectar los cambios que pueden afectar a su área de responsabilidad. Pero ninguno de esos directores intenta defender su territorio, ya que nadie posee realmente un territorio. El esencial trabajo de equipo que caracteriza a esas empresas, proporciona el entorno necesario para emprender con éxito las más importantes iniciativas de cambio.

Pero no basta con la estructura (o su casi ausencia) para asegurar que esos procesos de cambio enraizarán bien en la empresa. La cultura y las actitudes dominantes en una empresa son las que, en último término, determinarán la forma en que afrontará el cambio. Si los empleados consideran el cambio como una distracción, como una molestia, o como una ilusión de la calenturienta imaginación de sus directivos, harán caso omiso del cambio con independencia de los procesos que se hayan puesto en práctica para gestionarlo. Los directivos de la empresa deben inculcar un nuevo conjunto de actitudes y convencerles de que el cambio es una parte inevitable de la vida cotidiana, de que hacer caso omiso del cambio es fatal, y de que reaccionar ante el cambio es trabajo real, no una distracción del trabajo.

A continuación, presento algunos de los comentarios que he escuchado estos últimos años y que captan las creencias de las empresas favorables al cambio. No se trata de balas de plata, y confío en que nunca las veré impresas sobre camisetas o tazas de café, pero son una muestra del espíritu que los directivos deben inculcar en sus empresas.

—«Vamos a crear la empresa que nos va a hacer salir del negocio.» Vi este eslogan por primera vez en una división de American Express que, a pesar de detentar la posición de líder del mercado, en la década de los 90 emprendió un importante programa para transformar su forma de hacer negocios. Otro modo de expresarlo es: «Si nos van a degollar, preferimos sostener el cuchillo por nosotros mismos.» Este punto de vista reconoce implícitamente que nada dura eternamente, y que pronto llegará alguien que hará bajar de su altar a todos los líderes. Mejor ser el actor, que la víctima de esos cambios de poder.

—«El día en que creas que has triunfado, es el día en que dejarás de triunfar.» Esta frase ha sido atribuida a Herb Kelleher, fundador de Southwest Airlines, y significa que la arrogancia es la ruina de muchas de las grandes empresas. Cuando las empresas creen que están triunfando, no sienten la urgencia desesperada de defenderse continuamente contra las amenazas; ni tampoco estarán dispuestas a abandonar las estrategias que les han conducido al éxito. Una variante de esta frase es: «La marca distintiva de una empresa verdaderamente triunfante, es su disposición a abandonar todo aquello que durante mucho tiempo le ha proporcionado el éxito.» Una empresa que se guía por este sentimiento, sabe que dormirse en los laureles no es aceptable.

—«Las mejores empresas siempre están preocupadas.» Esta idea procede de Michael Porter, el famoso académico de estrategia empresarial y profesor de Harvard Business School. Mi propia experiencia confirma esa idea. Las empresas que continuamente caen de pie, a pesar de las inevitables subidas y bajadas de los negocios, son las que nunca dan por asegurado el éxito. En el momento que logran un éxito, empiezan a crear el siguiente. Hewlett-Packard es una empresa que se ha mantenido siempre sólida y que ha continuado creciendo en un conjunto de sectores de alta tecnología donde el cambio se produce a velocidad de vértigo y la esperanza de vida de las empresas es muy corta. Hace unos años, una de las divisiones de HP había emprendido recientemente la tarea de reinventarse a sí misma, porque una encuesta de mercado realizada por sus directores había revelado que sus clientes calificaban a la empresa como peor, o no mejor, que la competencia. Esta alarmante revelación provocó grandes cambios en la forma de organización y de operar de la división. Lo interesante es que cualquier otra empresa podía haber interpretado aquellos datos de un modo diferente: el 50% de nuestros clientes creen que somos los mejores. Esta interpretación, que hubiese tentado a muchas empresas a dormirse en la complacencia, nunca sería admitida en HP.

—«Los ganadores cometen más errores que los perdedores.» Para una empresa tradicional esta frase suena a contradictoria, e incluso resulta incomprensible. Después de todo, ¿las empresas ganadoras no son más capaces e inteligentes que las perdedoras? No, no lo son. La verdadera diferencia entre perdedores y ganadores en el juego del cambio, es que los ganadores intentan hacer cosas. Algunas de las cosas que prueban, dan resultado; otras no. Por su parte, los perdedores hacen pocas pruebas, o ninguna. Cometen menos equivocaciones, pero también obtienen menos éxitos.

—«La mejor manera de tener muchas grandes ideas, consiste en tener muchas ideas y eliminar las malas.» Esta observación se atribuye al químico Linus Pauling, ganador de dos premios Nobel, y expresa la idea de que las empresas favorables al cambio disfrutan con las discusiones y los debates. Valoran al que piensa lo contrario. Prosperan en el desacuerdo, la inquietud y la diferencia de opiniones. Están dispuestas a aceptar que no todas sus ideas son buenas, y saben que es mejor probar muchas cosas, que no probar ninguna en absoluto.

—«Si se espera que todas las luces se pongan verdes, nunca se empieza nada.» Eso me aconsejó un directivo del cambio muy eficaz. Cuando reacciona ante un cambio y empieza el camino, ninguna empresa sabe adónde va a llegar. Insistir en tener claridad y certidumbre absoluta, mata todo progreso.

—«Cuando la memoria supera a las ilusiones, el fin está cerca.» Esta escalofriante frase refleja el hecho de que muchas empresas pierden mucha de su energía obsesionándose en su glorioso pasado. Es poco probable que las empresas que continúan mirando sobre su hombro, vean el tren de mercancías que se abalanza sobre ellas. En un mundo de cambio constante, los éxitos del pasado no importan nada. Cada día se levanta de nuevo el telón en el escenario de la empresa. Una empresa debe mostrarse orgullosa de sus logros pasados, pero también debe recordar lo que se indica en todos los folletos de inversiones financieras: «Los resultados del pasado no son garantía de éxito en el futuro.»

En resumen: Una empresa preparada para el cambio valora la ambición, la humildad, la curiosidad, la investigación, el valor, la tolerancia al riesgo y la orientación de futuro. Una empresa que encarna todos esos valores e institucionaliza los procesos para reconocer y llevar a cabo el cambio, estará preparada para afrontar el futuro, por muy nebuloso que sea. Estará preparada para reaccionar al mañana tan pronto como se convierta en hoy, y para afrontarlo con una agenda para el cambio de nunca acabar.

Ahora, el lector y yo hemos llegado al término de nuestra mutua relación. El reto es manifiesto, las cuestiones explícitas, y se han identificado los modos de gestionarlas. Si el lector pone la voluntad y el compromiso necesario, podrá superar el reto. El hecho de que luego surgirán nuevas cuestiones, no debe desanimarle para resolver las que ahora tiene entre manos. Tal como enseña el Talmud: «No se te exige que termines el trabajo, ni tampoco eres libre de eludirlo.» Del mismo modo que nosotros nos basamos en el trabajo de nuestros predecesores, nuestra responsabilidad consiste en dejar a nuestros sucesores una plataforma mejor sobre la que ellos se puedan basar. La misión está clara, y ahora es el momento. El futuro de su empresa está en sus manos.

Sobre el autor

El doctor Michael Hammer es uno de los más eminentes pensadores económicos del mundo. Es el creador de los conceptos de *reingeniería* y de *la empresa de procesos*, unas ideas que han transformado el mundo empresarial actual. Muchas empresas de todo el mundo han logrado considerables mejoras de rendimiento a base de aplicar los principios del doctor Hammer a su estructura y actividades.

Michael Hammer es un conferenciante muy solicitado y actúa también como asesor para los dirigentes de las empresas más progresistas del mundo. A sus cursillos y seminarios acuden miles de personas todos los años. Es autor de muchos artículos y de tres libros anteriores a este: el bestseller internacional *Reingineering the Corporation: A Manifesto for Business Revolution; The Reinginnering Revolution: A Handbook; Beyond Reengineering: How the Process-Centered Organization Is Changing Our Work and Our Lives.*

El doctor Hammer fue anteriormente profesor de ciencias informáticas en Massachusetts Institute of Technology, y es fundador y director de varias empresas de alta tecnología. La revista *Business Week* le nombró uno de los cuatro pensadores sobre gestión de empresas más eminentes de la década de los 90, y la revista *Time* le incluyó en su primera lista de las veinticinco personas más influyentes de los EE.UU.